为政箴言

国家图书馆 编

國家圖書館出版社

图书在版编目（CIP）数据

为政箴言／国家图书馆编. —北京：国家图书馆出版社，2012.12
ISBN 978－7－5013－4785－8

Ⅰ.①为… Ⅱ.①国… Ⅲ.①领导学－中国－干部教育－学习参考资料 ②箴言－汇编－中国 Ⅳ.①C933②H136.3

中国版本图书馆 CIP 数据核字（2012）第 071249 号

书名 为政箴言
著者 国家图书馆 编

出版 国家图书馆出版社 （100034 北京市西城区文津街7号）
（原北京图书馆出版社）
发行 010－66114536 66126153 66151313 66175620
66121706（传真） 66126156（门市部）
E-mail btsfxb@nlc.gov.cn（邮购）
Website www.nlcpress.com → 投稿中心
经销 新华书店
印刷 河北三河弘翰印务有限公司

开本 850×1168 毫米 1/16
印张 22.5
版次 2012 年 12 月第 1 版 2012 年 12 月第 1 次印刷

书号 ISBN 978－7－5013－4785－8
定价 90.00 元

编委会

前　言

中华民族五千年文明，绵延不绝、生生不息，是当代中国文化进步发展的深厚沃土。中国的历史是中华民族坚持不懈的创业史和发展史，蕴涵着十分丰富的治国理政经验和博大精深的思想，涉及国家、社会、民族及个人的成与败、兴与衰、安与危、正与邪、荣与辱、义与利、廉与贪等诸多方面的经验与教训。学习中国历史，可以了解中华民族优秀的传统文化和高尚的精神追求，继承中华民族在漫长历史进程中形成的优良传统，借鉴历史上治理国家和管理社会的各种有益经验，并从中汲取思想精华，与新的实践结合而不断发扬光大。

有鉴于此，国家图书馆依托宏富的馆藏文献资源，从中华文化典籍中精选历代名贤的经典论述五百廿四条和典型事例三百一十六条，分别编辑为《为政箴言》《为政镜鉴》二书。“箴言”汇集了先人智慧、善举与生活常识的格言、警句及谚语。“镜鉴”的本意是指照镜子，后引申为借鉴，主要收录历史故事、寓言及神话。《魏郑公谏录》记载唐太宗名言：“以铜为镜，可以正衣冠；以古为镜，可以知兴替；以人为镜，可以明得失。”希冀这些名言与典故能对领导同志起到“鉴古知今”、“彰往而察来”的作用，为治国理政提供重要借鉴，为广大读者日常学习提供方便。这是我们编辑《为政箴言》和《为政镜鉴》姊妹篇的初衷与期待。

《为政箴言》《为政镜鉴》所选内容吸收了我国先秦至清代各个历史时期的思想精髓，类为民族精神、治国理政、为官之道、道德修养和哲理规律五大部分。全书以条系目。引录之文一遵原貌，只对其中某些生僻字增加了音注；通假字、异俗体字注明其正字。注释为编者所加，旨在方便阅读。译文大多采用世所公认的权威译本，编者不作改动，只在必要之处增加了背景介绍，并在每篇译文之后注明出处。有些条目编者作了自译。古文辞简义深，有时不得不加些词句以求贯通。

《为政箴言》《为政镜鉴》初稿形成之后，先发部分参加“部级领导干部历史文化讲座”的领导同志和专家学者征求意见，在此基础上又聘请相关研究领域资深编辑、教授及专事语文教学工作的老教师对注释、译文进行了认真审改，对选文取舍和类归作了适当调整，终成定稿。

在此书付梓之际，对所有译文作者和译本出版单位表示感谢。国家图书馆先后有数十位同志参与了本书的编纂工作，从选题立意的讨论、搜辑资料编排录入，到审读修改、编辑出版，付出了辛勤劳动；国家古籍整理出版规划小组办公室原主任、中华书局编审许逸民，中华书局古代史编辑室原主任、编审张忱石，全国古籍保护工作专家委员会主任、国家图书馆研究馆员李致忠，北京大学历史系教授韩巍和资深中学语文特级教师胡杭生等多位先生对二书内容认真审改，提出了中肯意见，在此一并深表谢意。

《为政箴言》和《为政镜鉴》二书，虽经专家、学者及相关编辑人员倾心努力，但因所选文献历史跨度长、内容涵盖面广，不精准之处在所难免，诚恳欢迎大家批评指正。

周和平

2012年12月

目　　录

民族精神

1. 自强不息 …………………………………………………… (3)
2. 保合大和 …………………………………………………… (3)
3. 厚德载物 …………………………………………………… (3)
4. 动静不失其时 ……………………………………………… (4)
5. 二人同心，其利断金 ……………………………………… (4)
6. 安而不忘危，存而不忘亡 ………………………………… (4)
7. 立人之道曰仁与义 ………………………………………… (5)
8. 协和万邦 …………………………………………………… (5)
9. 岂曰无衣，与子同袍 ……………………………………… (6)
10. 和合故能谐 ……………………………………………… (7)
11. 亲仁善邻 ………………………………………………… (7)
12. 临患不忘国 ……………………………………………… (8)
13. 辞不忘国 ………………………………………………… (8)
14. 苟利社稷，死生以之 …………………………………… (8)
15. 大一统 …………………………………………………… (9)
16. 发愤忘食，乐以忘忧 …………………………………… (9)
17. 任重而道远 ……………………………………………… (10)
18. 匹夫不可夺志 …………………………………………… (10)
19. 四海之内，皆兄弟也 …………………………………… (10)
20. 和而不同 ………………………………………………… (11)

21. 杀身以成仁 …………………………………………………………（11）
22. 自胜者强……………………………………………………………（11）
23. 兴天下之利，除天下之害 ……………………………………………（12）
24. 兼相爱，交相利 ……………………………………………………（12）
25. 国都不相攻伐，人家不相乱贼，以兴天下之利…………（13）
26. 一天下之和，总四海之内 …………………………………………（13）
27. 大道之行也，天下为公 ……………………………………………（14）
28. 中和，天地位，万物育 ……………………………………………（15）
29. 儒可杀而不可辱 ……………………………………………………（15）
30. 养吾浩然之气 ………………………………………………………（15）
31. 志士不忘在沟壑 ……………………………………………………（16）
32. 富贵不能淫，贫贱不能移，威武不能屈 …………………………（17）
33. 舍生而取义 …………………………………………………………（17）
34. 生于忧患，死于安乐 ………………………………………………（18）
35. 与天和者，谓之天乐 ………………………………………………（19）
36. 施德四方，远迩来服 ………………………………………………（20）
37. 岂余身之惮殃兮，恐皇舆之败绩 …………………………………（20）
38. 身既死兮神以灵，魂魄毅兮为鬼雄 ………………………………（21）
39. 欲富而家，先富而国 ………………………………………………（21）
40. 风萧萧兮易水寒，壮士一去兮不复还 ……………………………（22）
41. 安得猛士守四方 ……………………………………………………（22）
42. 国丑忘家，公丑忘私 ………………………………………………（22）
43. 不自强而功成，未之有也 …………………………………………（23）
44. 贤圣之所教，仁义之所施 …………………………………………（24）
45. 政由一家……………………………………………………………（24）
46. 奋不顾身以殉国家之急 ……………………………………………（25）
47. 死或重于泰山，或轻于鸿毛 ………………………………………（25）
48. 圣贤发愤之所为作 …………………………………………………（26）

49. 伐国不问仁人 …………………………………………………（26）
50. 大一统者，天地之常经，古今之通谊 ……………………（27）
51. 六合同风，九州共贯 ………………………………………（28）
52. 苟利社稷，则不顾其身 ……………………………………（28）
53. 大丈夫处世，当扫除天下 …………………………………（29）
54. 投死为国，以义灭身 ………………………………………（29）
55. 老骥伏枥，志在千里 ………………………………………（30）
56. 捐躯赴国难，视死忽如归 …………………………………（30）
57. 闲居非吾志，甘心赴国忧 …………………………………（31）
58. 鞠躬尽瘁，死而后已 ………………………………………（31）
59. 烈士之爱国也如家 …………………………………………（32）
60. 投躯报明主，身死为国殇 …………………………………（33）
61. 以身许国……………………………………………………（33）
62. 生以救时，死以明道 ………………………………………（34）
63. 四海既清，与一家无异 ……………………………………（35）
64. 感时思报国，拔剑起蒿莱 …………………………………（35）
65. 欲安其家，必先安于国 ……………………………………（36）
66. 报国行赴难，古来皆共然 …………………………………（36）
67. 黄沙百战穿金甲，不破楼兰终不还 ………………………（37）
68. 但使龙城飞将在，不教胡马度阴山 ………………………（37）
69. 国耻未雪，何由成名 ………………………………………（38）
70. 安得广厦千万间，大庇天下寒士俱欢颜 …………………（39）
71. 刚健纯粹之气 ………………………………………………（40）
72. 先天下之忧而忧，后天下之乐而乐 ………………………（41）
73. 贤者不悲其身之死，而忧其国之衰 ………………………（41）
74. 君子大居正，王者大一统 …………………………………（42）
75. 以之事国，同心共济 ………………………………………（43）
76. 专利国家，而不为身谋 ……………………………………（43）

77. 会挽雕弓如满月，西北望，射天狼 ……………………（44）
78. 壮志饥餐胡虏肉，笑谈渴饮匈奴血 ……………………（45）
79. 生当作人杰，死亦为鬼雄 ……………………………（46）
80. 谋利天下，谋利万世 …………………………………（46）
81. 自强不息则至一 ………………………………………（47）
82. 天下事无不可为，但在人自强如何耳 …………………（47）
83. 金戈铁马，气吞万里如虎 ……………………………（48）
84. 心在天山，身老沧洲 …………………………………（49）
85. 僵卧孤村不自哀，尚思为国戍轮台 ……………………（49）
86. 位卑未敢忘忧国 ………………………………………（50）
87. 人生自古谁无死，留取丹心照汗青 ……………………（50）
88. 时穷节乃现，一一垂丹青 ……………………………（51）
89. 礼乐之所存，恩信之所出 ……………………………（51）
90. 粉骨碎身浑不怕，要留清白在人间 ……………………（52）
91. 以身许国，鞠躬尽瘁 …………………………………（52）
92. 君子之为君子也，一人劳而万人逸 ……………………（53）
93. 国亡家破欲何之，西子湖头有我师 ……………………（53）
94. 保天下者，匹夫有责 …………………………………（54）
95. 不以一己之利为利，而使天下受其利 …………………（54）
96. 千磨万击还坚劲，任尔东西南北风 ……………………（55）
97. 我劝天公重抖擞，不拘一格降人才 ……………………（56）
98. 苟利国家生死以，岂因祸福避趋之 ……………………（56）
99. 君子立志，有民胞物与之量，有内圣外王之业…………（57）
100. 身无半亩，心忧天下 …………………………………（58）
101. 我自横刀向天笑，去留肝胆两昆仑 …………………（58）
102. 拼将十万头颅血，须把乾坤力挽回 …………………（59）

治国理政

1. 穷则变，变则通，通则久 ……………………………（63）

2. 宾于四门，四门穆穆 ……（63）
3. 德惟善政，政在养民 ……（63）
4. 克勤于邦，克俭于家 ……（64）
5. 民惟邦本，本固邦宁 ……（64）
6. 无反无侧，王道正直 ……（65）
7. 人视水见形，视民知治否 ……（65）
8. 政之所兴，在顺民心 ……（66）
9. 终身之计，莫如树人 ……（66）
10. 市者可以知治乱 ……（67）
11. 召远在修近，闭祸在除怨 ……（67）
12. 上之人明其道，下之人守其职 ……（68）
13. 明主度量人力之所能为，而后使焉 ……（69）
14. 凡法事者，操持不可以不正 ……（69）
15. 备长存乎任贤 ……（70）
16. 利于国者爱之，害于国者恶之 ……（70）
17. 节欲则民富，中听则民安 ……（71）
18. 居安思危 ……（72）
19. 邻国之难，不可虞也 ……（72）
20. 为政以德 ……（72）
21. 道之以德，齐之以礼，有耻且格 ……（73）
22. 君子之道 ……（73）
23. 居之无倦，行之以忠 ……（74）
24. 政者，正也 ……（74）
25. 君子不以言举人，不以人废言 ……（74）
26. 天下有道，礼乐征伐自天子出 ……（75）
27. 不可暱于权，不可隐于私 ……（75）
28. 圣人无常心，以百姓心为心 ……（76）
29. 以正治国 ……（76）

30. 不党父兄……………………………………………………………（77）
31. 当时而立法，因事而制礼 ……………………………………………（77）
32. 治国之要，令民归心于农 ……………………………………………（78）
33. 圣人不法古，不修今 …………………………………………………（78）
34. 以战去战，虽战可也 …………………………………………………（79）
35. 七教者，治民之本 ……………………………………………………（80）
36. 一张一弛，文武之道 …………………………………………………（81）
37. 生财有大道 ……………………………………………………………（81）
38. 推恩足以保四海 ………………………………………………………（82）
39. 乐以天下，忧以天下 …………………………………………………（83）
40. 以德行仁…………………………………………………………………（83）
41. 天下国家…………………………………………………………………（84）
42. 善政不如善教之得民 …………………………………………………（84）
43. 民为贵，社稷次之，君为轻 …………………………………………（85）
44. 凡交近则必相靡以信，远则必忠之以言 ……………………………（85）
45. 公生明，偏生暗 ………………………………………………………（86）
46. 王者之论…………………………………………………………………（86）
47. 水则载舟，水则覆舟 …………………………………………………（87）
48. 王者之法…………………………………………………………………（88）
49. 天下有余，上不忧不足 ………………………………………………（88）
50. 得道以持之则大安 ……………………………………………………（89）
51. 积微，月不胜日，时不胜月，岁不胜时 ……………………………（90）
52. 立君为民…………………………………………………………………（91）
53. 内举不避亲，外举不避仇 ……………………………………………（91）
54. 明主之道，必明于公私之分 …………………………………………（91）
55. 安术有七，危道有六 …………………………………………………（92）
56. 公则天下平 ……………………………………………………………（93）
57. 不法先王之法 …………………………………………………………（93）

58. 求贤以德，致圣以道 …………………………………………（94）
59. 民为本 …………………………………………………………（95）
60. 君功见于选吏，吏功见于治民 ……………………………（96）
61. 法与时变，礼与俗化 …………………………………………（96）
62. 有非常之功，必待非常之人 …………………………………（97）
63. 身立则政立 ……………………………………………………（97）
64. 儒者之操，重礼爱义 …………………………………………（98）
65. 知政失者在草野 ………………………………………………（98）
66. 国之乱待贤而治 ………………………………………………（99）
67. 选明达法理者，使持典刑 ……………………………………（99）
68. 治国犹于治身 …………………………………………………（100）
69. 治国之道，圆不失规，方不失矩 …………………………（100）
70. 治国有二柄，一曰赏，二曰罚 ……………………………（100）
71. 天下不乏贤才 …………………………………………………（101）
72. 招贤用才者，人主之要务也…………………………………（102）
73. 为国之道，其要有五 …………………………………………（102）
74. 用之以节 ………………………………………………………（103）
75. 国以民为本，民以食为命……………………………………（104）
76. 旁求俊乂，博访英才 …………………………………………（104）
77. 良匠无弃材，明君无弃士……………………………………（105）
78. 衣食足则知廉耻 ………………………………………………（105）
79. 为君之道，必先存百姓………………………………………（106）
80. 天下稍安，尤须兢慎 …………………………………………（106）
81. 为政之要，惟在得人 …………………………………………（107）
82. 非知之难，行之惟难；非行之难，终之斯难 ……………（107）
83. 储积备灾，圣王之急务………………………………………（108）
84. 去烦扰，弘简易 ………………………………………………（109）
85. 邦之兴，由得人也；邦之亡，由失人也 …………………（110）

86. 防之于未萌，治之于未乱 …………………………………（110）
87. 王者得贤杰而天下治 ……………………………………（111）
88. 君人者不以身为身 ………………………………………（112）
89. 置吏不可不慎 ……………………………………………（112）
90. 仁义非姑息 ………………………………………………（113）
91. 为谏之患，莫先于怠 ……………………………………（113）
92. 各得其任，无职不举 ……………………………………（114）
93. 不任贤才，终将大乱 ……………………………………（115）
94. 天下之患，不患材之不众，患上之人不欲其众 ………（115）
95. 取士之道，当以德行为先…………………………………（116）
96. 人与法并行而不相胜 ……………………………………（116）
97. 名为治平无事，而其实有不测之忧 ……………………（117）
98. 得人之道在于知人 ………………………………………（118）
99. 各因其才而尽其力 ………………………………………（118）
100. 赏罚分明 …………………………………………………（119）
101. 不因时变法，将乱天下 …………………………………（119）
102. 知其不能不授职误事 ……………………………………（120）
103. 民贫则君不能独富 ………………………………………（120）
104. 仁心仁政，相辅相成 ……………………………………（121）
105. 欲自为其国，必先观古人之所以为国 …………………（121）
106. 人君必以其道服天下 ……………………………………（122）
107. 贤路当广而不当狭 ………………………………………（123）
108. 立法度，正纪纲 …………………………………………（123）
109. 世袭制难以量才为用 ……………………………………（124）
110. 爱则民心顺，公则民心服 ………………………………（124）
111. 治国之道当以用贤为先 …………………………………（125）
112. 保国之道，藏富于民 ……………………………………（126）
113. 治天下者，必赖于群才 …………………………………（126）

114. 何德而民亲其上 ……………………………………（127）
115. 用人不必循资格 ……………………………………（127）
116. 过时而赏，与无赏同 ………………………………（128）
117. 理因时致宜 …………………………………………（129）
118. 至公无私则天下治 …………………………………（130）
119. 择士者犹工师之择木 ………………………………（130）
120. 监临之任不可以久也 ………………………………（131）
121. 欲攘外者，必先安内 ………………………………（131）
122. 人法兼资而天下治 …………………………………（132）
123. 首重廉吏 ……………………………………………（133）
124. 不可泥古 ……………………………………………（133）
125. 善治莫如省官 ………………………………………（134）
126. 利民之事，丝发必兴 ………………………………（135）
127. 土地非王者之所得私 ………………………………（135）
128. 天下之治乱，在万民之忧乐 ………………………（136）
129. 天下难治者乃官也 …………………………………（136）
130. 人君唯能下，天下之善归之 ………………………（137）
131. 罢免不称职言官 ……………………………………（137）
132. 地方官应回避原籍任职 ……………………………（138）
133. 选举之法 ……………………………………………（139）
134. 国家致治之本，首在得人 …………………………（139）
135. 利于千万世者，不必利于一时 ……………………（140）

为官之道

1. 无于水监，当于民监 …………………………………（143）
2. 廉者，政之本 …………………………………………（143）
3. 多闻阙疑，慎言其余 …………………………………（143）
4. 居上不宽，何以观之 …………………………………（144）

5. 身正才能正人 …………………………………………………（144）
6. 财聚则民散，财散则民聚 …………………………………（144）
7. 推贤而进达，不望其报 ……………………………………（145）
8. 从道不从君 ………………………………………………（145）
9. 听言不可不察 ……………………………………………（147）
10. 为吏之道 …………………………………………………（147）
11. 吏有五善五失 ……………………………………………（148）
12. 凡治事，敢为固 …………………………………………（149）
13. 处静以修身，俭约以率下 ………………………………（149）
14. 人臣之行，六正六邪 ……………………………………（150）
15. 臣爱君之过，而不爱君之丑 ……………………………（153）
16. 欲下廉者先之身 …………………………………………（153）
17. 忠臣之事君，莫先于谏 …………………………………（154）
18. 善莫大于作忠 ……………………………………………（154）
19. 正人先正己 ………………………………………………（155）
20. 大臣必怀养人之德，而有恤下之心 ……………………（156）
21. 人臣之公 …………………………………………………（156）
22. 谏者应匡君于正 …………………………………………（157）
23. 大慎闭心 …………………………………………………（158）
24. 廉平之德，吏之宝也 ……………………………………（159）
25. 君子任职则思利人 ………………………………………（159）
26. 民之役，非以役民 ………………………………………（160）
27. 吏之于民必相知心 ………………………………………（161）
28. 贪者，民之贼也 …………………………………………（162）
29. 节用养廉 …………………………………………………（162）
30. 勿求虚誉 …………………………………………………（163）
31. 管束子弟 …………………………………………………（164）
32. 戒亲戚贩鬻 ………………………………………………（165）

33. 吏言不可遽听 …………………………………………（165）
34. 时加警省 ……………………………………………（166）
35. 怒不可迁 ……………………………………………（166）
36. 能用度外人，然后能周大事……………………………（167）
37. 不愚君，不胁君 ………………………………………（168）
38. 当官之法，唯有三事 …………………………………（168）
39. 为官者以暴怒为戒 ……………………………………（169）
40. 当官处事，务合人情 …………………………………（170）
41. 当官处事，但务着实 …………………………………（170）
42. 律己以廉 ……………………………………………（171）
43. 民病如己病 …………………………………………（172）
44. 是则归人，非则归己 …………………………………（172）
45. 慎终如始 ……………………………………………（173）
46. 进退皆有为 …………………………………………（173）
47. 报国莫如荐贤 ………………………………………（174）
48. 为官者开诚布公 ……………………………………（175）
49. 为政必自廉 …………………………………………（175）
50. 居官之七要 …………………………………………（176）
51. 为官宜安重 …………………………………………（176）
52. 慎动 …………………………………………………（176）
53. 治狱四要 ……………………………………………（177）
54. 为官三要 ……………………………………………（177）
55. 勿以小事而忽之 ……………………………………（177）
56. 大臣法，小臣廉 ……………………………………（178）
57. 政之所施，其本在敬 …………………………………（179）
58. 欲当大任，须是笃实 …………………………………（180）
59. 为臣之道 ……………………………………………（181）
60. 傲为凶德，人不可有 …………………………………（181）

61. 信者，居官立事之本 …………………………………（182）
62. 敬者，修身立政之本 …………………………………（183）
63. 选有官职，以贵民为上 ………………………………（183）
64. 与其得罪于百姓，宁得罪于上官 ……………………（184）
65. 居其实，不居其名 ……………………………………（185）
66. 居官以清 ………………………………………………（185）
67. 察吏以安民 ……………………………………………（185）
68. 得失有数 ………………………………………………（186）
69. 不卑不亢 ………………………………………………（187）
70. 立心要正 ………………………………………………（187）
71. 官有信用，民方敬服 …………………………………（188）
72. 官吏得民之要 …………………………………………（189）
73. 治以亲民为要 …………………………………………（189）
74. 官声在初莅任时 ………………………………………（190）
75. 勿彰前官之短 …………………………………………（191）
76. 勿苟为异同 ……………………………………………（192）
77. 宜防左右壅蔽 …………………………………………（192）
78. 事未定勿向上官率陈 …………………………………（193）
79. 标新立异，切忌虚名 …………………………………（193）
80. 不矜才炫能 ……………………………………………（194）
81. 为政须是先平其心 ……………………………………（195）
82. 以细行律身 ……………………………………………（196）
83. 操守为居官根本 ………………………………………（196）
84. 严驭役，宽恤民 ………………………………………（197）
85. 为官，志在济人 ………………………………………（198）
86. 为官应公尔忘私 ………………………………………（198）

道德修养

1. 满招损，谦受益 ………………………………………（203）

2. 人之三德……………………………………………………（203）
3. 过而能改……………………………………………………（203）
4. 人不知，而不愠 …………………………………………（204）
5. 吾日三省吾身 ……………………………………………（204）
6. 与朋友交，而有信 ………………………………………（204）
7. 信近于义……………………………………………………（205）
8. 敏于事而慎于言 …………………………………………（205）
9. 贫而乐，富而好礼 ………………………………………（206）
10. 三十而立 …………………………………………………（206）
11. 先行其言而后从之 ………………………………………（206）
12. 周而不比 …………………………………………………（207）
13. 人而无信，不知其可也…………………………………（207）
14. 君子无所争 ………………………………………………（207）
15. 仁者安仁，知者利仁 ……………………………………（208）
16. 君子喻于义 ………………………………………………（208）
17. 见贤思齐 …………………………………………………（209）
18. 言之不出，耻躬之不逮…………………………………（209）
19. 德不孤，必有邻 …………………………………………（209）
20. 不耻下问 …………………………………………………（209）
21. 文质彬彬 …………………………………………………（210）
22. 知者乐水，仁者乐山 ……………………………………（210）
23. 君子博学于文 ……………………………………………（211）
24. 己欲立而立人 ……………………………………………（211）
25. 学而不厌 …………………………………………………（211）
26. 三人行必有我师 …………………………………………（212）
27. 君子坦荡荡 ………………………………………………（212）
28. 毋意，毋必，毋固，毋我………………………………（212）
29. 君子成人之美 ……………………………………………（213）

30. 言必信，行必果 …………………………………… (213)
31. 以直报怨，以德报德 ……………………………… (214)
32. 君子求诸己 ………………………………………… (214)
33. 矜而不争，群而不党 ……………………………… (214)
34. 己所不欲，勿施于人 ……………………………… (215)
35. 君子有三戒 ………………………………………… (215)
36. 君子有三畏 ………………………………………… (215)
37. 君子有九思 ………………………………………… (216)
38. 勿道听途说 ………………………………………… (216)
39. 博学笃志 …………………………………………… (217)
40. 君子有三变 ………………………………………… (217)
41. 君子之过 …………………………………………… (217)
42. 以敬承命，恪以守业 ……………………………… (218)
43. 君子不自称 ………………………………………… (218)
44. 民劳则思，思则善心生 …………………………… (219)
45. 君子哀无人，不哀无贿 …………………………… (219)
46. 知足不辱 …………………………………………… (219)
47. 贫则见廉，富则见义 ……………………………… (220)
48. 志不强者智不达 …………………………………… (220)
49. 君子以身载行 ……………………………………… (221)
50. 能胜强敌者先自胜 ………………………………… (221)
51. 贤者狎而敬之 ……………………………………… (222)
52. 玉不琢，不成器 …………………………………… (222)
53. 君子中庸 …………………………………………… (222)
54. 遁世不见知而不悔 ………………………………… (223)
55. 上不怨天，下不尤人 ……………………………… (223)
56. 人一能之，己百之 ………………………………… (224)
57. 君子慎以辟祸 ……………………………………… (224)

58. 言有物而行有格 ……………………………………（225）
59. 修身、齐家、治国、平天下……………………………（225）
60. 君子必慎其独 ……………………………………（226）
61. 君子远庖厨 ……………………………………（226）
62. 君子莫大乎与人为善 ………………………………（227）
63. 君子之德 ……………………………………（227）
64. 人之有道 ……………………………………（227）
65. 恭者不侮人，俭者不夺人………………………………（228）
66. 赤子之心 ……………………………………（228）
67. 以善养人服天下 ……………………………………（229）
68. 以仁存心，以礼存心 ………………………………（229）
69. 不可以有挟 ……………………………………（229）
70. 贵贵尊贤 ……………………………………（230）
71. 仁义礼智，非由外铄 ………………………………（230）
72. 穷则独善其身 ……………………………………（231）
73. 亲亲敬长 ……………………………………（231）
74. 亲亲而仁民 ……………………………………（232）
75. 养心莫善于寡欲 ……………………………………（232）
76. 世俗之人皆喜人之同乎己………………………………（233）
77. 道流而不明居，德行而不名处 …………………………（233）
78. 君子之交淡若水 ……………………………………（234）
79. 博学而日参省乎己 ………………………………（234）
80. 君子生非异也，善假于物也……………………………（235）
81. 天下之士无所取 ……………………………………（235）
82. 有德于我不可忘 ……………………………………（236）
83. 君子羞言利名 ……………………………………（236）
84. 廉士重名 ……………………………………（236）
85. 君子之学，君子之治 ………………………………（237）

86. 未有不自爱敬而人爱敬之者 …………………………（237）
87. 闻人过失，如闻父母之名 ……………………………（238）
88. 人不可以不就师 ………………………………………（238）
89. 多见者博 ………………………………………………（239）
90. 澹泊明志，宁静致远 …………………………………（240）
91. 近墨者黑 ………………………………………………（240）
92. 操千曲而后晓声 ………………………………………（241）
93. 学犹种树 ………………………………………………（241）
94. 德艺周厚名必善 ………………………………………（242）
95. 君子安贫，达人知命 …………………………………（243）
96. 有若无，实若虚 ………………………………………（243）
97. 博爱之谓仁 ……………………………………………（244）
98. 道之所存，师之所存 …………………………………（245）
99. 业精于勤，荒于嬉 ……………………………………（246）
100. 敬一人千万人悦 ……………………………………（246）
101. 心清志确 ……………………………………………（247）
102. 尽己之当为，乃君子立身之道 ……………………（247）
103. 圣人以名为戒 ………………………………………（248）
104. 君子以同道为朋 ……………………………………（248）
105. 贵以道义久可要 ……………………………………（249）
106. 出淤泥而不染 ………………………………………（249）
107. 侈则多欲 ……………………………………………（250）
108. 学者大不宜志小气轻 ………………………………（251）
109. 问切思深 ……………………………………………（251）
110. 学而不知道，与不学同 ……………………………（252）
111. 卒然临之而不惊，无故加之而不怒 ………………（252）
112. 立大事者必有坚忍不拔之志 ………………………（253）
113. 厚积薄发 ……………………………………………（253）

114. 绝知此事要躬行 ……………………………… (254)
115. 见人之过，得己之过 ……………………………… (254)
116. 立志欲坚不欲锐 ……………………………… (255)
117. 君子义以为质 ……………………………… (255)
118. 君子言忧不言乐 ……………………………… (256)
119. 与端方人处 ……………………………… (256)
120. 善誉人者，人誉之 ……………………………… (257)
121. 德不广不能使人来 ……………………………… (257)
122. 大贤贵于能改过 ……………………………… (258)
123. 不轻誉人，不轻毁人 ……………………………… (258)
124. 善处身者 ……………………………… (259)
125. 学问之道 ……………………………… (259)
126. 改身之过 ……………………………… (260)
127. 人必有不安于近小之心 ……………………………… (261)
128. 天下事有难易乎 ……………………………… (261)
129. 学如弓弩，才如箭镞 ……………………………… (262)
130. 顾名而不计利 ……………………………… (262)
131. 身之不俭，不能范家 ……………………………… (263)
132. 日月既往，不可复追 ……………………………… (263)
133. 荷道以躬 ……………………………… (263)
134. 慎者，有所畏惮 ……………………………… (264)
135. 海纳百川 ……………………………… (265)

哲理规律

1. 终则有始，天行也 ……………………………… (269)
2. 损益盈虚，与时偕行 ……………………………… (269)
3. 日进无疆……………………………… (269)
4. 日中则昃，月盈则食 ……………………………… (270)

5. 仁者见仁，智者见智 …………………………………………（270）
6. 皇天无亲，惟德是辅；民心无常，惟惠之怀 ……………（271）
7. 天之所助，虽小必大 …………………………………………（271）
8. 物虽甚多，皆有均焉 …………………………………………（271）
9. 天有常象，地有常形，人有常礼 ……………………………（272）
10. 事末作而民兴之，是以下名而上实也 ……………………（272）
11. 毋先物动，以观其则 …………………………………………（273）
12. 大道可安而不可说 ……………………………………………（274）
13. 法者不可不恒也 ………………………………………………（274）
14. 海不辞水，故能成其大 ………………………………………（274）
15. 为者常成，行者常至 …………………………………………（275）
16. 十世可知 ………………………………………………………（275）
17. 欲速则不达 ……………………………………………………（276）
18. 盈而不溢，盛而不骄，劳而不矜其功 ……………………（276）
19. 故经之以五事，校之以计，而索其情 ……………………（277）
20. 知彼知己者，百战不殆 ………………………………………（277）
21. 见胜不过众人之所知，非善之善者也 ……………………（278）
22. 善战者，其势险，其节短 ……………………………………（278）
23. 任势者，其战人也如转木石 …………………………………（279）
24. 道可道，非常道 ………………………………………………（279）
25. 有无相生，难易相成 …………………………………………（279）
26. 善结，无绳约而不可解 ………………………………………（280）
27. 知人者智，自知者明 …………………………………………（280）
28. 将欲歙之，必固张之 …………………………………………（281）
29. 反者道之动，弱者道之用 ……………………………………（281）
30. 大成若缺，其用不弊 …………………………………………（282）
31. 祸兮福所倚，福兮祸所伏 ……………………………………（282）
32. 难事必作于易，大事必作于细 ……………………………（282）

33. 千里之行，始于足下 …………………………………………（283）
34. 兵强则灭，木强则折 …………………………………………（283）
35. 天之道，损有余而补不足……………………………………（284）
36. 利而不害，为而不争 …………………………………………（284）
37. 水无源无归 ……………………………………………………（285）
38. 勿以拙陋曰道之质，当乐敏捷 ………………………………（285）
39. 圣人不违时 ……………………………………………………（286）
40. 人不明于急务，穷困灾厄及之 ………………………………（286）
41. 利之中取大，非不得已也……………………………………（287）
42. 工不兼事，士不兼官 …………………………………………（287）
43. 圣人知必然之理，必为之时势 ………………………………（288）
44. 故托其势者，虽远必至………………………………………（288）
45. 水清无鱼，人察无徒 …………………………………………（289）
46. 行远必自迩，登高必自卑……………………………………（289）
47. 天之生物，必因其材而笃焉…………………………………（289）
48. 得道者多助，失道者寡助……………………………………（290）
49. 不以规矩，不能成方圆………………………………………（290）
50. 先立乎其大者，则其小者不能夺 ……………………………（291）
51. 天地无全功，圣人无全能，万物无全用 ……………………（291）
52. 生者，理之必终者 ……………………………………………（292）
53. 物损于彼者盈于此，成于此者亏于彼 ………………………（293）
54. 水积不厚，负舟无力 …………………………………………（293）
55. 彼出于是，是亦因彼 …………………………………………（293）
56. 天地一指，万物一马 …………………………………………（294）
57. 消息盈虚，终则有始 …………………………………………（294）
58. 安危相易，祸福相生 …………………………………………（295）
59. 一尺之捶，日取其半，万世不竭 ……………………………（295）
60. 是虽常是，有时而不用；非虽常非，有时而必行 ……（295）

61. 气故相利相害也，类故相成相败也 ……………………（296）
62. 贵贱无常，时使物然 ……………………………………（297）
63. 虚无者道之舍也，平易者道之素也 ……………………（297）
64. 不登高山，不知天之高 …………………………………（297）
65. 物类之起，必有所始 ……………………………………（298）
66. 不积跬步，无以致千里 …………………………………（298）
67. 无冥冥之志者，无昭昭之明 ……………………………（299）
68. 治气养心之术 ……………………………………………（299）
69. 事虽小，不为不成 ………………………………………（300）
70. 以近知远，以一知万，以微知明 ………………………（301）
71. 天行有常 …………………………………………………（301）
72. 天有其时，地有其财 ……………………………………（301）
73. 万物为道一偏 ……………………………………………（302）
74. 善言古者必有节于今 ……………………………………（302）
75. 尺有所短，寸有所长 ……………………………………（303）
76. 木之折也必通蠹，墙之坏也必通隙 ……………………（303）
77. 万物必有盛衰，万事必有弛张 …………………………（304）
78. 镜无见疵之罪，道无明过之怨 …………………………（304）
79. 势有不可得，事有不可成 ………………………………（305）
80. 因可势，求易道 …………………………………………（305）
81. 听其言而求其当，任其身而责其功 ……………………（306）
82. 人民众而货财寡，事力劳而供养薄 ……………………（306）
83. 无参验而必之者，愚也 …………………………………（307）
84. 事之难易，不在小大，务在知时 ………………………（307）
85. 世易时移，变法宜矣 ……………………………………（307）
86. 全则必缺，极则必反，盈则必亏 ………………………（308）
87. 事多似倒而顺，多似顺而倒 ……………………………（308）
88. 行百里者半九十 …………………………………………（309）

89. 前事不忘，后事之师 …………………………………………（309）
90. 泰山不让土壤，故能成其大…………………………………（309）
91. 制事者因其则，服药者因其良 ……………………………（310）
92. 能行之者未必能言，能言之者未必能行 …………………（311）
93. 智者千虑，必有一失；愚者千虑，必有一得 ……………（311）
94. 人皆知取之为取也，不知与之为取之 ……………………（312）
95. 扬汤止沸，不如去薪 …………………………………………（312）
96. 天下之事不可为也，因其自然而推之 ……………………（312）
97. 人生而静，天之性也；感而后动，性之容也 ……………（313）
98. 乞火不若取燧，寄汲不若凿井 ……………………………（313）
99. 圣人法天顺情 …………………………………………………（314）
100. 窥面于盘水则圆，于杯则椭 ………………………………（315）
101. 道犹金石，一调不更；事犹琴瑟，每弦改调………………（315）
102. 五指之更弹，不若卷手之一挃 ……………………………（316）
103. 夫道无成效于人，成效者须道而成 ………………………（316）
104. 猎者获禽，观者乐猎 ………………………………………（316）
105. 木秀于林，风必摧之 ………………………………………（317）
106. 智者藏其器以有待也，隐其身而有为 ……………………（318）
107. 久忧为厚乐之本，暂劳为永逸之始 ………………………（318）
108. 涓流虽寡，浸成江河 ………………………………………（319）
109. 苟利于人，不必法古 ………………………………………（319）
110. 以人为镜，可以明得失 ……………………………………（319）
111. 天道不言 ………………………………………………………（320）
112. 月晕而风，础润而雨 ………………………………………（320）
113. 物极则反，数穷则变 ………………………………………（321）
114. 有因则成，无因则败 ………………………………………（321）
115. 力弱者，勿任其厚负 ………………………………………（322）
116. 不进则退 ………………………………………………………（322）

117. 知行常相须 …………………………………………………… (323)
118. 忽于微而至大 ………………………………………………… (324)
119. 久卧者思起 …………………………………………………… (324)
120. 居敬而行简 …………………………………………………… (325)
121. 决其壅，疏其室，而法行矣 ………………………………… (325)
122. 大害必有小利为之媒，大利必有小害为之倪 ………… (326)
123. 息风莫如止扇，去事必先绝意 …………………………… (326)
124. 天下事取其适当而已 ……………………………………… (326)
125. 纡徐柔和者多长，迫切躁急者多短 …………………… (327)
126. 用者，有用之资；有用者，无用之施 ………………… (327)

民族精神

1. 自强不息

天行健，君子以自强不息。

——《周易·乾卦》[①]

注释：

①《周易》：亦称《易经》，简称《易》。儒家经典之一，内容包括《经》和《传》两部分。《经》主要是六十四卦和三百八十四爻，作为占卦之用。旧传伏羲画卦，文王作辞。说法不一。《传》是对《经》最早的解说，旧传孔子作。据近人研究，大抵系战国或秦汉之际的儒家作品，并非出自一时一人之手。

译文：

天道刚健，君子以天为法，所以自强不息。（《周易译注》，周振甫译注，中华书局1991年版，3页）

2. 保合大和

乾道变化，各正性命。保合大和，乃利贞。首出庶物，万国咸宁。

——《周易·乾卦》

译文：

天道的变化，使万物各自端正它的性命。保持住冲和之气，是有利于正道。天开始生出众物，使万国都安宁。（《周易译注》，周振甫译注，中华书局1991年版，3页）

3. 厚德载物

地势坤。君子以厚德载物。

——《周易·坤卦》

译文：

地势是顺着天的。君子效法地，用深厚的德泽来化育人物。（《周易译注》，周振甫译注，中华书局 1991 年版，13 页）

4．动静不失其时

《彖》曰：《艮》，止也。时止则止，时行则行，动静不失其时，其道光明。

——《周易·艮卦》

译文：

《彖传》说：《艮》卦，静止。有时要静止就静止，有时要行动就行动，行动或静止不失去它的时机，它的道光明。（《周易译注》，周振甫译注，中华书局 1991 年版，186 页）

5．二人同心，其利断金

二人同心，其利断金。同心之言，其臭（xiù）如兰。

——《周易·系辞上》

译文：

两人同心，像刀那样锋利，可以切断金属。同心的话，气味像兰花那样幽香。（《周易译注》，周振甫译注，中华书局 1991 年版，239 页）

6．安而不忘危，存而不忘亡

子曰："危者，安其位者也。亡者，保其存者也。乱者，有其治者也。是故君子安而不忘危，存而不忘亡，治而不忘乱，是以身安而国家可保也。”

——《周易·系辞下》

译文：

夫子说：“危险的，由于过去平安地处在他的位子，忘记危险。灭亡的，由于过去保持他的存在，忘记灭亡。变乱的，由于过去有他的治理，忘掉变乱。因此君子平安时不忘掉危险，存在时不忘掉灭亡，治理时不忘掉变乱，因此身体平安而国家可以保存。”（《周易译注》，周振甫译注，中华书局1991年版，264页）

7. 立人之道曰仁与义

立天之道曰阴与阳，立地之道曰柔与刚，立人之道曰仁与义。

——《周易·说卦》

译文：

确立天的道叫阴与阳，确立地的道叫柔与刚，确立人的道叫仁与义。（《周易译注》，周振甫译注，中华书局1991年版，281页）

8. 协和万邦

曰若稽古帝尧，曰放勋，钦、明、文、思、安安，允恭克让，光被四表，格于上下。克明俊德，以亲九族。九族既睦，平（辨）章百姓。百姓昭明，协和万邦。黎民于变时雍。

——《尚书·尧典》①

注释：

①《尚书》：亦称《书》、《书经》，儒家经典之一。中国上古历史文件和部分追述古代事迹著作的汇编。相传由孔子编选而成，西汉初存二十八篇，即《今文尚书》。另有相传汉武帝时在孔子住宅壁中发现的《古文尚书》和东晋梅赜所献的伪《古文尚书》两种。

译文：

查考古代历史，帝尧名叫放勋，他处理政务敬慎节俭，明察四方，善于治理天下，思虑通达，宽容温和，他确实对人恭敬，能够让贤，他的光辉普照四方，至于上下。他发扬才智美德，使氏族内部和睦相处。氏族和睦后，又辨明百官的优劣。百官优劣辨明了，又进而团结其他部落。天下百姓都快乐和睦起来。（李凡校译）

9. 岂曰无衣，与子同袍

岂曰无衣？与子同袍①。
王于兴师，修我戈矛，
与子同仇。
岂曰无衣？与子同泽②。
王于兴师，修我矛戟，
与子偕作。
岂曰无衣？与子同裳③。
王于兴师，修我甲兵，
与子偕行。

——《诗经·秦风·无衣》④

注释：

①袍：长衣。②泽：通“襗”，内衣。③裳：下衣，裙。④《诗经》：中国最早的诗歌总集。本只称《诗》，儒家列为经典之一，故称《诗经》。编成于春秋时代，共三百零五篇，分为“风”、“雅”、“颂”三类。据《史

记》等记载，系孔子删定，近人多疑其说。

10. 和合故能谐

畜（xù）之以道，则民和；养之以德，则民合。和合故能谐，谐故能辑，谐辑以悉，莫之能伤。

——《管子·兵法》①

注释：

①《管子》：战国时齐稷下学者托名管仲所作。其中也有汉代附益部分。共二十四卷。原本八十六篇，今存七十六篇，分为八类。内容庞杂，包含有道、名、法等家的思想以及天文、历数、舆地、经济和农业等知识。管仲（？—前645）：春秋初期著名政治人物。名夷吾，字仲，亦称敬仲。由鲍叔牙推荐，被齐桓公任命为卿，尊称“仲父”。

译文：

养兵以道，则人民和睦；养兵以德，则人民团结。和睦团结就行动协调，协调就能一致。普遍地协调一致，那就谁也不能伤害。(《白话管子》，赵守正译注，岳麓书社1993年版，80页)

11. 亲仁善邻

亲仁、善邻，国之宝也。

——《左传·隐公六年》①

注释：

①《左传》：亦称《春秋左氏传》或《左氏春秋》。旧传春秋时左丘明所撰。清代经今文学家认为系刘歆改编。近代人认为是战国初年人据各国史料编成。多用事实解释《春秋》，同《公羊传》、《穀梁传》用义理解释有异。左丘明：春秋时史学家。双目失明，曾任鲁国太史。

译文：

亲近仁义而结交邻国，这是国家的重要措施。(《左传译文》，沈玉成译，中华书局1981年版，11页)

12. 临患不忘国

临患不忘国，忠也；思难不越官，信也；图国忘死，贞也；谋主三者，义也。

——《左传·昭公元年》

译文：

面临祸患而不忘记国家，这是忠心；想到危难而不放弃职守，这是诚意；为国家打算而不惜一死，这是坚定；计谋以上述三点作为主体，这是道义。(《左传译文》，沈玉成译，中华书局1981年版，378页)

13. 辞不忘国

辞不忘国，忠信也；先国后已，卑让也。

——《左传·昭公二年》

译文：

言辞不忘记国家，这是忠信；先国家后自己，这是卑让。(《左传译文》，沈玉成译，中华书局1981年版，388页)

14. 苟利社稷，死生以之

苟利社稷，死生以之。

——《左传·昭公四年》

译文：

如果有利于国家，生死都由它去。(《左传译文》，沈玉成译，中华书局1981

年版，400 页）

15. 大一统

元年者何？君之始年也。春者何？岁之始也。王者孰谓？谓文王也。曷为先言“王”而后言“正月”？王正月也。何言乎王正月？大一统也。

——《春秋公羊传·隐公元年》①

注释：

①《春秋公羊传》：亦称《公羊传》、《公羊春秋》，旧题战国公羊高撰。初仅口说流传，汉初才成书。儒家经典之一，专释《春秋》。公羊高：战国时齐人。相传是子夏的弟子。

译文：

“元年”是什么意思？是君主即位的头一年。“春”是什么意思？是一年开始的季节。“王”说的是哪一位？说的是周文王。为什么先称“王”然后称“正月”？因为这是周王所颁历法的正月。为什么要称“王正月”？因为四方奉行周历，显示天下统一。（《名家精译古文观止》，中华书局编辑部编，中华书局 2007 年版，87 页）

16. 发愤忘食，乐以忘忧

叶公问孔子于子路，子路不对。子曰：“女（汝）奚不曰，其为人也，发愤忘食，乐以忘忧，不知老之将至云尔。”

——《论语·述而》①

注释：

①《论语》：儒家经典之一，共二十篇。孔子弟子及其再传弟子关于孔

子言行的记录。东汉列为七经之一。宋代把它与《大学》、《中庸》、《孟子》合为“四书”。

译文：

叶公向子路问孔子为人怎么样，子路不回答。孔子对子路道：“你为什么不这样说：他的为人，用功便忘记了吃饭，快乐便忘记忧愁，不晓得衰老会要到来，如此罢了。”（《论语译注》，杨伯峻译注，中华书局2009年版，70页）

17. 任重而道远

曾子曰：“士不可以不弘毅，任重而道远。仁以为己任，不亦重乎？死而后已，不亦远乎？”

——《论语·泰伯》

译文：

曾子说：“读书人不可以不刚强而有毅力，因为他负担沉重，路程遥远。以实现仁德于天下为己任，不也沉重吗？到死方休，不也遥远吗？”（《论语译注》，杨伯峻译注，中华书局2009年版，79页）

18. 匹夫不可夺志

子曰：“三军可夺帅也，匹夫不可夺志也。”

——《论语·子罕》

译文：

孔子说：“一国军队，可以使它丧失主帅。一个男子汉，却不能强迫他放弃主张。”（《论语译注》，杨伯峻译注，中华书局2009年版，93页）

19. 四海之内，皆兄弟也

司马牛忧曰：“人皆有兄弟，我独亡（无）。”子夏曰：

“商闻之矣：死生有命，富贵在天。君子敬而无失，与人恭而有礼。四海之内，皆兄弟也。君子何患乎无兄弟也？”

——《论语·颜渊》

译文：

司马牛忧愁地说：“别人都有兄弟，只有我没有。”子夏说：“我听过这样的话：生死有命运主宰，富贵全在于天意。君子恭敬谨慎而没有过失，待人谦恭有礼，四海以内的人都会是自己的兄弟。君子为什么要担忧没有兄弟呢？”（李凡校译）

20. 和而不同

子曰：“君子和而不同，小人同而不和。”

——《论语·子路》

译文：

孔子说：“君子讲调和，却不肯盲目附和。小人只是盲目附和，却不肯讲调和。”（刘冰雪校译）

21. 杀身以成仁

子曰：“志士仁人，无求生以害仁，有杀身以成仁。”

——《论语·卫灵公》

译文：

孔子说：“志士仁人，不贪生怕死因而损害仁德，只勇于牺牲来成全仁德。”（《论语译注》，杨伯峻译注，中华书局2009年版，161页）

22. 自胜者强

胜人者有力，自胜者强。

——《老子·第三十三章》[①]

注释：

①《老子》：亦称《道德经》、《老子五千文》，分为八十一章。道家的主要经典。相传春秋末期老聃著。提出了一个以道为核心的体系，具有丰富的朴素辩证法思想。老子：春秋时思想家，道家的创始人。一说即老聃，姓李名耳，字伯阳，楚国苦县（今河南鹿邑东）厉乡曲仁里人（一说为今安徽涡阳人）。

译文：

战胜别人的人叫做有力，克服自己弱点的人才是刚强。（《老子绎读》，任继愈著，北京图书馆出版社 2006 年版，74 页）

23．兴天下之利，除天下之害

仁人之所以为事者，必兴天下之利，除去天下之害，以此为事者也。

——《墨子·兼爱中》[①]

注释：

①《墨子》：墨家学派的著作总汇。《汉书·艺文志》著录《墨子》七十一篇，现存五十三篇。墨子（约前 468—前 376）：春秋战国之际思想家、政治家，墨家的创始人。名翟。曾学习儒术，因不满其烦琐的“礼”，另立新说，聚徒讲学，成为儒家的主要反对派。墨子学说对当时思想界影响很大，与儒家并称“显学”。

译文：

仁义之人处理政事的目的，是一定要兴天下之利，除天下之害，把这作为办事的宗旨。（《墨子今注今译》，谭家健、孙中原注译，商务印书馆 2009 年版，88 页）

24．兼相爱，交相利

今天下之士君子，忠实欲天下之富而恶其贫，欲天下之治而恶其乱，当兼相爱，交相利。

——《墨子·兼爱中》

译文：

当今天下的士君子，如果心里确实希望天下富庶而不希望贫穷，希望天下太平而不希望混乱，那就应该实行大家兼相爱交相利。（《墨子今注今译》，谭家健、孙中原注译，商务印书馆2009年版，90页）

25. 国都不相攻伐，人家不相乱贼，以兴天下之利

藉为人之国，若为其国，夫谁独举其国以攻人之国者哉？为彼者，由为己也。为人之都，若为其都，夫谁独举其都以伐人之都者哉？为彼犹为己也。为人之家，若为其家，夫谁独举其家以乱人之家者哉？为彼犹为己也。然即国都不相攻伐，人家不相乱贼，此天下之害与？天下之利与？即必曰：天下之利也。

——《墨子·兼爱下》

译文：

假如对待别人的国家，像治理自己的国家，谁还会动用本国的力量，以攻伐别人的国家呢？对待别人应该像对待自己一样啊。对待别人的都邑，像治理自己的都邑，谁还会动用自己都邑的力量，以攻伐别人的都邑呢？对待别人应该像对待自己一样啊。对待别人的家族，就像对待自己的家族，谁还会动用自己的家族的力量，以侵扰别人的家族呢？对待别人应该像对待自己一样啊。既然如此，国家、都邑不相互攻伐，个人、家族不相互侵扰残害，这是天下之害呢？还是天下之利呢？必然会说是天下之利。（《墨子今注今译》，谭家健、孙中原注译，商务印书馆2009年版，97页）

26. 一天下之和，总四海之内

古之仁人有天下者，必反大国之说，一天下之和，总四

海之内。

——《墨子·非攻下》

译文：

古时统治天下的仁人，必然反对大国攻伐的说法，使天下和睦一致，总领四海之内。（《墨子今注今译》，谭家健、孙中原注译，商务印书馆2009年版，119页）

27. 大道之行也，天下为公

大道之行也，天下为公，选贤与能，讲信修睦。故人不独亲其亲，不独子其子，使老有所终，壮有所用，幼有所长，矜（鳏）寡孤独废疾者皆有所养，男有分，女有归。货恶其弃于地也，不必藏于己；力恶其不出于身也，不必为己。是故谋闭而不兴，盗窃乱贼而不作，故外户而不闭。是谓大同。

——《礼记·礼运》①

注释：

①《礼记》：亦称《小戴记》或《小戴礼记》，儒家经典之一。秦汉以前各种礼仪论著的选集。相传西汉戴圣编纂，今本为东汉郑玄注本。有四十九篇。戴圣：西汉今文礼学“小戴学”的开创者。字次君，梁（今河南商丘南）人。与叔父戴德同学《礼》于后苍。宣帝时立为博士，参加石渠阁议，世称“小戴”。

译文：

大道通行的时代，天下为全体人民所公有。选举有贤德与有才能的人来管事，讲求诚信，致力友爱，所以人们不只是敬爱自己的双亲，不只是疼爱自己的子女，更能博爱世人，使老人们都能安度终生，壮年们都能发挥自己的才用，儿童们都能健康成长，鳏寡孤独残病者都能得到赡养。男人都有自己的职务，女人都有自己的归宿。物质资料，就担心它丢弃在地上得不到合理利用，倒不一定收藏到自己家里。智力体力，担心它不能从自身上发挥出来，倒不一定为了个人利益。珍惜物资，热爱劳动，都出自公心，因此为非作歹的念头都自然闭塞而不能兴起，盗窃掠夺的活动都自然不会发生，所以关上外门只是为了挡风寒，无须上栓紧闭。这就叫做大同世界。（《礼记译解》，王文锦译解，中华书局2001年版，288页）

28. 中和，天地位，万物育

中也者，天下之大本也；和也者，天下之达道也。致中和，天地位焉，万物育焉。

——《礼记·中庸》

译文：

中是天下的根本，和是天下的通道。达到中和，天地就正其位，万物就发育成长。（《礼记译解》，王文锦译解，中华书局2001年版，773页）

29. 儒可杀而不可辱

儒有可亲而不可劫也，可近而不可迫也，可杀而不可辱也。

——《礼记·儒行》

译文：

儒者可以亲近而不可以劫持，可以接近而不可以强迫，可以杀掉而不可以侮辱。（《礼记译解》，王文锦译解，中华书局2001年版，889页）

30. 养吾浩然之气

“敢问夫子恶乎长？”

曰："我知言，我善养吾浩然之气。"

"敢问何谓浩然之气？"

曰："难言也。其为气也，至大至刚，以直养而无害，则塞于天地之间。其为气也，配义与道；无是，馁也。是集义所生者，非义袭而取之也。行有不慊（qiàn）于心，则馁矣。我故曰，告子未尝知义，以其外之也。必有事焉，而勿正，心勿忘，勿助长也。"

——《孟子·公孙丑上》①

注释：

①《孟子》：儒家经典之一。战国时孟子及其弟子万章等著，一说是孟子弟子、再传弟子的记录。《汉书·艺文志》著录十一篇，现存七篇。书中记载了孟子及其弟子的政治、教育、哲学、伦理等思想观点和政治活动。孟子（约前372—前289）：战国时思想家、政治家、教育家。名轲，字子舆，邹（今山东邹城东南）人。

译文：

公孙丑问道："请问，老师长于哪一方面？"

孟子说："我善于分析别人的言辞，也善于培养我的浩然之气。"

公孙丑又问道："请问什么叫做浩然之气呢？"

孟子说："这就难以说得明白了。那一种气，最伟大，最刚强。用正义去培养它，一点不加伤害，就会充满上下四方，无所不在。那种气，必须与义和道配合；缺乏它，就没有力量了。那一种气，是由正义的经常积累所产生的，不是偶然的正义行为所能取得的。只要做一件于心有愧的事，那种气就会疲软了。所以我说，告子不曾懂得义，因为他把义看成心外之物。我们必须把义看成心内之物，一定要培养它，但不要有特定的目的；时时刻刻地记住它，但是也不能违背规律地帮助它生长。"（《孟子译注》，杨伯峻译注，中华书局2010年版，60页）

31．志士不忘在沟壑

志士不忘在沟壑，勇士不忘丧其元。

——《孟子·滕文公下》

译文：

有志之士坚守节操，不怕死无葬身之地，弃尸山沟；勇敢的人见义而为，不怕丧失脑袋。（《孟子译注》，杨伯峻译注，中华书局2010年版，127页）

32. 富贵不能淫，贫贱不能移，威武不能屈

居天下之广居，立天下之正位，行天下之大道；得志，与民由之；不得志，独行其道。富贵不能淫，贫贱不能移，威武不能屈，此之谓大丈夫。

——《孟子·滕文公下》

译文：

应住在天下最宽广的住宅——“仁”——里，站在天下最正确的位置——“礼”——上，走着天下最光明的大路——“义”；得志的时候，偕同百姓循着大道前进；不得志的时候，也独自坚持自己的原则。富贵不能乱我之心，贫贱不能变我之志，威武不能屈我之节，这样才叫做大丈夫。（《孟子译注》，杨伯峻译注，中华书局2010年版，129页）

33. 舍生而取义

鱼，我所欲也，熊掌亦我所欲也；二者不可得兼，舍鱼而取熊掌者也。生亦我所欲也，义亦我所欲也；二者不可得兼，舍生而取义者也。生亦我所欲，所欲有甚于生者，故不为苟得也；死亦我所恶，所恶有甚于死者，故患有所不辟也。如使人之所欲莫甚于生，则凡可以得生者，何不用也？使人之所恶莫甚于死者，则凡可以辟患者，何不为也？由是则生而有不用也，由是则可以辟患而有不为也，是故所欲有

甚于生者，所恶有甚于死者。非独贤者有是心也，人皆有之，贤者能勿丧耳。

——《孟子·告子上》

译文：

鱼是我所喜欢的，熊掌也是我所喜欢的；如果两者不能并有，便牺牲鱼，而要熊掌。生命是我所喜欢的，义也是我所喜欢的；如果两者不能并有，便牺牲生命，而要义。生命本是我所喜欢的，但是还有比生命更为我所喜欢的，所以我不干苟且偷生的事；死亡本是我所厌恶的，但是还有比死亡更为我所厌恶的，所以有的祸害我不躲避。如果人们所喜欢的没有超过生命的，那么，一切可以求得生存的方法，哪有不使用的呢？如果人们所厌恶的没有超过死亡的，那么，一切可以避免祸害的事情，哪有不干的呢？然而，有些人由此而行，便可以得到生存，却不去做；由此而行，便可以避免祸害，却不去干，由此可知有比生命值得喜欢的东西，也有比死亡令人厌恶的东西。这种心不仅仅贤人有，人人都有，不过贤人能够保持它罢了。（《孟子译注》，杨伯峻译注，中华书局2010年版，246页）

34. 生于忧患，死于安乐

孟子曰："舜发于畎（quǎn）亩之中，傅说举于版筑之间，胶鬲（gé）举于鱼盐之中，管夷吾举于士，孙叔敖举于海，百里奚举于市。故天将降大任于是人也，必先苦其心志，劳其筋骨，饿其体肤，空乏其身，行拂乱其所为，所以动心忍性，曾（增）益其所不能。人恒过，然后能改；困于心，衡于虑，而后作；征于色，发于声，而后喻。入则无法家拂（弼）士，出则无敌国外患者，国恒亡。然后知生于忧患而死于安乐也。"

——《孟子·告子下》

译文：

孟子说："舜从田野之中兴起来，傅说从筑墙的工作中被提举出来，胶鬲从鱼盐的工作中被提举出来，管夷吾从狱官的手里被释放而提举出来，孙叔敖从海边被提举出来，百里奚从买卖场所被提举出来。所以天将要把重大任务落到某人身上，一定先要苦恼他的心意，劳动他的筋骨，饥饿他的肠胃，穷困他的身子，他的每一行为总是不能如意，这样，便可以震动他的心意，坚韧他的性情，增加他的能力。一个人，错误常常发生，才能改正；心意困苦，思虑阻塞，才能有所愤发而创造；表现在面色上，吐发在言语中，才能被人了解。一个国家，国内没有有法度的大臣和足为辅弼的士子，国外没有相与抗衡的邻国和外患的忧惧，经常容易被灭亡。这样，就可以知道忧愁患害足以使人生存，安逸快乐足以使人死亡的道理了。"（《孟子译注》，杨伯峻译注，中华书局2010年版，276页）

35．与天和者，谓之天乐

夫明白于天地之德者，此之谓大本大宗，与天和者也；所以均调天下，与人和者也。与人和者，谓之人乐；与天和者，谓之天乐。

——《庄子·天道》①

注释：

①《庄子》：亦称《南华经》，道家经典之一。庄子及其后学撰。《汉书·艺文志》著录《庄子》五十二篇，现仅存郭象注本保留下来的三十三篇。庄子（约前369—前286）：战国时哲学家。名周，宋国蒙（今河南商丘东北）人。

译文：

明了天地常德的，便是大根本大宗原，便是与天冥合；用来均调天下，便是与人冥合。与人冥合的，称为人乐；与天冥合的，称为天乐。（《庄子今注今译》，陈鼓应注译，中华书局2009年版，371页）

36. 施德四方，远迩来服

故近者亲其善，远方慕其义；兵不血刃，远迩来服；德盛于此，施（yì）及四极。

——《荀子·议兵》[1]

注释：

①《荀子》：战国荀子著，共三十二篇。其中《大略》、《宥坐》等最后六篇，或系其弟子所记。阐述自然观的，主要有《天论》；阐述认识论的，有《解蔽》；阐述逻辑思想的，有《正名》；阐述伦理政治思想的，有《性恶》、《礼论》、《王霸》、《王制》等篇。荀子（约前313—前238）：战国末思想家、教育家。名况，时人尊而号为"荀卿"。赵国人。

译文：

所以近处的人喜爱他们的善良，远方的人仰慕他们的道义；兵器的刀口上还没有沾上鲜血，远近的人就来归附了；德行伟大到这种地步，就会影响到四方极远的地方。（《荀子译注》，张觉撰，上海古籍出版社1995年版，312页）

37. 岂余身之惮殃兮，恐皇舆之败绩

惟党人[1]之偷乐兮，路幽昧以险隘。
岂余身之惮[2]殃兮，恐皇舆[3]之败绩！

——《离骚》[4]

注释：

①党人：政治上结为朋党的人。②惮：畏难，害怕。③皇舆：帝王坐的车，比喻国家。④《离骚》：战国楚人屈原撰。全篇以自述身世、遭遇、心志为中心，抒发了遭谗被害的苦闷与矛盾、不与邪恶势力同流合污的斗争精神和至死不渝的爱国热情。本文为节选。屈原（约前340—约前278）：中

国古代的伟大诗人。名平，字原，又自云名正则，字灵均。战国时楚国贵族。

38. 身既死兮神以灵，魂魄毅兮为鬼雄

出不入兮往不反，平原忽[①]兮路超远。
带长剑兮挟秦弓，首虽离兮心不惩[②]。
诚既勇兮又以武，终刚强兮不可凌。
身既死兮神以灵[③]，魂魄毅兮为鬼雄！

——《国殇》[④]

注释：

①忽：辽阔、辽远。②惩：后悔。③灵：灵验，显灵。④《国殇》：《楚辞·九歌》篇名。战国楚人屈原作，是礼赞为楚国而战死的将士的乐歌。本文为节选。

39. 欲富而家，先富而国

欲富而家，先富而国。

——《韩非子·外储说右下》[①]

注释：

①《韩非子》：后人搜集韩非遗著，并加入他人论述韩非学说的文章编成。共五十五篇，二十卷。韩非（约前280—前233）：战国末哲学家，法家主要代表人物。吸收道、儒、墨各家的思想，集法家学说的大成。

译文：

你要想家庭富有，先要让你的国家富有。（《韩非子》，高华平等译注，中华书局2010年版，509页）

40. 风萧萧兮易水寒，壮士一去兮不复还

风萧萧[1]兮易水寒，
壮士一去兮不复还！

——《易水歌》[2]

注释：

①萧萧：象声词，风声。②《易水歌》：《战国策·燕策》载，荆轲将为燕太子丹往秦行刺秦王，丹在易水（在今河北易县境）边上为他饯行。高渐离击筑，荆轲和而歌。后人称为《易水歌》。

41. 安得猛士守四方

大风起兮云飞扬，
威加海内兮归故乡，
安得猛士兮守四方！

——（西汉）刘邦《大风歌》[1]

注释：

①《大风歌》：汉高祖刘邦作。《史记·高祖本纪》载刘邦平定天下，回到故乡沛（今江苏沛县以东），召父老子弟饮酒唱歌。酒酣，刘邦击筑而歌。后人称为《大风歌》。汉高祖刘邦（前256或前247—前195）：字季，西汉王朝的建立者，公元前202—前195年在位。

42. 国丑忘家，公丑忘私

故化成俗定，则为臣者，主丑亡身，国丑忘家，公丑忘私。利不苟就，害不苟去，唯义所在，主上之化也。

——（西汉）贾谊《新书·阶级》①

注释：

①《新书》：十卷，亦称《贾子》。西汉贾谊的政论著作。包括《过秦论》等五十八篇。贾谊（前200—前168）：西汉政论家、文学家。洛阳（今属河南）人，世称贾生。

译文：

因而教化成功风俗已定，那么作为臣下的人，君主如果蒙受羞辱自己拼命也要去救助，国家如果面临危险自己就完全忘却自家利益去为国奔忙，公共利益受到危害自己就完全忘却私利去维护公益。对于利益不苟且获得，对于危难不苟且逃避，以道义作为唯一标准，这就是君主对臣下实行廉耻礼义教化的结果。（《新书全译》，李尔钢译注，贵州人民出版社1998年版，104页）

43. 不自强而功成，未之有也

自人君公卿至于庶人，不自强而功成者，天下未之有也。《诗》云："日就月将，学有缉熙于光明。"此之谓也。

——（西汉）刘安《淮南子·修务》①

注释：

①《淮南子》：亦称《淮南鸿烈》，西汉淮南王刘安及其门客撰。《汉书·艺文志》著录内二十一篇，外三十三篇。现只流传内二十一篇。以道家思想为主，糅合了儒、法、阴阳五行等家思想。刘安（前179—前122）：西汉思想家、文学家。沛郡丰（今江苏丰县）人。汉高祖之孙，袭父封为淮南王。

译文：

从君主、公卿直到普通百姓，不自强而能取得事业成功的，天下从未有过。《诗》说："一天天奋进，一月月前行，持续学习直至到达光明之境。"说的就是这种情形了。（《淮南子校注译》，陈一平著，广东人民出版社1994年版，992页）

44. 贤圣之所教，仁义之所施

中国者，盖聪明徇智之所居也，万物财用之所聚也，贤圣之所教也，仁义之所施也，《诗》《书》礼乐之所用也，异敏技能之所试也，远方之所观赴也，蛮夷之所义行也。

——（西汉）司马迁《史记·赵世家》[①]

注释：

①《史记》：原名《太史公书》。西汉司马迁撰。一百三十篇，是中国第一部纪传体通史。记事起于传说的黄帝，迄于汉武帝，首尾共三千年左右，尤详于战国、秦、汉。司马迁（约前145或前135—?）：西汉史学家、文学家、思想家。字子长，夏阳（今陕西韩城南）人。

译文：

中原一带，是聪明智慧所遍布的区域，是物产财富所汇聚的场所，是圣人贤者所教化的土地，是仁爱正义所推行的地方，是《诗经》、《尚书》、礼、乐所应用的区域，是奇才异能所试行的场所，是远方异国所观览趋赴的地方，是蛮夷之地所尊奉效法的楷模。（刘鹏校译）

45. 政由一家

中国之人以亿计，地方万里，居天下之膏腴，人众车轝，万物殷富，政由一家，自天地剖泮（pàn）未始有也。

——（西汉）司马迁《史记·郦生陆贾列传》

译文：

中原的人口以亿计，幅员万里，处天下肥沃之地，人众车多，物产富足，政令统一，这是开天辟地以来未曾有过的盛景。（刘鹏校译）

46. 奋不顾身以殉国家之急

夫仆与李陵俱居门下，素非能相善也，趋舍异路，未尝衔杯酒、接殷勤之余欢。然仆观其为人自守奇士，事亲孝，与士信，临财廉，取与义，分别有让，恭俭下人，常思奋不顾身以殉国家之急。其素所蓄积也，仆以为有国士之风。夫人臣出万死不顾一生之计，赴公家之难，斯已奇矣。

——（西汉）司马迁《报任少卿书》[①]

注释：

①《报任少卿书》：西汉司马迁作。任少卿名安，系司马迁友人。迁因为李陵辩解，得罪下狱，受腐刑。此文表达了他受刑后的苦痛心境，并言写作《史记》的意图和完成它的决心。见班固《汉书·司马迁传》。

译文：

我和李陵都在宫中任职，平素并非相要好，各人走各人的路，不曾在一起饮过一杯酒来表示互相殷勤的情谊。但是，我看他的为人，是个能自守节操的出众人物。他侍奉双亲很孝敬，结交士人讲信用，对待财货廉洁奉公，索取或给予按照理义办事，能分别尊卑长幼而有礼让，谦恭自约，礼贤下士，常常想着奋不顾身，为国家的急难而献身。他平素所含蕴的品德，我以为具有国家杰出人才的风度。作为臣子，出于宁肯万死、不求一生的考虑，奔赴国家的危难，这已经是很出众了！（《名家精译古文观止》，中华书局编辑部编，中华书局2007年版，202页）

47. 死或重于泰山，或轻于鸿毛

人固有一死，死或重于泰山，或轻于鸿毛，用之所趣异也。

——（西汉）司马迁《报任少卿书》

译文：

人总有一死，有的人死得比泰山还重，有的人死得比鸿毛还轻，这是因为他们在为什么而死上有区别。（《名家精译古文观止》，中华书局编辑部编，中华书局 2007 年版，203 页）

48. 圣贤发愤之所为作

古者富贵而名磨灭，不可胜记，唯倜傥非常之人称焉。盖文王拘而演《周易》；仲尼厄而作《春秋》；屈原放逐，乃赋《离骚》；左丘失明，厥有《国语》；孙子膑脚，《兵法》修列；不韦迁蜀，世传《吕览》；韩非囚秦，《说难》、《孤愤》；《诗》三百篇，大底贤圣发愤之所为作也。此人皆意有所郁结，不得通其道，故述往事，思来者。

——（西汉）司马迁《报任少卿书》

译文：

古时候富足尊贵而声名磨灭不传的人，多得无法记述，唯有卓越特出的人能受到后人的称道。周文王被拘禁而推演出《周易》；孔子受困厄而著作《春秋》；屈原被放逐才写作《离骚》；左丘明双目失明，写出《国语》；孙膑被剜去膝盖骨而《兵法》得以编写出来；吕不韦迁居蜀地，《吕览》流传于后世；韩非在秦国被捕下狱，写出了《说难》、《孤愤》；《诗》三百篇，大都是贤人、圣人抒发他们内心的愤懑而作出来的。这些人都是心意有抑郁闷结之处，理想不得实现，所以才追述过去的事，而寄希望于未来的人。（《名家精译古文观止》，中华书局编辑部编，中华书局 2007 年版，205 页）

49. 伐国不问仁人

鲁君问柳下惠："吾欲伐齐，何如？"柳下惠曰："不可。”归而有忧色，曰：“吾闻伐国不问仁人，此言何为至于我哉！”

——（东汉）班固《汉书·董仲舒传》[①]

注释：

①《汉书》：东汉班固撰。一百篇，分一百二十卷，中国第一部纪传体断代史。本书体例略同《史记》，唯改书为志，废世家入列传，并创《刑法》、《五行》、《地理》、《艺文》四志，成为后世纪传体史书的准绳。班固（32—92）：东汉史学家、文学家。字孟坚，扶风安陵（今陕西咸阳东北）人。

译文：

鲁国国君鲁僖公问柳下惠：“我想讨伐齐国，你认为如何？”柳下惠答道：“不可。”回家时面带忧色，说道：“我听说讨伐他国，不用问仁德之士，今日此事为何问到我呢？”（刘冰雪校译）

50. 大一统者，天地之常经，古今之通谊

《春秋》大一统者，天地之常经，古今之通谊也。今师异道，人异论，百家殊方，指（旨）意不同，是以上亡（无）以持一统；法制数变，下不知所守。臣愚以为诸不在六艺之科孔子之术者，皆绝其道，勿使并进。邪辟之说灭息，然后统纪可一而法度可明，民知所从矣。

——（东汉）班固《汉书·董仲舒传》

译文：

《春秋》所推重的大一统理论，是天地之间永恒不变的法则，古往今来相互贯通的道理。如今老师们传授的学说各异，世人所持的理论各异，诸子百家遵从不同的学派，研究方向不同，秉承意旨也不同，所以朝廷无法建立

统一的法制；而法制不断变化，百姓又无所遵从。所以我认为凡是不在《礼》、《乐》、《诗》、《书》、《易》、《春秋》六艺范围之内的、不属于孔子学说的各种学派和理论，都应当禁止传播和学习，不让它们像儒学那样发展。如此一来，邪僻的学说消失，政统法纪便可统一，政令法制就会清晰明确，百姓也就知道如何去做了。（刘冰雪校译）

51. 六合同风，九州共贯

《春秋》所以大一统者，六合同风，九州共贯也。

——（东汉）班固《汉书·王吉传》

译文：

《春秋》所推崇的大一统政治，是天下风俗、教化相同，九州法制、政令统一。（刘冰雪校译）

52. 苟利社稷，则不顾其身

苟利社稷，则不顾其身。上下用成，故昭君德。

——（东汉）马融《忠经·百工章》①

注释：

①《忠经》：东汉马融著，郑玄注，凡十八章。书中主要阐明忠是为君为国、至公无私的最高德行，包括尽忠和行谏；认为只要人人尽忠、君子尽心、小人尽力，就会政教美、礼乐兴、仁惠布、四海平。马融（79—166）：东汉经学家、文学家。字季长，右扶风茂陵（今陕西兴平东北）人。

译文：

凡是对国家有利之事，就要奋不顾身，一往而前。居上者用人之才，居下者尽心竭力，上下一体，便可使君王的德行得以彰显。（赵前、刘鹏校译）

53. 大丈夫处世，当扫除天下

大丈夫处世，当扫除天下，安事一室乎！

——（南朝宋）范晔《后汉书·陈蕃传》[1]

注释：

①《后汉书》：南朝宋范晔撰。今本一百二十篇，分一百三十卷。纪传体东汉史。范晔（398—445）：南朝宋史学家。字蔚宗，顺阳（今河南淅川东南）人。

译文：

大丈夫处世，应当扫除天下不平之事，怎能只扫一室之尘秽呢！（刘冰雪校译）

54. 投死为国，以义灭身

但计投死为国，以义灭身，足垂于后。

——（三国魏）曹操《让县自明本志令》[1]

注释：

①《让县自明本志令》：曹操于汉献帝建安十五年（210）作。当时北方统一，曹操权倾朝野，有人认为他怀不逊之志，企图篡汉自代。曹操特撰此令，并让出受封四县三万户中的三县两万户，以表明心迹。曹操（155—220）：即魏武帝。三国时政治家、军事家、诗人。字孟德，小名阿瞒，沛国谯县（今安徽亳州）人。

译文：

我一心只想着以身报国，舍生取义，可以名垂后世。（赵前、刘鹏校译）

55. 老骥伏枥，志在千里

神龟虽寿，犹有竟[①]时；
腾蛇乘雾，终为土灰。
老骥伏枥[②]，志在千里；
烈士暮年，壮心不已。
盈缩之期，不但在天；
养怡之福，可得永年。
幸甚至哉，歌以咏志。

——（三国魏）曹操《步出夏门行·龟虽寿》[③]

注释：

①竟：终了。②枥：马槽。③《步出夏门行·龟虽寿》：又称《陇西行》，汉末乐府诗篇名。曹操作。《步出夏门行》是乐府诗题名，属《相和歌·瑟调曲》。全诗除诗序“艳”之外，共四章，《龟虽寿》为其末章。写于建安十二年（207）北征乌桓凯旋之时。

56. 捐躯赴国难，视死忽如归

边城多警急，胡虏数迁移。
羽檄[①]从北来，厉马[②]登高堤。
长驱蹈匈奴，左顾凌鲜卑。
弃身锋刃端，性命安可怀！
父母且不顾，何言子与妻。
名在壮士籍，不得中顾私。
捐躯赴国难，视死忽如归。

——（三国魏）曹植《白马篇》[③]

注释：

①羽檄：紧急调兵的文书。②厉马：策马。③《白马篇》：或作《游侠篇》。乐府诗篇名。三国魏曹植作。叙写游侠少年精强的骑射武艺及不顾一切奔赴国难的忠勇气概。本文节选后半部分。曹植：三国魏诗人。字子建，沛国谯县（今安徽亳州）人。曹操子。

57. 闲居非吾志，甘心赴国忧

仆夫早严驾[①]，吾行将远游。
远游欲何之？吴国为我仇。
将骋万里途，东路安足由[②]！
江介[③]多悲风，淮泗驰急流。
愿欲一轻济，惜哉无方舟！
闲居非吾志，甘心赴国忧。

——（三国魏）曹植《杂诗·仆夫早严驾》[④]

注释：

①严驾：准备车马。②足：值得。由：经过，通过。③江介：江畔。④《杂诗·仆夫早严驾》：是一首述志诗，作者曹植，大约作于太和二年（228）。是曹植《杂诗》六首中的第五首。

58. 鞠躬尽瘁，死而后已

夫难平者，事也。昔先帝败军于楚，当此时，曹操拊手，谓天下已定。然后先帝东连吴、越，西取巴、蜀，举兵北征，夏侯授首，此操之失计而汉事将成也。然后吴更违盟，关羽毁败，秭归蹉跌，曹丕称帝。凡事如是，难可逆料。臣鞠躬尽瘁，死而后已，至于成败利钝，非臣之明所能逆睹也。

——（三国蜀）诸葛亮《后出师表》[①]

注释：

①《后出师表》：三国蜀诸葛亮作。相传作于三国蜀汉建兴六年（228）十一月，陈述出兵伐魏的必要和决心。诸葛亮（181—234）：三国蜀汉政治家、军事家。字孔明，琅邪阳都（今山东沂南南）人。

译文：

在所有事情中最难预测的就是战事。过去先帝在楚地战败，那时候，曹操高兴得拍手，认为天下已经平定。但是后来先帝联合东吴，夺取了西方的巴地、蜀地，发兵向北征伐，斩了夏侯渊的头。这是曹操没算计到的，而复兴汉室的大业眼看就要成功了。但是后来东吴违背盟约，关羽战败身亡，伐吴时在秭归又遭挫败，曹丕篡汉称帝。一切事情就像这样，难以预料。我只有勤谨地为国尽力，到死为止，至于成功或失败，顺利或遭挫折，绝不是我的聪明所能够预见到的了。（《名家精译古文观止》，中华书局编辑部编，中华书局2007年版，263页）

59. 烈士之爱国也如家

抱朴子曰："烈士之爱国也如家，奉君也如亲，则不忠之事不为其罪矣；仁人之视人也如己，待疏也犹密，则不恕之怨不为其责矣。"

——（东晋）葛洪《抱朴子·外篇·广譬》[①]

注释：

①《抱朴子》：道教书名。东晋葛洪著。七十卷，其中内篇二十卷，外篇五十卷。葛洪（284—341）：东晋道教理论家、医学家、炼丹术家。字稚川，号抱朴子，丹阳句容（今属江苏）人。

译文：

抱朴子说："有壮志的人爱国就像爱自己的家一样，侍奉君主就像侍奉自己的双亲一样，这样他们便永不会犯下不忠诚的罪过。仁德的人看待别人就像看待自己一样，对待疏远的人就像亲近的人一样，这样他们便永不会被埋怨有不宽容的缺点。"（赵前、刘鹏校译）

60. 投躯报明主，身死为国殇

羽檄起边亭，烽火入咸阳。
征骑屯广武，分兵救朔方。
严秋筋竿[1]劲，虏阵精且强。
天子按剑怒，使者遥相望。
雁行缘石径，鱼贯度飞梁[2]。
箫鼓流汉思，旌甲被胡霜。
疾风冲塞起，沙砾自飘扬。
马毛缩如猬，角弓不可张。
时危见臣节，世乱识忠良。
投躯报明主，身死为国殇。

——（南朝宋）鲍照《代出自蓟北门行》[3]

注释：

①筋：弓弦。竿：箭杆。②飞梁：桥梁。③《代出自蓟北门行》：乐府诗，南朝宋鲍照作。写战士赴边途中历尽严寒艰苦的状况，表现他们视死如归的英勇气概。鲍照（约414—466）：南朝宋文学家。字明远，东海（今山东郯城北）人。

61. 以身许国

公曰："……若其克济，则臣主同休；苟厄运必至，我当以死卫社稷，横尸庙门，遂其由来以身许国之志，不能远窜于草间求活也。我计决矣，卿勿复言！”

——（南朝梁）沈约《宋书·武帝纪上》[①]

注释：

①《宋书》：南朝梁沈约撰。一百卷，纪传体刘宋史。修于齐永明五年至六年间（487—488）。原书传至北宋时，已有散失，后人取李延寿《南史》等补足卷数。沈约（441—513）：南朝梁文学家。字休文，吴兴武康（今浙江德清武康镇）人。

译文：

豫章郡公罗颖说：“……如果取胜，那就君臣同庆；如果失败，我将以死报国，陈尸宗庙门口，实现以身报国的夙愿，决不远远逃到民间苟且偷生。我主意已定，你不必再说了！”（张维校译）

62. 生以救时，死以明道

或问荀彧、荀攸。子曰：“皆贤者也。”曰：“生死何如？”子曰：“生以救时，死以明道。荀氏有二仁焉。”

——（隋）王通《中说·周公篇》[①]

注释：

①《中说》：亦称《文中子》，隋王通著。由其子福郊、福畤记述，共十卷。文体模拟《论语》，以气、形、识作为天、地、人的特点，提出儒、佛、道“三教于是乎可一矣”的主张，试图从理论上调和“三教”。王通（584—617）：隋代哲学家。字仲淹，门人私谥文中子，绛州龙门（今山西河津）人。

译文：

有人问荀彧和他的侄子荀攸是什么样的人，文中子说：“都是贤者。”又问：“二人都是曹操的重要谋士，但荀攸得到善终，荀彧却因劝谏曹操要忠于汉朝而被迫自杀，对于二人的生与死，您如何评论？”文中子说：“生

者救时世之危，死者彰明正道。荀氏叔侄二人都是仁者啊。”（赵前、刘鹏校译）

63. 四海既清，与一家无异

帝曰：“往者与突厥递相侵扰，不得安居。今四海既清，与一家无异，朕皆欲存养，使遂性灵。譬如上天，止有一个日照临，莫不宁帖；若有两个、三个日，万物何以得安？”

——（唐）李延寿《北史·突厥传》[①]

注释：

①《北史》：唐李延寿撰。一百卷，记北魏到隋的历史。纪传体，无表志。李延寿：生卒年不详，唐初史学家。字遐龄，相州（今河南安阳）人。

译文：

隋炀帝说：“之前受突厥接连侵犯骚扰，不能安定的生活。如今天下已经统一，如同一家人一样，我都愿意抚养关照，使天下生灵安顺。比如天上，只有一个太阳照射大地，无不安定平静；如果有两个、三个太阳，万物怎么可以得到安宁？”（张维校译）

64. 感时思报国，拔剑起蒿莱

本为贵公子，平生实爱才。
感时思报国，拔剑起蒿莱[①]。
西驰丁零塞，北上单于台。
登山见千里，怀古心悠哉。
谁言未忘祸，磨灭成尘埃。

——（唐）陈子昂《感遇诗三十八首》[②]之三十五

注释：

①蒿莱：草野，喻民间。②《感遇诗三十八首》：唐初陈子昂所作的组诗。有写出征士卒艰苦的，有写边塞人民苦难的，也有批评时政的，内容颇杂，非一时之作。陈子昂（659—700）：唐文学家。字伯玉，梓州射洪（今属四川）人。

65. 欲安其家，必先安于国

欲安其家，必先安于国。

——（唐）武则天《臣轨·至忠章》[①]

注释：

①《臣轨》：一名《臣范》。二卷。旧题唐武则天撰，实出元万顷、刘祎之等北门学士之手。为武则天规诫群臣的训条。武则天（624—705）：唐高宗后、武周皇帝，公元690—705年在位。谥大圣则天皇后，后遂称武则天。名曌，并州文水（今山西文水东）人。

译文：

要使自己的家庭平安，必须先使国家得到安定。（《帝范·臣轨》，伊力、王健注译，中州古籍出版社1994年版，48页）

66. 报国行赴难，古来皆共然

三十羽林将，出身[①]常事边。
春风吹浅草，猎骑何翩翩。
插羽两相顾，鸣弓新上弦。
射麋入深谷，饮马投荒泉。
马上共倾酒，野中聊割鲜。
相看未及饮，杂虏寇幽燕。

烽火去不息，胡尘高际天。
长驱救东北，战解城亦全。
报国行赴难，古来皆共然。

——（唐）崔颢《赠王威古》②

注释：

①出身：献身。②《赠王威古》：唐代边塞诗，崔颢作。王威古，为一年轻边将。崔颢（？—754）：唐诗人。汴州（今河南开封）人。早期诗多写闺情，流于纤艳。后历边塞，诗风变为雄浑奔放。

67. 黄沙百战穿金甲，不破楼兰终不还

青海长云暗雪山，孤城遥望玉门关。
黄沙百战穿金甲，不破楼兰终不还。

——（唐）王昌龄《从军行七首》①之四

注释：

①《从军行七首》：唐王昌龄作。该组诗从多方面反映了边塞军旅生活。王昌龄（？—约 756）：唐诗人。字少伯，京兆长安（今陕西西安）人。

68. 但使龙城飞将在，不教胡马度阴山

秦时明月汉时关，万里长征人未还。
但使龙城飞将在①，不教胡马度阴山。

——（唐）王昌龄《出塞二首》②之一

注释：

①龙城飞将：指抗击敌寇、扬威边地的名将。《汉书·武帝纪》："元光

五年……（卫）青至龙城，获首虏七百级。”又，李广为右北平太守，匈奴称为“汉之飞将军”（见《史记·李将军列传》）。这里说“飞将”而冠以“龙城”，是把两个典故合用在一起。②《出塞二首》：唐王昌龄作。又题《塞上行》、《塞上曲》、《从军行》等。

69. 国耻未雪，何由成名

独漉[①]水中泥，水浊不见月。
不见月尚可，水深行人没。
越鸟从南来，胡雁亦北度。
我欲弯弓向天射，惜其中道失归路。
落叶别树，飘零随风。
客无所托，悲与此同。
罗帷舒卷，似有人开。
明月直入，无心可猜。
雄剑挂壁，时时龙鸣[②]。
不断犀象，锈涩苔生[③]。
国耻未雪，何由成名。
神鹰梦泽，不顾鸱鸢。
为君一击，抟鹏九天[④]。

——（唐）李白《独漉篇》[⑤]

注释：

①独漉：一说地名，在今河北涿县。②龙鸣：王嘉《拾遗记》说：帝颛顼有曳影之剑，未用之时，常于匣里作龙虎之吟。③此句是指锋利的宝剑应该用于斩断犀象，长期不用就会生锈腐蚀。犀象：犀牛和象。曹植《七启》：“陆断犀象，未足伤隽。”此用其意。④“神鹰”四句：说明作者一心为国雪耻的壮志。《幽明录》说：“楚文王少时好猎，有一人献一鹰，文

王见之，爪距神爽，殊绝常鹰。故为猎于云梦……此鹰轩颈瞪目，无搏噬之志……俄而，云际有一物凝翔，鲜白不辨其形。鹰便竦翮而升，矗若飞电。须臾，羽堕如雪，血下如雨。有大鸟堕地，度共两翅，广数十里，众莫能识。时有博物君子曰：'此大鹏雏也。'"鸱鸢（chī yuān）：鸱鹰，这里指凡鹰。抟（tuán）：盘旋。⑤《独漉篇》：唐李白作。李白（701—762）：唐诗人。字太白，号青莲居士，自称祖籍陇西成纪（今甘肃静宁西南），隋末其先人流寓碎叶（唐时属安西都护府，在今吉尔吉斯斯坦北部托克马克附近）。是屈原以来最具个性特色和浪漫精神的诗人，达到盛唐诗歌艺术的巅峰。

70. 安得广厦千万间，大庇天下寒士俱欢颜

八月秋高风怒号，卷我屋上三重茅。
茅飞渡江洒江郊，高者挂罥[①]长林梢，
下者飘转沉塘坳。
南村群童欺我老无力，忍能对面为盗贼，
公然抱茅入竹去。唇焦口燥呼不得，
归来倚杖自叹息。
俄顷风定云墨色，秋天漠漠向昏黑。
布衾多年冷似铁，骄儿恶卧踏里裂。
床头屋漏无干处，雨脚如麻未断绝。
自经丧乱少睡眠，长夜沾湿何由彻[②]。
安得广厦千万间，大庇天下寒士俱欢颜，
风雨不动安如山。呜呼！何时眼前突兀见此屋，
吾庐独破受冻死亦足！

——（唐）杜甫《茅屋为秋风所破歌》[③]

注释：

①挂罥（juàn）：挂结。②彻：彻晓，天亮。③《茅屋为秋风所破歌》：七言歌行，唐杜甫作。杜甫（712—770）：唐诗人。字子美，诗中尝自称少陵野老。祖籍襄阳（今属湖北），自其曾祖时迁居巩县（今河南巩义）。宋以后被尊为“诗圣”，对历代诗歌创作产生巨大影响。

71. 刚健纯粹之气

夫天之贵斯人也，则付刚健、纯粹于其躬，倬（zhuō）为至灵，大者圣神，其次贤能，所谓贵也。刚健之气，钟于人也为志，得之者，运行而可大，悠久而不息，拳拳于得善，孜孜于嗜学，则志者其一端耳。纯粹之气，注于人也为明，得之者，爽达而先觉，鉴照而无隐，盹盹于独见，渊渊于默识，则明者又其一端耳。

——（唐）柳宗元《天爵论》①

注释：

①《天爵论》：唐柳宗元作。阐发孟子关于“天爵”的思想，指出“明”和“志”比孟子所说的仁义忠信更为根本。柳宗元（773—819）：唐文学家、哲学家。字子厚，河东解（今山西运城西）人，世称柳河东。与韩愈倡导古文运动，并称“韩柳”，同列“唐宋八大家”。

译文：

上天以人为贵，就把刚健、纯粹之气付于其身，卓然而成为极其灵异之物，其大者为圣神，其次者为贤能，这就是所谓的贵。刚健之气，汇聚于人体而为志向，得到它的话，运行中可以逐渐变大，历久而不息，勤勉于行善，执著于治学，所以志向是它的一个方面；纯粹之气，凝聚于人体而为智慧，得到它的话，爽利通达而能先知先觉，像照镜子那样没有一点隐藏，执著地坚持自己独到的见解，深邃地默默记诵，所以智慧是它的另一个方面。（赵前、刘鹏校译）

72. 先天下之忧而忧，后天下之乐而乐

嗟夫！予尝求古仁人之心，或异二者之为。何哉？不以物喜，不以己悲。居庙堂之高，则忧其民；处江湖之远，则忧其君。是进亦忧，退亦忧。然则何时而乐耶？其必曰“先天下之忧而忧，后天下之乐而乐”欤！噫！微斯人，吾谁与归！

——（北宋）范仲淹《岳阳楼记》①

注释：

①《岳阳楼记》：散文名篇。北宋范仲淹作，作品形象地描绘了岳阳楼（在今湖南岳阳）的雄奇景色，抒发了“先天下之忧而忧，后天下之乐而乐”的抱负。范仲淹（989—1052）：北宋政治家、文学家。字希文，苏州吴县（今江苏苏州）人。

译文：

唉！我曾经探索过古代一些充满爱心的人的想法，却往往并不和那两种人一样。为什么呢？原来他们既不因自然景物之美好而喜悦，也不因个人遭遇的坎坷而悲伤。在朝廷任职，就为百姓生活不富裕而担忧；在民间闲居，就为皇帝政治不清明而担忧。这样，做官发愁，不做官同样发愁。什么时候才会高高兴兴呢？他们一定会回答说：“只有在世上所有的人没发愁之前，自己先已担忧；在世上所有的人都欢乐以后，自己才会高兴啊！”唉！除了这种充满了爱心的人，我还能去追随谁呢！（《名家精译古文观止》，中华书局编辑部编，中华书局2007年版，408页）

73. 贤者不悲其身之死，而忧其国之衰

夫国以一人兴，以一人亡。贤者不悲其身之死，而忧其国之衰。故必复有贤者，而后可以死。

——（北宋）苏洵[①]《管仲论》

注释：

①苏洵（1009—1066）：北宋散文家。字明允，眉州眉山（今属四川）人。苏洵与其子苏轼、苏辙合称“三苏”，俱被列入“唐宋八大家”。

译文：

一个国家往往由于一个贤者执政而兴盛，由于一个贤者去位而灭亡。贤能的大臣并不悲伤自己个人的生命终结，而要忧虑他的国家在自己死后将日趋衰败。所以一定要再有个贤者接替，然后才可以心安理得地告别人世。（《名家精译古文观止》，中华书局编辑部编，中华书局2007年版，453页）

74．君子大居正，王者大一统

《传》曰“君子大居正”，又曰“王者大一统”。正者，所以正天下之不正也；统者，所以合天下之不一也。由不正与不一，然后正统之论作。

——（北宋）欧阳修《正统论》[①]

注释：

①《正统论》：散文。北宋欧阳修作。本文在批判“五德终始”说的基础上，以《春秋公羊传》为理论依据，以“居正”和“一统”作为判定王朝“正统”的标准。欧阳修（1007—1072）：北宋文学家、史学家。字永叔，号醉翁，又号六一居士，吉州吉水（今属江西）人。北宋古文运动领袖，“唐宋八大家”之一。

译文：

《春秋公羊传》说“君子非常遵循将君位传给嫡子的正道”，又说“帝王非常重视一统天下的事业”。正，是用来纠正天下的不正的；统，是用来弥合天下的分裂的。正因为有不合正道和分裂天下的现象存在，关于“正”与“统”的论述才产生了。（赵前、刘鹏校译）

75. 以之事国，同心共济

故臣谓小人无朋，其暂为朋者，伪也。君子则不然。所守者道义，所行者忠信，所惜者名节。以之修身，则同道而相益；以之事国，则同心而共济。终始如一，此君子之朋也。

——（北宋）欧阳修《朋党论》①

注释：

①《朋党论》：政论散文。北宋欧阳修于宋仁宗庆历三年（1043）所作。

译文：

所以臣认为小人无朋党，他们暂时为朋党，是虚伪的。君子就不是这样。他们所依据的是道义，所奉行的是忠信，所爱惜的是名誉和节操。用它们来修养品德，则彼此目标相同又能够互相取长补短；用它们来效力国家，则能够和衷共济，始终如一，这就是君子的朋党。（《名家精译古文观止》，中华书局编辑部编，中华书局2007年版，418—419页）

76. 专利国家，而不为身谋

古者谏无官，自公、卿、大夫至于工、商，无不得谏者。汉兴以来始置官。夫以天下之政，四海之众，得失利病，萃于一官使言之，其为任亦重矣。居是官者，当志其大，舍其细；先其急，后其缓；专利国家，而不为身谋。彼汲汲于名者，犹汲汲于利也，其间相去何远哉！

——（北宋）司马光《谏院题名记》①

注释：

①《谏院题名记》：北宋司马光撰。作者于宋仁宗嘉祐六年（1061）迁起居舍人同知谏院，嘉祐八年为谏院题名刻石作此题记。司马光（1019—1086）：北宋大臣、史学家。字君实，陕州夏县（今属山西）涑水乡人，世称涑水先生。

译文：

古代没有专司谏诤的官员，上自朝廷公、卿、大夫，下至工匠、商贩，没有谁不可论谏。汉王朝建立后，才设置起谏官。以天下政事之繁杂，四海人口之众多，得失利弊，都集中到一个官职使之建言，它的任务也太重大了。担任这一官职的人，应专注大事而略去小节；先论急切之事而缓置不急之务；只图利于国家而不为一己打算。那些热衷于敢谏之名的人，也与热衷于私利的人一样，与上面的原则相距是多么遥远啊！（《名家精译古文观止》，中华书局编辑部编，中华书局2007年版，409页）

77. 会挽雕弓如满月，西北望，射天狼

老夫聊发少年狂，左牵黄，右擎苍[①]。锦帽貂裘，千骑卷[②]平冈。为报倾城随太守，亲射虎，看孙郎[③]。

酒酣胸胆尚开张。鬓微霜。又何妨？持节云中，何日遣冯唐[④]。会挽雕弓如满月，西北望，射天狼[⑤]。

——（北宋）苏轼《江城子·密州出猎》[⑥]

注释：

①黄：黄狗。《史记·李斯列传》记李斯有“吾欲与若复牵黄犬，俱出上蔡东门，逐狡兔，岂可得乎？”苍：苍鹰。②卷：通“捲”，这里形容马多尘大。③孙郎：指孙权。此句大意：为报答大家全城出动随我出猎，我要像孙权当年那样亲自射虎。《三国志·吴书·吴主传》：建安二十三年（218）十月，孙权“乘马射虎于庱亭，马为虎所伤，权投以双戟，虎却废”。④此句大意：朝廷何时派冯唐持节到云中去赦免魏尚，并重新启用他。作者这里以魏尚自喻，希望得到朝廷的重新重用。西汉魏尚为云中郡太守，爱抚士卒，守边有方，战绩显著，后因上报战果数字略有差误，便被削

爵追究。郎中署长冯唐认为，如此对待臣下有失宽厚，无法用才。冯唐将此意上奏汉文帝，文帝大悦，当天即“令唐持节赦魏尚，复以为云中守，而拜唐为车骑都尉。”（见《汉书·冯唐传》）。⑤射天狼：天狼，星名，主侵略。指抗击西北的敌国西夏。《楚辞·九歌·东君》：“举长矢兮射天狼。”⑥《江城子·密州出猎》：又名《江神子·猎词》，北宋熙宁八年（1075）冬作，此时苏轼知密州。苏轼（1037—1101）：北宋文学家、书画家。字子瞻，又字和仲，号东坡居士，眉州眉山（今属四川）人。与父苏洵、弟苏辙合称“三苏”。为“唐宋八大家”之一。

78. 壮志饥餐胡虏肉，笑谈渴饮匈奴血

怒发冲冠①，凭栏处、潇潇②雨歇。抬望眼、仰天长啸，壮怀激烈。三十功名尘与土，八千里路云和月。莫等闲、白了少年头，空悲切。

靖康耻③，犹未雪。臣子恨，何时灭。驾长车踏破，贺兰山缺④。壮志饥餐胡虏肉，笑谈渴饮匈奴血⑤。待从头、收拾旧山河，朝天阙⑥。

——（南宋）岳飞《满江红·写怀》⑦

注释：

①怒发冲冠：《史记·廉颇蔺相如列传》：“相如因持璧，却立，倚柱，怒发上冲冠。”②潇潇：雨势急骤。③靖康耻：北宋靖康元年（1126），金兵攻破汴京，掳徽、钦二帝北去，北宋亡。④“驾长车”句：意谓北上直捣敌人的巢穴。长车指战车。贺兰山，在宁夏、河套以西，时属西夏，西夏与南宋并无战争。岳飞有“直抵黄龙府，与诸君痛饮耳”（《宋史》本传）的话，黄龙府在吉林，为金国老巢所在。贺兰山与黄龙府，一西一东，中隔辽宁、河北、山西、陕西诸省，相距千里。缺，山口。⑤饥餐胡虏肉、渴饮匈奴血：《汉书·王莽传》：“中校尉韩威进曰：‘以新（王莽之国号）室之威。而吞胡虏，无异口中蚤蝨，臣愿得勇敢之士五千人，不赍斗粮。饥食虏

肉，渴饮其血，可以横行。’”⑥天阙：宫殿前的楼观。⑦《满江红》：作者岳飞（1103—1142）：南宋抗金名将，民族英雄。字鹏举，相州汤阴（今属河南）人。

79. 生当作人杰，死亦为鬼雄

生当作人杰①，死亦为鬼雄②。
至今思项羽③，不肯过江东。

——（南宋）李清照④《绝句》

注释：

①人杰：人中的豪杰。汉高祖曾称赞开国功臣张良、萧何、韩信是“人杰”。②鬼雄：鬼中的英雄。屈原《国殇》：“身既死兮神以灵，魂魄毅兮为鬼雄。”③项羽（前232—前202）：秦末下相（今江苏宿迁）人。曾领导起义军消灭秦军主力，自立为西楚霸王。后被刘邦打败，突围至乌江（在今安徽和县），自刎而死。④李清照（1084—约1151）：南宋女词人。号易安居士，齐州章丘（今属山东）人。所作词，前期多写其悠闲生活，后期多慨叹身世，情调感伤，有的也流露出对中原的怀念。

80. 谋利天下，谋利万世

一身之利无谋也，而利天下者则谋之；一时之利无谋也，而利万世者则谋之。

——（南宋）胡宏《胡子知言·纷华》①

注释：

①《胡子知言》：又名《知言》，南宋胡宏著。六卷，附录一卷。采用随笔札记的形式，辑录了胡宏历年讲学的言论，记存了他在教育、政治、哲学、伦理、史学等方面的思想和观点。胡宏（1106—1162）：南宋学者。字

仁仲，号五峰，学者称五峰先生，崇安（今福建武夷山市）人。二程（颢、颐）的再传弟子。

译文：

只对自身有利之事不要谋求，而应当谋求对天下有利之事；对一时有利之事不要谋求，而应当谋求造福千秋万代之事。（赵前、刘鹏校译）

81. 自强不息则至一

盖人性虽无不善，而气禀有不同者，故闻道有蚤（早）莫（暮），行道有难易，然能自强不息，则其至一也。

——（南宋）朱熹《四书章句集注·中庸》①

注释：

①《四书章句集注》：南宋朱熹编注。包括《大学》、《中庸》、《论语》、《孟子》。注释中颇多发挥理学家的论点。明清统治者提倡理学，定为科举考试必读书目。朱熹（1130—1200）：南宋哲学家、教育家。字元晦，一字仲晦，号晦庵，别称紫阳，徽州婺源（今江西吉安西南）人。

译文：

人性天生都是善的，但每个人的气质禀赋却有不同。虽然闻知大道有早晚，履行大道有难易，但是只要能够自强不息，努力不止，每个人都能够达到同样的境界。（赵前、刘鹏校译）

82. 天下事无不可为，但在人自强如何耳

天下事无不可为，但在人自强如何耳。

——（南宋）朱熹《朱子文集·答许顺之》①

注释：

①《朱子文集》：又名《晦庵朱文公文集》、《朱子大全集》等。南宋朱熹的诗、奏章、书信、论文汇编。包括《文集》一百卷，《续集》十一

卷，《别集》十卷，《目录》二卷。

译文：

天下的事情没有不能做成功的，只取决于做事人的努力程度罢了。（赵前、刘鹏校译）

83. 金戈铁马，气吞万里如虎

千古江山，英雄无觅，孙仲谋处[①]。舞榭歌台，风流总被，雨打风吹去。斜阳草树，寻常巷陌，人道寄奴[②]曾住。想当年，金戈铁马，气吞万里如虎。

元嘉草草，封狼居胥，赢得仓皇北顾[③]。四十三年，望中犹记，烽火扬州路[④]。可堪回首，佛狸祠[⑤]下，一片神鸦社鼓。凭谁问，廉颇老矣，尚能饭否[⑥]。

——（南宋）辛弃疾《永遇乐·京口北固亭怀古》[⑦]

注释：

①孙仲谋：孙权，字仲谋，三国时吴国的君主。此句意为：无处可寻像孙仲谋那样的英雄。②寄奴：南朝宋武帝刘裕，小名寄奴。③元嘉：南朝宋文帝刘义隆的年号（424—453）。狼居胥：山名，在今内蒙古。汉武帝元狩四年（前119）派卫青、霍去病远征匈奴，追击至狼居胥山，封山而还。此句说宋文帝草草从事北伐，大败而回，以影射南宋“隆兴北伐”。④四十三年：指作者于宋高宗绍兴三十二年（1162）南归，至此恰为四十三年，南归之前，他正在烽火弥漫的扬州以北地区参加抗敌战争，故云。⑤佛狸祠：北魏太武帝拓跋焘小名佛狸，他打退刘宋的北伐后，在瓜步山上建立行宫，后称太武庙，又称佛狸祠。⑥廉颇：战国时赵国名将。后不被重用，闲居大梁。秦兵围赵，赵王欲起用廉颇，派使者前去探望。廉颇当着使者面，一顿饭吃了一斗米、十斤肉，然后披甲上马，表示自己能够打仗。但使者得了奸臣郭开贿赂，要他诽谤廉颇，便报告说：“廉将军年纪虽老，饭量倒还不错，只是与我座谈一阵工夫，就登厕拉了

三次屎。”赵王以为廉颇年老不中用了，便没有起用他（见《史记·廉颇蔺相如列传》）。这里作者用以自比。⑦《永遇乐·京口北固亭怀古》：辛弃疾作于南宋开禧元年（1205），时任镇江知府。辛弃疾（1140—1207）：南宋爱国词人。初字坦夫，后改字幼安，别号稼轩居士，齐州历城（今山东济南）人。艺术风格多样，而以豪放为主。他的词热情洋溢，慷慨悲壮，笔力雄厚，与苏轼并称为“苏辛”。

84. 心在天山，身老沧洲

当年万里觅封侯[①]，匹马戍梁州。关河[②]梦断何处？尘暗旧貂裘[③]。

胡未灭，鬓先秋。泪空流。此生谁料，心在天山[④]，身老沧洲[⑤]。

——（南宋）陆游《诉衷情》[⑥]

注释：

①觅封侯：用汉班超的典故，说建功立业。《后汉书·班超传》载，班超少有大志，尝曰，大丈夫应当“立功异域，以取封侯，安能久事笔砚间乎”？后出使西域，被封为定远侯。②关河：山川险要的地方，此处指边境。③尘暗旧貂裘：貂皮裘上落满灰尘，仍然没有机会建功立业。《战国策·秦策》载，苏秦游说秦王，“书十上而不行，黑貂之裘敝，黄金百斤尽，资用乏绝，去秦而归”。④天山：泛指边境。⑤沧洲：滨水之地，指隐者的居处。⑥《诉衷情》：南宋诗人陆游作于晚年退居山阴之后。陆游（1125—1210）：南宋爱国诗人。字务观，号放翁，越州山阴（今浙江绍兴）人。

85. 僵卧孤村不自哀，尚思为国戍轮台

僵卧孤村不自哀，尚思为国戍轮台[①]。

夜阑卧听风吹雨，铁马冰河入梦来。

——（南宋）陆游《十一月四日风雨大作》[2]

注释：

①轮台：北方边疆的防守据点。②《十一月四日风雨大作》：南宋陆游作于绍熙三年（1192）。时作者正退休在山阴故乡。

86. 位卑未敢忘忧国

病骨支离纱帽宽，孤臣万里客江干[1]。
位卑未敢忘忧国，事定犹须待阖棺。
天地神灵扶庙社，京华父老望和銮。
出师一表[2]通今古，夜半挑灯更细看。

——（南宋）陆游《病起书怀》[3]

注释：

①江干：江岸，江边。②出师一表：诸葛亮于蜀汉后主建兴五年（227）奏请后主出师伐魏，上《出师表》，这篇文章传诵后世。③《病起书怀》：南宋陆游作于南宋淳熙三年（1176）四月，时作者在四川成都赋闲。

87. 人生自古谁无死，留取丹心照汗青

辛苦遭逢起一经[1]，干戈寥落四周星[2]。
山河破碎风飘絮，身世浮沉雨打萍。
皇恐滩头说皇恐[3]，零丁洋里叹零丁[4]。
人生自古谁无死，留取丹心照汗青[5]。

——（南宋）文天祥《过零丁洋》[6]

注释：

①起一经：指以经学取仕。②四周星：四年。文天祥以德祐元年（1275）正月起兵勤王到祥兴元年（1278）十二月被俘，约为四年。③皇恐滩，即“惶恐滩”，“皇”同“惶”。在今江西万安县赣江中，为赣江十八险滩之一，水流湍急。景炎二年（1277）文天祥在江西抗元兵败，经此退往福建长汀。④零丁洋：在广东珠江口，亦作“伶仃洋”。文天祥兵败被执后，元军曾将他囚禁船中经过零丁洋，作此诗。⑤汗青：指史册。⑥《过零丁洋》：文天祥作于宋帝赵昺祥兴二年（1279），被元军俘获后。文天祥（1236—1283），南宋大臣、文学家。字履善，号文山，吉州庐陵（今江西吉安西南）人。

88. 时穷节乃现，一一垂丹青

天地有正气，杂然赋流形[①]。
下则为河岳，上则为日星。
于人曰浩然，沛乎塞苍冥[②]。
皇路[③]当清夷，含和吐明庭。
时穷节乃见，一一垂丹青。

——（南宋）文天祥《正气歌》[④]

注释：

①流形：各种物体。②苍冥：天空，此处指天地之间。③皇路：国家政治局面。④《正气歌》：南宋文天祥作。作者在抗元失败被俘后，不受威胁利诱，在燕京牢狱中写下此诗。本文节取诗之开头部分。

89. 礼乐之所存，恩信之所出

中国者，礼乐之所存，恩信之所出，动止猷（yóu）为，必适于正。

——（元）脱脱等《宋史·夏国传》[①]

注释：

①《宋史》：元脱脱等撰。四百九十六卷，修于顺帝至正三年到五年(1343—1345)。纪传体宋代史。本书卷帙浩繁，成书仓促，北宋详南宋略，理宗、度宗以来尤多缺漏。脱脱（1314—1355)：元大臣。蔑里乞氏，字大用。

译文：

中国是遍存礼乐、讲求恩德信义之地，中国的一切行动，必相合于正义。（朱宇凡校译）

90. 粉骨碎身浑不怕，要留清白在人间

千锤万凿出深山，烈火焚烧若等闲。
粉骨碎身浑[①]不怕，要留清白在人间！

——（明）于谦《石灰吟》[②]

注释：

①浑：全。②于谦（1398—1457)：明政治家、诗文家。字廷益，号节庵，钱塘（今浙江杭州）人。

91. 以身许国，鞠躬尽瘁

大丈夫既以身许国家，许知己，惟鞠躬尽瘁而已，他复何言！

——（明）张居正《张文忠公全集·答上师相徐存斋之一》[①]

注释：

①《张文忠公全集》：又称《太岳集》。明张居正撰。四十七卷。张居正（1525—1582)，明政治家。字叔大，号太岳，湖广江陵（今湖北荆州）人。

译文：

大丈夫既然将自己献给了国家，献给了知己，那就只有鞠躬尽瘁而已，其他还有什么可说的呢！（赵前、刘鹏校译）

92. 君子之为君子也，一人劳而万人逸

君子之为君子也，一人死而万人寿，一人痛而万人愈，一人忧而万人乐，一人劳而万人逸。

——（明）庄元臣《叔苴子·内篇》①

注释：

①《叔苴子》：明庄元臣著。八卷。内篇多言道德性命之理，外篇则论及治乱兴衰之事。庄元臣（1560—1609）：字忠甫，一作忠原，号方壶子，归安（今浙江湖州）人。又自署松陵（今江苏吴江）人。

译文：

君子之所以是君子，是因为他希求的是自己一人牺牲，而使世人长寿；自己一人伤痛，而使世人无病；自己一人忧愁，而使世人快乐；自己一人劳顿，而使世人安逸。（赵前、刘鹏校译）

93. 国亡家破欲何之，西子湖头有我师

国亡家破欲何之，西子湖头有我师；
日月双悬于氏墓①，乾坤半壁岳家祠②。
惭将赤手分三席，敢为丹心借一枝③。
他日素车④东浙路，怒涛岂必属鸱夷⑤。

——（明）张煌言《甲辰八月辞故里》⑥

注释：

①于氏：于谦。字廷益，号节庵。墓在今西湖三台山麓。②岳家祠：岳

飞祠、墓，在西湖栖霞岭下。③借一枝：借一席之地。语出《庄子·逍遥游》：“鷦鹩巢于深林，不过一枝。”指出于一片赤诚之心，愿在于坟、岳祠前借得一席之地以为埋骨之所。④素车：灵车，丧车。⑤鸱夷：皮制的口袋。春秋时伍子胥遭谗而死，吴王把他的尸首装进皮袋，投入江中，传其精魂化为波涛，出没于钱塘江。⑥《甲辰八月辞故里》：张煌言作于清康熙三年（1664）八月被押解至杭州时。张煌言（1620—1664）：南明大臣。字玄著，号苍水，鄞县（今浙江宁波）人。

94. 保天下者，匹夫有责

有亡国，有亡天下，亡国与亡天下奚辨？曰：易姓改号谓之亡国。仁义充塞，而至于率兽食人，人将相食，谓之亡天下……是故知保天下，然后知保其国。保国者，其君其臣，肉食者谋之；保天下者，匹夫之贱与有责焉耳矣。

——（明末清初）顾炎武《日知录·正始》①

注释：

①《日知录》：明末清初顾炎武著。三十二卷。系读书札记，按经义、吏治、财赋、史地、兵事、艺文等分类编入。书以“明道”“救世”为宗旨，包括作者全部学术政治思想。顾炎武（1613—1682）：明末清初思想家、学者。字宁人，学者称亭林先生，昆山（今属江苏）人。

译文：

有“亡国”之说，也有“亡天下”之说，那么亡国和亡天下如何辨别呢？改国号、易新朝叫做亡国；仁德阻塞、礼义不存，而至于统治者虐害百姓、人民弱肉强食，这叫做亡天下……所以，先要懂得保天下，而后才保国家。保国家，是那些为政之人应该考虑的；而保天下，则是每一个人应该考虑的，即使身处卑贱也不例外。（刘冰雪校译）

95. 不以一己之利为利，而使天下受其利

有生之初，人各自私也，人各自利也。天下有公利而莫

或兴之，有公害而莫或除之。有人者出，不以一己之利为利，而使天下受其利；不以一己之害为害，而使天下释其害。此其人之勤劳必千万于天下之人。夫以千万倍之勤劳，而己又不享其利，必非天下之人情所欲居也。故古之人君，量而不欲入者，许由、务光是也；入而又去之者，尧、舜是也；初不欲入而不得去者，禹是也。岂古之人有所异哉？好逸恶劳，亦犹夫人之情也。

——（明末清初）黄宗羲《明夷待访录·原君》①

注释：

①《明夷待访录》：明末清初黄宗羲著。一卷，二十一篇。大胆揭露封建君主专制的毒害，对清末民主思想的兴起颇有影响。黄宗羲（1610—1695）：明末清初思想家、史学家。字太冲，号南雷，学者称梨洲先生，余姚（今属浙江）人。与孙奇逢、李颙并称“三大儒”。

译文：

人类社会初期，人们都是自私自利的。天下有利于公众之事，却没有人来兴办；有害于公众之事，却没有人来消除。后来有人出来，不是光顾自己的利益，而要使天下的人都得到利益；不把个人的祸患当做祸患，却要使天下的人都免遭祸患。能够做到这些，那么这个人所付出的辛勤劳累，必定比天下普通人多千万倍。付出千万倍于常人的辛勤劳累，而自己又不享受这些利益，这些都不是人之常情所愿意的。所以古人对于做君主之事，有经过考虑而不愿就位的，如许由、务光；有做了国君而又禅让他人的，如尧、舜；有起初不想就位，而最终却无法离开的，如禹。难道说这些圣贤与普通人相比有什么不同吗？他们贪图安逸、厌恶劳累，也和普通人的心态一样啊。（赵前、刘鹏校译）

96. 千磨万击还坚劲，任尔东西南北风

咬定青山不放松，立根原在破岩中；

千磨万击还坚劲，任尔东西南北风。

——（清）郑燮《竹石》[1]

注释：

①《竹石》：清郑燮作，咏竹名篇之一。郑燮（1693—1765）：清书画家、文学家。字克柔，号板桥，兴化（今属江苏）人。

97. 我劝天公重抖擞，不拘一格降人才

九州生气恃[1]风雷，万马齐喑[2]究可哀。

我劝天公重抖擞，不拘一格降人才。

——（清）龚自珍《己亥杂诗其五》[3]

注释：

①恃：依赖，依仗。②喑（yīn）：哑。③《己亥杂诗》：七言绝句组诗。清龚自珍作。道光十九年（1839），作者辞官南归杭州，后又北上接取眷属，南北往返行程九千里，为诗三百一十五首，编为《己亥杂诗》。龚自珍（1792—1841）：清末思想家、文学家。一名巩祚，字璱人，号定盦，仁和（今浙江杭州）人。

98. 苟利国家生死以，岂因祸福避趋之

力微任重久神疲，再竭衰庸定不支。

苟利国家生死以[1]，岂因祸福避趋之。

谪居正是君恩厚，养拙[2]刚于戍卒宜。

戏与山妻谈故事，试吟断送老头皮[3]。

——（清）林则徐《赴戍登程口占示家人》[4]

注释：

①生死以：《左传·昭公四年》："郑子产作丘赋，国人谤之……子产曰：'何害？苟利社稷，死生以之。'"指如果是对国家有利的事，不论生死都应去做。②养拙：安于愚拙。③"试吟"句：作者自注："宋真宗闻隐者杨朴能诗，召对，问：'从来有人作诗送卿否？'对曰：'臣妻有一首云：更休落魄耽酒杯，且莫猖狂爱吟诗。今日捉将官里去，这回断送老头皮。'上大笑，放还山。东坡赴诏狱，妻子送出门，皆哭，坡顾谓曰：'子独不能如杨处士妻作一首诗送我乎？'妻子失笑，坡乃出。"此句用苏轼《志林》典，鼓励妻子学习杨朴妻，临别不要悲伤。④《赴戍登程口占示家人》：清林则徐作于道光二十二年（1842）七月初六，时作者因查禁鸦片被革职充军，于西安辞别家人赴伊犁。林则徐（1785—1850）：清末政治家。字元抚，一字少穆，侯官（今福建福州）人。

99. 君子立志，有民胞物与之量，有内圣外王之业

君子之立志也，有民胞物与之量，有内圣外王之业，而后不忝于父母之生，不愧为天地之完人。故其为忧也，以不如舜不如周公为忧也，以德不修学不讲为忧也。是故顽民梗化则忧之，蛮夷猾夏则忧之，小人在位贤才否闭则忧之，匹夫匹妇不被己泽则忧之，所谓悲天命而悯人穷。此君子之所忧也。若夫一身之屈伸，一家之饥饱，世俗之荣辱得失、贵贱毁誉，君子固不暇忧及此也。

——（清）曾国藩《致澄弟温弟沅弟季弟》①

注释：

①《致澄弟温弟沅弟季弟》：曾国藩于道光二十五年（1845）十月二十六日致诸弟家书。曾国藩（1811—1872）：清末洋务派和湘军首领。原名子城，字伯涵，号涤生，湘乡白杨坪（今属湖南双峰）人。

译文：

君子立志，应当有以万民为同胞、以万物为伙伴的器量，以内修圣德、

外施王政为功业，方才不辜负父母生育之恩，不愧为天地间的完人。所以君子应以贤能不如虞舜、周公为忧虑；应以道德不够、学识浅薄为忧虑。因此，百姓愚顽难以教化，君子为之忧虑；蛮夷列强侵扰中华，君子为之忧虑；小人当权贤才埋没，君子为之忧虑；百姓万民不得恩泽，君子为之忧虑。这就是通常所说的悲叹天命不达、怜悯百姓不幸啊！这些都是君子应该忧虑的，至于一己的曲折与顺利，一家的温饱与饥寒，世俗社会的荣辱得失、贵贱毁誉，君子则无暇顾及。（刘冰雪校译）

100. 身无半亩，心忧天下

身无半亩，心忧天下。读破万卷，神交古人。

——（清）左宗棠《左文襄公全集·联语》[①]

注释：

①《左文襄公全集》：一百三十五卷，杨书霖等编辑。全书包括左宗棠的奏稿、谢折、说帖、告示、批札、咨札、书牍、诗文等。左宗棠（1812—1885）：清末洋务派和湘军首领。字季高，湘阴（今属湖南）人。

101. 我自横刀向天笑，去留肝胆两昆仑

望门投止思张俭[①]，忍死须臾待杜根[②]。
我自横刀向天笑，去留肝胆两昆仑。

——（清）谭嗣同《狱中题壁》[③]

注释：

①望门投止：看到有人家就去投宿，形容人在逃亡途中的惶急情状。张俭：东汉末年高平人，因为弹劾宦官侯览，被侯览反诬为结党营私，被迫逃亡。②杜根：东汉安帝时郎中，曾上书要求临朝听政的邓太后还政于皇帝，触怒太后，被装进口袋在殿上摔死。幸而执法人手下留情，载出后苏醒过

来。太后派人探视，他佯死三天，目中生蛆。后隐身酒肆。邓太后死后，复官为侍御史。须臾：片刻，为时不久。③《狱中题壁》：清谭嗣同作。清光绪二十四年（1898）九月在狱中用煤屑写在墙壁上。谭嗣同（1865—1898）：清末维新派政治家、思想家。字复生，号壮飞，浏阳（今属湖南）人。

102. 拼将十万头颅血，须把乾坤力挽回

万里乘风去复来，只身东海挟春雷。
忍看图画[①]移颜色？肯使江山付劫灰！
浊酒不销忧国泪，救时应仗出群才。
拼将十万头颅血，须把乾坤力挽回。

——（清）秋瑾《黄海舟中日人索句并见日俄战争地图》[②]

注释：

①图画：地图。②《黄海舟中日人索句并见日俄战争地图》：秋瑾作。写于光绪三十年（1904）夏。秋瑾（1875—1907）：近代民主革命烈士。字卿，号竞雄，别署鉴湖女侠，山阴（今浙江绍兴）人。

治国理政

1. 穷则变，变则通，通则久

神农氏没，黄帝、尧、舜氏作，通其变，使民不倦，神而化之，使民宜之。《易》，穷则变，变则通，通则久。是以自天佑之，吉无不利。

——《周易·系辞下》

译文：

神农氏死后，黄帝、尧、舜相继兴起，通晓事物和前人创制的变化，使民利用它而不厌倦，加上神妙的改作，使民合用。《易》道行不通时就变，变了就行得通，行得通就可以长久。因此从天帮助它，吉而无不利。（《周易译注》，周振甫译注，中华书局1991年版，259页）

2. 宾于四门，四门穆穆

慎徽五典，五典克从。纳于百揆（kuí），百揆时叙。宾于四门，四门穆穆。纳于大麓，烈风雷雨弗迷。

——《尚书·舜典》

译文：

舜谨慎地推行父义、母慈、兄友、弟恭和子孝这五种伦理道德规范，他施行得很顺利。尧又授命舜总管各种事务，他也处理得井井有条。又命舜广开四方之门迎接各方觐见的部落首领，来朝的宾客都肃然起敬。又让舜深入山林，他在雷鸣电闪、狂风暴雨中也没有迷失道路。（李凡校译）

3. 德惟善政，政在养民

禹曰："於！帝念哉！德惟善政，政在养民。水、火、金、木、土、谷惟修；正德、利用、厚生惟和，九功惟叙，九叙惟歌。戒之用休，董之用威，劝之以九歌，俾勿坏。”

——《尚书·大禹谟》

译文：

大禹说：“唉！君主您要深思啊！德就是使政治美好，美好的政治在于使百姓生活得好。水、火、金、木、土、谷六府之事要经营好；端正父慈、子孝、兄友、弟恭、夫义、妇听这些德行，发展工作什器、商贸货财利民之用，给百姓衣帛食肉，使他们不饥不寒，这样正德、利用、厚生这三件事配合实行。六府三事这九功应当顺理有序，九功做到顺理有序，百姓就会歌颂君王。以美好的东西来劝诫民众，以威罚来督察民众，用九德之歌来劝勉民众，不要使他们败坏德政。”（《尚书译注》，李民、王健撰，上海古籍出版社2004年版，29页）

4. 克勤于邦，克俭于家

洚（hóng）水儆予，成允成功，惟汝贤；克勤于邦，克俭于家，不自满假，惟汝贤。

——《尚书·大禹谟》

译文：

洪水向我们示警。你能信守诺言，取得治水的成功，只有你贤能；能辛勤地为国家操劳，能节俭于个人生活，不自满自大，只有你贤能。（《尚书译注》，李民、王健撰，上海古籍出版社2004年版，33页）

5. 民惟邦本，本固邦宁

皇祖有训：民可近，不可下。民惟邦本，本固邦宁。

——《尚书·五子之歌》

译文：

伟大的祖先大禹有训诫：民众只可以亲近，不可以疏远。民众是国家的根本，根本坚固国家才安宁。（《尚书译注》，李民、王健撰，上海古籍出版社2004年版，94页）

6. 无反无侧，王道正直

无偏无陂，遵王之义；无有作好，遵王之道；无有作恶，遵王之路；无偏无党，王道荡荡；无党无偏，王道平平；无反无侧，王道正直。

——《尚书·洪范》

译文：

不要有不平，不要有不正，遵循王的法则；不要有私好，遵循王的中道；不要行邪恶，遵循王的正路；不要有偏心，不要结朋党，王的中道宽广；不要结朋党，不要有偏心，王的中道公平；不要违反，不要倾侧，王的中道正直。（《尚书译注》，李民、王健撰，上海古籍出版社2004年版，223—224页）

7. 人视水见形，视民知治否

汤曰："予有言：人视水见形，视民知治不（否）。"伊尹曰："明哉！言能听，道乃进。君国子民，为善者皆在王官。勉哉，勉哉！"

——（西汉）司马迁《史记·殷本纪》

译文：

成汤说："我认为：人们从水中可以看到自己的样子，观察民众的生活，就可以了解国家是否治理。"伊尹说："英明啊！能够听从善言，德行才会进步。作为国君要抚育万民，并任用能行善政的朝廷官员。努力吧，努

力吧！”（刘鹏校译）

8. 政之所兴，在顺民心

政之所兴，在顺民心；政之所废，在逆民心。民恶忧劳，我佚（逸）乐之；民恶贫贱，我富贵之；民恶危坠，我存安之；民恶灭绝，我生育之。能佚乐之，则民为之忧劳；能富贵之，则民为之贫贱；能存安之，则民为之危坠；能生育之，则民为之灭绝。故刑罚不足以畏其意，杀戮不足以服其心。

——《管子·牧民》

译文：

政令所以能够推行，在于顺应民心；政令所以被废弛，在于违背民心。人民厌恶忧劳，我就使他们安逸；人民厌恶贫贱，我就使他们富贵；人民厌恶危难，我就使他们安定；人民厌恶绝后，我就使他们生育繁衍。如果能使人民安逸，他们就会为此承受忧劳；能使人民富贵，他们就会为此忍受贫贱；能使人民安定，他们就会为此承担危难；能使人民生育繁衍，他们就会为此献出生命。因此，刑罚不足以使人民受到威慑，杀戮不足以使人民心悦诚服。（《管子》，姚晓娟、汪银峰注译，中州古籍出版社 2010 年版，11 页）

9. 终身之计，莫如树人

一年之计，莫如树谷；十年之计，莫如树木；终身之计，莫如树人。一树一获者，谷也；一树十获者，木也；一树百获者，人也。我苟种之，如神用之，举事如神，唯王之门。

——《管子·权修》

译文：

作一年的打算，最好是种植谷物；作十年的打算，最好是种植树木；作终身的打算，最好是培育人才。一次种植有一次收获，这是种植谷物；一次种植有十次收获，这是种植树木；一次种植有百次的收获，这是培养人才。如果我们注重培养人才，巧妙入神地使用人才，那么做事情就会得心应手，这是称王天下的关键。（《管子》，姚晓娟、汪银峰注译，中州古籍出版社 2010 年版，29 页）

10. 市者可以知治乱

市者货之准也。是故百货贱则百利不得，百利不得则百事治，百事治则百用节矣。是故事者生于虑，成于务，失于傲。不虑则不生，不务则不成，不傲则不失。故曰：市者可以知治乱，可以知多寡，而不能为多寡。为之有道。

——《管子·乘马》

译文：

市场是财货多寡的标志。所以，各种货物价格低廉，各种商业就不能获得高利；各种商业无高利，各项事业就都能搞好；各项事业搞好了，各项需求就能得到适度的满足。这就是说，事情总是产生于谋虑，成功于努力，失败于骄傲轻心。不谋虑则不能产生，不努力则不能成功，不骄傲轻心则不致失败。所以说，通过市场，可以通晓社会的治乱，可以通晓财货的多寡，只是不能创造财货的多寡而已。掌握起来，也是有规可循的。（《白话管子》，赵守正译注，岳麓书社 1993 年版，21 页）

11. 召远在修近，闭祸在除怨

法天合德，象地无亲，参于日月，伍于四时。悦众在爱施，有众在废私，召远在修近，闭祸在除怨。备长在乎任贤，安高在乎同利。

——《管子·版法》

译文：

君主应像上天那样对万物遍施恩德，像大地那样对万物不分亲疏。要与日月同光，要与四时为伍。为得到人们的爱戴而施以仁爱，为获得人们的拥护而破除私心。从远处召集百姓并善待近处的子民，要消除人怨以避免祸乱。要为长治久安而任人唯贤，要为稳定崇高的地位而与民同利。（李凡校译）

12. 上之人明其道，下之人守其职

论材、量能、谋德而举之，上之道也；专意一心，守职而不劳，下之事也。为人君者，下及官中之事，则有司不任；为人臣者，上共专于上，则人主失威。是故有道之君，正其德以莅民，而不言智能聪明。智能聪明者，下之职也。所以用智能聪明者，上之道也。上之人明其道，下之人守其职，上下之分不同任，而复合为一体。

——《管子·君臣上》

译文：

评选人材，衡量能力，考虑德行而加以举用，这是做君主的"道"。专心一意、谨守职务而不自以为劳苦，这是做人臣的"事"。做人君的，如果向下干预官吏职责以内的事务，则主管官吏无法负责；做人臣的，如果向上共夺君主的权柄，则君主丧失威信。所以有道之君，总是端正自己的道德来领导人民，而不讲究智慧、才干和聪明。智慧、才干和聪明之类，是臣下的职能所要求的。如何去使用臣下的智能聪明，才属于为君之道。在上的要阐明君道，在下的要谨守臣职，上下的职分表现为不同的任务，而它们又合成为一体。（《白话管子》，赵守正译注，岳麓书社1993年版，137页）

13. 明主度量人力之所能为，而后使焉

明主度量人力之所能为，而后使焉。故令于人之所能为，则令行；使于人之所能为，则事成。乱主不量人力，令于人之所不能为，故其令废；使于人之所不能为，故其事败。夫令出而废，举事而败，此强不能之罪也。故曰："毋强不能。"

——《管子·形势解》

译文：

明君用人，总是衡量人的力所能及，然后才加以使用。所以，命令人们做力所能及的事情，命令就能推行；役使人们做力所能及的事情，事情就能成功。昏乱之君不衡量人的能力，命令人们做力所不及的事情，所以命令失效；役使人们做力所不及的事情，所以事业失败。令出而失效，举事而失败，这都是将"力所不及"的任务强加于人的过错。所以说："毋强不能。"（《白话管子》，赵守正译注，岳麓书社1993年版，280页）

14. 凡法事者，操持不可以不正

法者，法天地之位，象四时之行，以治天下。四时之行，有寒有暑，圣人法之，故有文有武。天地之位，有前有后，有左有右，圣人法之，以建经纪。春生于左，秋杀于右；夏长于前，冬藏于后。生长之事，文也；收藏之事，武也。是故文事在左，武事在右，圣人法之，以行法令，以治事理。凡法事者，操持不可以不正，操持不正则听治不公。听治不公则治不尽理，事不尽应。治不尽理，则疏远微贱者无所告愬（诉）；事不尽应，则功利不尽举。功利不尽举则

国贫，疏远微贱者无所告遡则下饶（扰）。

——《管子·版法解》

译文：

法，是效法天地的方位，模拟四时的运行，用来治理天下的。四时的运行，有寒有暑，圣人效法它，所以有文有武。天地的方位，有前有后，有左有右，圣人效法它，建立治国纲领。春生在左，秋杀在右，夏长在前，冬藏在后。属于生长之事，是文；属于收藏之事，是武。因此，文事在左，武事在右。圣人模仿这些，来实行法令，来判断事理。凡有关法度之事，掌握不可以不正。掌握不正则判断不公，判断不公则治狱不尽合理，办事不尽得当。治狱不尽合理，疏远微贱的人们就无法申诉；办事不尽得当，功利事业就不能充分举办。功利事业不充分举办则国家贫穷，疏远微贱者无法申冤则民间扰乱。（《白话管子》，赵守正译注，岳麓书社 1993 年版，285—286 页）

15. 备长存乎任贤

凡人君所以尊安者，贤佐也。佐贤则君尊、国安、民治，无佐则君卑、国危、民乱。故曰："备长存乎任贤。"

——《管子·版法解》

译文：

凡人君所以能保持尊严而安定，在于有贤能的佐臣。佐臣贤，则君主尊严，国家安定，人民得治；得不到佐臣，则君主卑辱，国家危殆，人民叛乱。所以说："备长在乎任贤。"（《白话管子》，赵守正译注，岳麓书社 1993 年版，290 页）

16. 利于国者爱之，害于国者恶之

昔者三代之兴也，利于国者爱之，害于国者恶之，故明

所爱而贤良众，明所恶而邪僻灭，是以天下治平，百姓和集。及其衰也，行安简易，身安逸乐，顺于己者爱之，逆于己者恶之，故明所爱而邪僻繁，明所恶而贤良灭，离散百姓，危覆社稷。

——《晏子春秋·内篇·谏上》[①]

注释：

①《晏子春秋》：旧题春秋齐国人晏婴撰。实系后人采缀晏子言行而作。有内外篇共八卷。晏婴（？—前500）：亦称“晏子”。春秋时齐国大夫。字平仲，夷维（今山东高密）人。

译文：

从前夏、商、周三代之所以兴盛，是因为对国家有利的人就爱他，对国家有害的人就厌恶他，所以明确什么样的人是被喜爱的，贤良的人就增多了，明确什么样的人是被厌恶的，奸邪的人就灭迹了，因此天下大治、政治清平，百姓和睦安定。等到了夏、商、周三代衰败的时候，君主的行为安于简慢轻忽，自身安于放纵享乐，顺从自己的人就喜爱他，违背自己的人就厌恶他，所以明确什么样的人是被喜爱的，奸邪的人就增多了，明确什么样的人是被厌恶的，贤良的人就灭迹了，这就使百姓流离失散，国家面临灭亡的危险。（《晏子春秋译注》，卢守助撰，上海古籍出版社2006年版，13页）

17. 节欲则民富，中听则民安

景公问晏子曰：“富民安众难乎？”

晏子对曰：“易。节欲则民富，中听则民安，行此两者而已矣。”

——《晏子春秋·内篇·问下》

译文：

景公问晏子说：“使百姓富裕使大众安宁难吗？”

晏子回答说："容易。君主节制自己的私欲百姓就会富裕，公正地审理案件百姓就会安宁，做好这两件事就行了。"（《晏子春秋译注》，卢守助撰，上海古籍出版社2006年版，129页）

18. 居安思危

《书》曰："居安思危。"思则有备，有备无患。敢以此规。

——《左传·襄公十一年》

译文：

《书》说："处于安定要想到危险。"想到了就有防备，有了防备就没有祸患。谨以此向君王规劝。（《左传译文》，沈玉成译，中华书局1981年版，281页）

19. 邻国之难，不可虞也

邻国之难，不可虞也。或多难以固其国，启其疆土；或无难以丧其国，失其守宇。

——《左传·昭公四年》

译文：

邻国的祸难，是不能以此为高兴的。或者是由于多有祸难而巩固了国家，开辟疆土；或者是由于没有祸难而丧失了国家，失掉疆土。（《左传译文》，沈玉成译，中华书局1981年版，396页）

20. 为政以德

子曰："为政以德，譬如北辰居其所而众星共（拱）之。"

——《论语·为政》

译文：

孔子说："用道德来治理国政，自己便会像北极星一般，在一定的位置上，别的星辰都环绕着它。"（《论语译注》，杨伯峻译注，中华书局2009年版，11页）

21. 道之以德，齐之以礼，有耻且格

子曰："道之以政，齐之以刑，民免而无耻；道之以德，齐之以礼，有耻且格。"

——《论语·为政》

译文：

孔子说："用政法来诱导他们，使用刑法来整顿他们，人民只是暂时地免于罪过，却没有廉耻之心。如果用道德来诱导他们，使用礼教来整顿他们，人民不但有廉耻之心，而且人心归服。"（《论语译注》，杨伯峻译注，中华书局2009年版，12页）

22. 君子之道

子谓子产有君子之道四焉：其行己也恭，其事上也敬，其养民也惠，其使民也义。

——《论语·公冶长》

译文：

孔子评论子产，说他有四种行为合于君子之道：他自己的容颜态度庄严恭敬，他对待君上负责认真，他教养人民有恩惠，他役使人民合于道理。（《论语译注》，杨伯峻译注，中华书局2009年版，46—47页）

23. 居之无倦，行之以忠

子张问政。子曰："居之无倦，行之以忠。"

——《论语·颜渊》

译文：

子张问政治。孔子道："在位不要疲倦懈怠，执行政令要忠心。"（《论语译注》，杨伯峻译注，中华书局2009年版，127页）

24. 政者，正也

季康子问政于孔子。孔子对曰："政者，正也。子帅以正，孰敢不正？"

——《论语·颜渊》

译文：

季康子向孔子问政治。孔子答道："政字的意思就是端正。您自己带头端正，谁敢不端正呢？"（《论语译注》，杨伯峻译注，中华书局2009年版，127页）

25. 君子不以言举人，不以人废言

子曰："君子不以言举人，不以人废言。"

——《论语·卫灵公》

译文：

孔子说："君子不因为人家一句话说得好便提拔他，不因为他是坏人而鄙弃他的好话。"（《论语译注》，杨伯峻译注，中华书局2009年版，164页）

26. 天下有道，礼乐征伐自天子出

天下有道，则礼乐征伐自天子出；天下无道，则礼乐征伐自诸侯出。

——《论语·季氏》

译文：

天下太平，制礼作乐以及出兵都决定于天子。天下昏乱，制礼作乐以及出兵便决定于诸侯。（《论语译注》，杨伯峻译注，中华书局2009年版，172页）

27. 不可暱于权，不可隐于私

阳毕曰："夫正国者，不可以暱（nì）于权，行权不可以隐于私。暱于权，则民不导；行权隐于私，则政不行。政不行，何以导民？民之不导，亦无君也，则其为暱与隐也，复害矣，且勤身。"

——《国语·晋语八》①

注释：

①《国语》：传为春秋时左丘明著。但今人一般认为其为汇编之书，所记非出一人之手，有人最后进行过整理加工，共二十一卷。以记西周末年和春秋时期周鲁等国贵族的言论为主，可与《左传》相参证，故有《春秋外传》之称。

译文：

阳毕说："治理国家的人，不能只注重眼前的权力，执行权力不可因私利而隐匿罪恶。只图眼前的权力，百姓便得不到训导；因私利而隐匿罪恶，政令就无法推行。政令无法推行，用什么来训导百姓呢？百姓得不到训导，也就等于没有了君主。只注重眼前的权力和因私利而隐匿罪恶，不仅祸国，

而且还要劳烦君主。”（李凡校译）

28. 圣人无常心，以百姓心为心

圣人无常心，以百姓心为心。善者吾善之，不善者吾亦善之，德（得）善。信者吾信之，不信者吾亦信之，德信。圣人在天下，歙（xī）歙焉为天下浑其心，百姓皆注其耳目，圣人皆孩之。

——《老子·第四十九章》

译文：

“圣人”没有固定不变的意志，以百姓的意志为意志。百姓的意志，善的，我好好对待它，百姓的意志，不善的，我也好好对待它，就得到了善。百姓中，可信的，我信任它，百姓中，不可信的，我也信任它，就人人得到了信任。“圣人”治理天下，使天下人心归于浑朴，而百姓都全神专注他们的圣人，“圣人”像对待婴儿那样对待百姓。（《老子绎读》，任继愈著，北京图书馆出版社2006年版，107—108页）

29. 以正治国

以正治国，以奇用兵，以无事取天下。吾何以知其然哉？以此：天下多忌讳而民弥贫；民多利器，国家滋昏；人多伎巧，奇物滋起；法令滋彰，盗贼多有。故圣人云：“我无为而民自化，我好静而民自正，我无事而民自富，我无欲而民自朴。”

——《老子·第五十七章》

译文：

以正规的政策治国，以出奇的方略用兵，以无为来治理国家。我何以知道是这样的？根据就在于：国家的禁令越多，百姓越陷于贫穷；民间的武器越多，国家越陷于混乱；人们的技术越巧，新奇产品越充斥；法令越明细，盗贼越多。所以“圣人”说：“我无为，百姓自然归顺，我好静，百姓自然端正，我无事，百姓自然富足，我无欲，百姓自然淳朴。”（《老子绎读》，任继愈著，北京图书馆出版社2006年版，124—125页）

30. 不党父兄

故古者圣王甚尊尚贤而任使能，不党父兄，不偏富贵，不嬖（bì）颜色，贤者举而上之，富而贵之，以为官长；不肖者抑而废之，贫而贱之，以为徒役。是以民皆劝其赏，畏其罚，相率而为贤者，以贤者众，而不肖者寡，此谓进贤。

——《墨子·尚贤中》

译文：

所以古时的圣王很尊崇贤才而任用能人。不包庇父兄，不偏袒富贵，不宠爱美色。凡是贤者便选拔上来使其处于高位，给他富贵，让他做官长；凡是不肖之人就抑制，或免去职位使之贫贱，让他做徒役。于是人民都为奖赏所鼓励，因刑罚而畏惧，争着做贤人。这样贤人就多了，不肖的人就少了，这便叫进贤。（《墨子今注今译》，谭家健、孙中原注译，商务印书馆2009年版，46页）

31. 当时而立法，因事而制礼

及至文、武，各当时而立法，因事而制礼。礼法以时而定，制令各顺其宜，兵甲器备各便其用。臣故曰：治世不一道，便国不必法古。

——《商君书·更法》①

注释：

①《商君书》：亦称《商君》或《商子》。战国时商鞅及其后学的著作合编。《汉书·艺文志》著录二十九篇，现存二十四篇。书中叙述商鞅变法主张，对于法的起源、本质、作用等，也有所论列。商鞅（约前390—前338）：战国时政治家。卫国人，公孙氏，名鞅，亦称卫鞅。初为魏相公叔痤家臣，后入秦说服秦孝公变法图强。

译文：

到了周文王和周武王的时代，他们各自顺应时势而建立法度，根据国家的具体情况制定了严格的法令。礼制和法令都要根据实际情况来制定，法条、命令都要顺应当时的社会事宜，就像兵器、铠甲、器具、装备的制造都要方便使用一样。所以我说：治理国家不一定都用一种方式，对国家有利不一定非要效法古代。（《商君书》，石磊译注，中华书局2009年版，8页）

32. 治国之要，令民归心于农

圣人知治国之要，故令民归心于农。归心于农，则民朴而可正也，纯纯则易使也，信可以守战也。壹，则少诈而重居；壹，则可以赏罚进也；壹，则可以外用也。

——《商君书·农战》

译文：

圣贤的君主懂得治理国家的要领，因此命令民众都把心思放在农业上。专心务农，那么民众朴实而好管理，诚实就容易役使，一定可以用来守城作战。民众专心耕种作战，那么就很少有奸诈之事而且重土难迁；民众专心于农耕作战，那么就能用奖赏和惩罚的办法来鼓励上进；民众专心于农耕作战，就可以用他们来对外作战。（《商君书》，石磊译注，中华书局2009年版，37页）

33. 圣人不法古，不修今

圣人不法古，不修今。法古则后于时，修今则塞于势。

周不法商，夏不法虞。三代异势，而皆可以王。故兴王有道，而持之异理。武王逆取而贵顺，争天下而上让。其取之以力，持之以义。今世强国事兼并，弱国务力守，上不及虞、夏之时，而下不修汤、武。汤、武之道塞，故万乘莫不战，千乘莫不守。此道之塞久矣，而世主莫之能废（发）也，故三代不四。

——《商君书·开塞》

译文：

圣人不效法古人，也不遵循今人。效法古人就会落后于时代，遵循今人就会被社会形势阻碍。周不效法商，夏不效法虞舜时代。三代社会形势不同，却都能够称王天下。所以建立王业有一定的原则，而守住王业的办法却不相同。周武王靠叛逆的方法夺取政权却推崇顺从君主，用武力夺取天下却崇尚谦让。周武王夺取天下靠的是暴力，守业靠的却是礼制。现在强国致力于用武力兼并别国，弱国则尽力防守，远不及虞、夏两个时代，而近不遵循商汤、周武王的治国原则。商汤、周武王的治国之道被堵塞了，所以有万辆兵车的国家没有不征战的，有千辆兵车的国家没有不防守的。商汤、周武王统一天下的方法已经被塞堵很久了，可现在的君主没有谁能开启这些方法，因此，没有出现第四个像夏、商、周三代那样的朝代。（《商君书》，石磊译注，中华书局2009年版，81—82页）

34. 以战去战，虽战可也

神农之世，男耕而食，妇织而衣，刑政不用而治，甲兵不起而王。神农既没，以强胜弱，以众暴寡。故黄帝作为君臣上下之义，父子兄弟之礼，夫妇妃（配）匹之合。内行刀锯，外用甲兵，故时变也。由此观之，神农非高于黄帝也，然其名尊者，以适于时也。故以战去战，虽战可也；以杀去杀，虽杀可也；以刑去刑，虽重刑可也。

——《商君书·画策》

译文：

神农之时，男人耕种而使人们有饭吃，女人织布让人们有衣裳穿，不使用刑法和政令而天下安定，不动用军队就能称王天下。神农死后，人们以强凌弱，以多欺少。因此黄帝制定了君臣和上下级之间的行为规范，父子、兄弟间的礼仪，夫妻之间的婚配原则。对内使用刑罚，对外使用军队，同样是因为时代变了。由此看来，神农并不比黄帝高明，可是他的名声却更尊贵，这是因为他顺应了时代的变化。因此用战争消灭战争，即使发动战争也是可行的；用杀戮消除杀戮，虽然杀了人也是可行的；用刑罚消灭刑罚，虽然加重刑罚也是可行的。（《商君书》，石磊译注，中华书局2009年版，149—150页）

35. 七教者，治民之本

曾子曰："敢问何谓七教？"

孔子曰："上敬老则下益孝，上顺齿则下益悌，上乐施则下益谅，上亲贤则下择友，上好德则下不隐，上恶贪则下耻争，上强果则下廉耻。民皆有别则贞，则正亦不劳矣。此谓七教。七教者，治民之本也，教定是正矣。上者，民之表也，表正则何物不正。"

——《大戴礼记·主言》①

注释：

①《大戴礼记》：秦汉以前各种礼仪论著的选集，相传为西汉戴德编撰。原有八十五篇，今本残缺，存三十九篇。是研究中国古代社会状况、文物制度和儒家学说的重要文献。戴德：生卒年不详，西汉今文礼学"大戴学"的开创者。字延君，梁（今河南商丘南）人。

译文：

曾子问："敢问什么叫七种教化？"

孔子答："君主行敬老之礼，则百姓懂得孝养父母；君主执长幼之序，则百姓兄友弟恭；君主乐于施行恩惠，则百姓忠信诚实；君主亲近贤人，则百姓择良友而交；君主喜好美德，则百姓心襟坦荡、光明正大；君主憎恶贪婪，则百姓耻于争夺利益；君主正直果敢，则百姓懂得廉耻。而后百姓皆能明辨是非，则为政不会辛苦劳累。这就是'七种教化'。七种教化，是治国安邦的根本，教化坚定则国家风气端正。君主是万民的表率，表率端正，那还有什么不能端正？"（吴春丽校译）

36．一张一弛，文武之道

张而不弛，文、武弗能也。弛而不张，文、武弗为也。一张一弛，文、武之道也。

——《礼记·杂记下》

译文：

光让人民紧张而不让松弛，即使文王、武王也是不能做到的；光让人民松弛而不让紧张，文王、武王是不会这样做的。有时紧张，有时松弛，劳逸结合，这才是文王、武王的治民之道哩！（《礼记译解》，王文锦译解，中华书局2001年版，621页）

37．生财有大道

是故君子有大道，必忠信以得之，骄泰以失之。

生财有大道。生之者众，食之者寡，为之者疾，用之者舒，则财恒足矣。仁者以财发身，不仁者以身发财。未有上好仁而下不好义者也，未有好义其事不终者也，未有府库财非其财者也。

——《礼记·大学》

译文：

君子当政临国自有正道，必然是忠信诚实就能得到它，骄恣放肆就要失掉它。

生产财富有重大原则。生产财物的人多，消费财物的人少，创造财物的人生产迅速，使用财物的人消费舒缓，那么国家的财物自然就能常常充足了。仁德的人利用财富来发扬自身的理想，不仁的人却滥用自身的条件去拼命地发财。没有上面的君长爱好仁德而下面的臣民不爱好道义的，没有臣民爱好道义而国事半途而废的，也没有臣民爱好道义而府库的财货竟不属于国家所有的。（《礼记译解》，王文锦译解，中华书局2001年版，906—908页）

38. 推恩足以保四海

老吾老，以及人之老；幼吾幼，以及人之幼。天下可运于掌。《诗》云："刑于寡妻，至于兄弟，以御于家邦。"言举斯心加诸彼而已。故推恩足以保四海，不推恩无以保妻子。古之人所以大过人者，无他焉，善推其所为而已矣。

——《孟子·梁惠王上》

译文：

尊敬我家里的长辈，从而推广到尊敬别人家里的长辈；爱护我家里的儿女，从而推广到爱护别人家里的儿女。一切政治措施都由这一原则出发，要统一天下就像在手心里转动东西那么容易了。《诗经》上说："先给妻子做榜样，再推广到兄弟，再进而推广到封邑和国家。"这就是说把这样的好心好意扩大到其他方面去就行了。所以由近及远地把恩惠推广开去，便足以安定天下；不这样，甚至连自己的妻子都保护不了。古代的圣贤之所以远远地超越于一般人，没有别的诀窍，只是他们善于推行他们的好行为罢了。（《孟子译注》，杨伯峻译注，中华书局2010年版，19页）

39. 乐以天下，忧以天下

齐宣王见孟子于雪宫。王曰：“贤者亦有此乐乎？”

孟子对曰：“有。人不得，则非其上矣。不得而非其上者，非也；为民上而不与民同乐者，亦非也。乐民之乐者，民亦乐其乐；忧民之忧者，民亦忧其忧。乐以天下，忧以天下，然而不王者，未之有也。”

——《孟子·梁惠王下》

译文：

齐宣王在他的别墅雪宫里接见孟子。宣王问：“有道德的贤人也有这种快乐吗？”

孟子答道：“有的。如果他们得不到这种快乐，他们就会埋怨国王了。得不着这种快乐就埋怨国王的，是不对的。可是作为一国之主有快乐而不同他的百姓一同享受，也是不对的。以百姓的快乐为自己的快乐的，百姓也会以国王的快乐为自己的快乐；以百姓的忧愁为自己的忧愁的，百姓也会以国王的忧愁为自己的忧愁。和天下之人同忧同乐，这样还不能使天下归服于他的，是从来不曾有过的事。”（《孟子译注》，杨伯峻译注，中华书局2010年版，31页）

40. 以德行仁

孟子曰：“以力假仁者霸，霸必有大国；以德行仁者王，王不待大——汤以七十里，文王以百里。以力服人者，非心服也，力不赡也；以德服人者，中心悦而诚服也，如七十子之服孔子也。《诗》云：‘自西自东，自南自北，无思不服。’此之谓也。”

——《孟子·公孙丑上》

译文：

孟子说："仗恃实力然后假借仁义之名借以号召征伐的可以称霸诸侯，称霸一定要凭借国力的强大；依靠道德来实行仁义的可以使天下归服，这样做不必以强大国家为基础——汤就仅仅用他纵横各七十里的土地，文王也就仅仅用他纵横各百里的土地实行了仁政，而使人心归服。仗恃实力来使人服从的，人家不会心悦诚服，只是因为他本身的实力不够的缘故；依靠道德来使人服从的，人家才会心悦顺服，好像七十多位大弟子的归服孔子一样。《诗经》说过：'从东从西，从南从北，无不心悦诚服。'正是这个意思。"（《孟子译注》，杨伯峻译注，中华书局2010年版，67页）

41. 天下国家

孟子曰："人有恒言，皆曰：'天下国家。'天下之本在国，国之本在家，家之本在身。"

——《孟子·离娄上》

译文：

孟子说："大家有句口头话，都这么说：'天下国家。'可见天下的基础是国，国的基础是家，而家的基础则是个人。"（《孟子译注》，杨伯峻译注，中华书局2010年版，153页）

42. 善政不如善教之得民

孟子曰："仁言不如仁声之入人深也，善政不如善教之得民也。善政，民畏之；善教，民爱之。善政得民财，善教得民心。"

——《孟子·尽心上》

译文：

孟子说："仁德的言语赶不上仁德的音乐入人心之深，良好的政治赶不上良好的教育的获得民心。良好的政治，百姓怕它；良好的教育，百姓爱它。良好的政治得到百姓的财富，良好的教育得到百姓的心。"（《孟子译注》，杨伯峻译注，中华书局2010年版，283页）

43. 民为贵，社稷次之，君为轻

孟子曰："民为贵，社稷次之，君为轻。是故得乎丘民而为天子，得乎天子为诸侯，得乎诸侯为大夫。诸侯危社稷，则变置。牺牲既成，粢（zī）盛既絜（洁），祭祀以时，然而旱干水溢，则变置社稷。"

——《孟子·尽心下》

译文：

孟子说："百姓最为重要，社稷其次，国君为轻。所以，得民心者为天子，得天子心者为诸侯，得诸侯心者为大夫。诸侯危害社稷，就改立诸侯。祭品丰盛，祭品洁净，祭扫按时举行，但仍然遭受旱灾水灾，那就改立社稷。"（李凡校译）

44. 凡交近则必相靡以信，远则必忠之以言

仲尼曰："……丘请复以所闻：凡交近则必相靡以信，交远则必忠之以言。言必或传之。夫传两喜两怒之言，天下之难者也。夫两喜必多溢美之言，两怒必多溢恶之言。凡溢之类妄，妄则其信之也莫，莫则传言者殃。故法言曰：'传其常情，无传其溢言，则几乎全。'"

——《庄子·人间世》

译文：

孔子说："……我还把所听到的再告诉你：大凡国与国相交，邻近的国家就以信用来往，远途的国家就用忠实的语言维系，用语言来建立邦交就要靠使臣去传达。传达两国国君喜怒的言词，是天下最难的事情。两国国君喜悦的言词必定过度的添加许多好话，两国国君愤怒的言词必定过度的添加许多坏话。凡是过度添加的话都是失真的，失真就双方都不相信，不相信则传话的使臣要遭殃了。所以古语说：'要传达真实的言词，不要传达过甚的言词，这样就可以保全自己。'"（《庄子今注今译》，陈鼓应注译，中华书局2009年版，136页）

45. 公生明，偏生暗

公生明，偏生暗；端悫（què）生通，诈伪生塞；诚信生神，夸诞生惑。此六生者，君子慎之，而禹、桀所以分也。

——《荀子·不苟》

译文：

公正会产生聪明，偏私会产生愚昧；端正谨慎会产生通达，欺诈虚伪会产生闭塞；真诚老实会产生神明，大言自夸会产生糊涂。这六种相生，君子要谨慎对待，也是禹和桀不同的地方。（《荀子译注》，张觉撰，上海古籍出版社1995年版，42页）

46. 王者之论

王者之论：无德不贵，无能不官，无功不赏，无罪不罚。朝无幸位，民无幸生。尚贤使能，而等位不遗；折愿（傆）禁悍，而刑罚不过。百姓晓然皆知，夫为善于家而取赏于朝也，为不善于幽而蒙刑于显也。

——《荀子·王制》

译文：

奉行王道的君主对待臣民的原则：没有德行的不让他显贵，没有才能的不让他当官，没有功劳的不给奖赏，没有罪过的不加处罚。朝廷上没有无德无功而侥幸获得官位的，百姓中没有游手好闲而侥幸获得生存的。崇尚贤德，任用才能，授予的等级地位各与德才相当而没有疏失；制裁狡诈，禁止凶暴，施加的刑罚各与罪行相当而不过分。老百姓都明明白白地知道：即使在家里行善修德，也能在朝廷上取得奖赏；即使在暗地里为非作歹，也会在光天化日之下受到惩处。（《荀子译注》，张觉撰，上海古籍出版社 1995 年版，157—158 页）

47. 水则载舟，水则覆舟

马骇舆则君子不安舆；庶人骇政则君子不安位。马骇舆则莫若静之；庶人骇政则莫若惠之。选贤良，举笃敬，兴孝弟（悌），收孤寡，补贫穷，如是，则庶人安政矣。庶人安政，然后君子安位。传曰：“君者，舟也；庶人者，水也。水则载舟，水则覆舟。”此之谓也。

——《荀子·王制》

译文：

驾车的马受惊狂奔，那么君子就不能稳坐车上；百姓被苛政惊扰，那么君子就不能稳坐江山。驾车的马受惊，最好的办法就是让它安静下来；百姓被苛政惊扰，最好的办法就是给他们恩惠。选用贤良之人，提拔忠厚恭谨之人，提倡孝顺父母、敬爱兄长，收养孤儿寡妇，资助贫穷的人，像这样，百姓就服从统治了。百姓服从统治，然后君子的统治地位才能稳固。古书上说：“君主好比船，百姓好比水。水能浮起船，也能掀翻船。”说的就是这个道理。（《荀子》，安小兰译注，中华书局 2007 年版，77 页）

48. 王者之法

王者之法：等赋、政事，财万物，所以养万民也。田野什一，关市几而不征，山林泽梁以时禁发而不税。相地而衰政（征），理道之远近而致贡，通流财物粟米，无有滞留，使相归移也。四海之内若一家。故近者不隐其能，远者不疾其劳，无幽闲隐僻之国莫不趋使而安乐之。夫是之谓人师，是王者之法也。

——《荀子·王制》

译文：

奉行王道的君主的经济政策是：规定好赋税等级，管理好民众事务，管理好万物，来养育亿万民众。农田征收十分之一的田税，关卡和集市只进行检查而不征税，山林湖堤按时封闭和开放而不收税。察看土地的肥瘠来区别征税数额，区分道路的远近来规定进贡数量。使财物和粮食及时流通而无积压，使各地互通有无彼此供给，四海之内就像一家人一样。所以附近的人不隐藏自己的才能，偏远的人不在乎奔走的劳苦，即使是遥远偏僻的国家也无不乐于前来归附并听从驱使。这种君主叫做民众的师表。这就是奉行王道的君主所实行的法度。（《荀子》，安小兰译注，中华书局2007年版，87页）

49. 天下有余，上不忧不足

上好功，则国贫；上好利，则国贫；士大夫众，则国贫；工商众，则国贫；无制数度量，则国贫。下贫，则上贫；下富，则上富。故田野县鄙者，财之本也；垣窌（窖）仓廪者，财之末也。百姓时和、事业得叙者，货之源也；等赋府库者，货之流也。故明主必谨养其和，节其流，开其源，而时斟酌焉，潢然使天下必有余，而上不忧不足。如是，则上下俱富，交无所藏之，是知国计之极也。故禹十年水，汤七年旱，而天下无菜色者；十年之后，年谷复孰，而陈积有余。是无它故焉，知本末源流之谓也。

——《荀子·富国》

译文：

君主好大喜功，那国家就贫穷；君主喜欢财利，那国家就贫穷；官吏众多，那国家就贫穷；工人商人众多，那国家就贫穷；没有规章制度，那国家就贫穷。民众贫穷，那君主就贫穷；民众富裕，那君主就富裕。郊外的田野乡村，是财物的根本；粮囤地窖谷仓米仓，是财物的末梢。百姓不失农时和谐安定、生产有条不紊，这是钱财的源头；按照等级征收的赋税和国库，是钱财的支流。所以英明的君主必定谨慎地保养那和谐安定的政治局面，节流，开源，而对钱财的收支时常加以调节，使天下的财富一定像大水涌来一样绰绰有余，而君主也就不再担忧财物不够了。像这样，那么君主和民众都富足，双方都没有地方来储藏财物，这是懂得国计民生达到了顶点。所以夏禹时碰上了十年水灾，商汤时遇到了七年旱灾，但天下并没有面有菜色的人；十年以后，谷物又丰收了，而旧有的储备粮还有剩余。这并没有其他的缘故，可以说是因为他们懂得了本和末、源和流的关系啊。(《荀子译注》，张觉撰，上海古籍出版社 1995 年版，204—205 页)

50. 得道以持之则大安

国者，天下之利用也：人主者，天下之利势也。得道以持之，则大安也，大荣也，积美之源也；不得道以持之，则大危也，大累也，有之不如无之，及其綦（qí）也，索为匹夫不可得也，齐湣、宋献是也。故人主，天下之利势也，然而不能自安也，安之者必将道也。

——《荀子·王霸》

译文：

国家，是天下最有利的工具；君主，处于天下最有利的地位。如果得到了正确的政治原则去掌握国家与君权，就会非常安定，非常荣耀，成为积聚美好功名的源泉；如果得不到正确的政治原则去掌握它，就会非常危险，非常烦劳，有了它还不如没有它，发展到那极点，要求做个平民百姓也不能如愿，齐湣王、宋献公就是这样。所以，君主处于天下最有利的地位，但是他并不能自行安定，要安定就一定要依靠正确的政治原则。（《荀子译注》，张觉撰，上海古籍出版社 1995 年版，212 页）

51. 积微，月不胜日，时不胜月，岁不胜时

积微，月不胜日，时不胜月，岁不胜时。凡人好敖（傲）慢小事，大事至，然后兴之务之。如是，则常不胜夫敦比于小事者矣。是何也？则小事之至也数（shuò），其县（悬）日也博，其为积也大；大事之至也希，其县日也浅，其为积也小。故善日者王，善时者霸，补漏者危，大荒者亡。

——《荀子·强国》

译文：

积累微小的成果，每个月积累不如每天积累，每个季度积累不如每个月积累，每年积累不如每个季度积累。一般人喜欢轻视怠慢小事，等大事来了，然后才把它提到议事日程上努力去做它。像这样，就常常不如那些认真办理小事的人了。这是为什么呢？因为小事来得频繁，它牵扯的时间多，它积累起来的成果大；大事来得稀少，它牵扯的时间少，它积累起来的成果小。所以珍惜每一天的君主就能称王天下，珍惜每一季度的君主就能称霸诸侯，出了漏洞再去补救的君主就危险了，一切时间都荒废掉的君主就会灭亡。（《荀子译注》，张觉撰，上海古籍出版社 1995 年版，342 页）

52. 立君为民

天之生民，非为君也；天之立君，以为民也。

——《荀子·大略》

译文：

上天生育民众，不是为了君主；上天设立君主，却是为了民众。（《荀子译注》，张觉撰，上海古籍出版社1995年版，614页）

53. 内举不避亲，外举不避仇

内举不避亲，外举不避仇。是在焉，从而举之；非在焉，从而罚之。是以贤良遂进而奸邪并（摒）退，故一举而能服诸侯。

——《韩非子·说疑》

译文：

选拔人才对内不回避亲属，对外不排除仇敌。是正确的，就任用他；有错误，就处罚他。因此，德才好的人得到进用，而奸邪的人都被摒退，所以一举就能使诸侯臣服。（《韩非子》，高华平等译注，中华书局2010年版，639页）

54. 明主之道，必明于公私之分

明主之道，必明于公私之分，明法制，去私恩。夫令必行，禁必止，人主之公义也；必行其私，信于朋友，不可为赏劝，不可为罚沮，人臣之私义也。私义行则乱，公义行则治，故公私有分。

——《韩非子·饰邪》

译文：

英明君主的治国原则，一定明确公私的区分，彰明法制，抛弃不符合法制的私人恩惠。有令必行，有禁必止，这是君主的公义；一定要实现自己个人的打算，讲朋友之间的信用，不能被国家的奖赏所鼓励，不能被君主的处罚所阻止，这是臣子的私义。私义实行，国家就乱；公义实行，国家就治，所以公私是有分别的。（《韩非子》，高华平等译注，中华书局2010年版，184页）

55. 安术有七，危道有六

安术有七，危道有六。

安术：一曰赏罚随是非，二曰祸福随善恶，三曰死生随法度，四曰有贤不肖而无爱恶，五曰有愚智而无非誉，六曰有尺寸而无意度，七曰有信而无诈。

危道：一曰斫削于绳之内，二曰断割于法之外，三曰利人之所害，四曰乐人之所祸，五曰危人于所安，六曰所爱不亲、所恶不疏。如此，则人失其所以乐生，而忘其所以重死。人不乐生，则人主不尊；不重死，则令不行也。

——《韩非子·安危》

译文：

使国家安定的办法有七种，使国家危乱的途径有六种。

使国家安定的办法：一是赏罚要根据是非而定，二是祸福要根据行为的善恶而获得，三是生死要根据法律的规定而决定，四是判断臣民要根据各人实际的贤和不肖而不凭君主个人的爱憎，五是用人只根据其本人的愚蠢或智慧而不考虑别人的诽谤或赞美，六是衡量事物要有标准而不是随意猜想，七是要守信用而不欺骗。

使国家危乱的途径：一是斫削木材偏到准绳以内（徇私枉法），二是锯断木材偏到了规则之外（任意裁决），三是以别人的祸害为利，四是以别人的灾祸为乐，五是危害别人的平安生活，六是对自己所亲爱的人不亲近、所厌恶的人不疏远。像这样，人们就失去了乐于生存的前提，而忘记了看重生命的原因。人们不乐于生存，那么君主就不会受到尊重；不把死亡看得很重，那么法令就无法推行。(《韩非子》，高华平等译注，中华书局2010年版，290页)

56. 公则天下平

昔先圣王之治天下也，必先公。公则天下平矣。平得于公。尝试观于上志，有得天下者众矣，其得之以公，其失之必以偏。凡主之立也，生于公。

——（秦）吕不韦《吕氏春秋·贵公》[1]

注释：

①《吕氏春秋》：亦称《吕览》。战国末秦相吕不韦集合门客共同编撰，杂家代表著作。全书二十六卷，内容以儒、道思想为主，兼及名、法、墨、农及阴阳家言。吕不韦（？—前235）：战国末秦国大臣。卫国濮阳（今河南濮阳西南）人。

译文：

从前，先代圣王治理天下，一定把公正无私放在首位。做到公正无私，天下就安定了。天下获得安定是由于公正无私。试考察一下古代的记载，曾经取得天下的人是相当多的了。如果说他们取得天下是由于公正无私，那么他们丧失天下必定是由于偏颇有私。大凡立君的本意，都是出于公正无私。(《吕氏春秋译注》，张双棣等注译，北京大学出版社2011年版，20页)

57. 不法先王之法

上胡不法先王之法？非不贤也，为其不可得而法。先王之法，经乎上世而来者也，人或益之，人或损之，胡可得而法？虽人弗损益，犹若不可得而法。东夏之命，古今之法，言异而典殊。故古之命多不通乎今之言者，今之法多不合乎古之法者。

——（秦）吕不韦《吕氏春秋·察今》

译文：

当今的君主为什么不效法古代帝王的法度？并不是古代帝王的法度不好，是因为它不可能被效法。古代帝王的法度，是经过前代流传下来的，有的人增补过它，有的人删削过它，怎么可能被效法？即使人们没有增补、删削过，还是不可能被效法。东夷和华夏对事物的名称、言辞不同；古代和现代的法度、典制不一样。所以古代的名称与现在的叫法大多不相通，现在的法度与古代的法度大多不相合。（《吕氏春秋译注》，张双棣等注译，北京大学出版社2011年版，417—418页）

58. 求贤以德，致圣以道

夫能扶天下之危者，则据天下之安；能除天下之忧者，则享天下之乐；能救天下之祸者，则获天下之福。故泽及于民，则贤人归之；泽及昆虫，则圣人归之。贤人所归，则其国强；圣人所归，则六合同。求贤以德，致圣以道。贤去，则国微；圣去，则国乖。微者危之阶，乖者亡之征。

——（秦）黄石公《黄石公三略·下略》[①]

注释：

①《黄石公三略》：秦黄石公著。是中国古代侧重于从政治策略上阐明治国用兵道理的著名兵书。黄石公（约前292—前195）：又名夏黄公，姓崔名广，字少通，齐国（今山东淄博）人。因避秦时苛政暴虐，曾隐居湖北谷城黄石山，世称黄石公。

译文：

能挽救天下人于危亡的人，就能得到天下的安定；能为天下人消除忧患的人，就能享受天下的快乐；能拯救天下人于灾祸的人，就能获得天下的幸福。所以恩泽施及百姓者，贤人就会归附他；恩泽施及万物者，圣人就会归附他。贤人前来归附，就能强大国家；圣人前来归附，就能一统天下。访求贤者要靠“德”，招致圣人要靠“道”。失去贤人国家会衰弱，失去圣人国家会混乱。衰弱是通向危险的阶梯，混乱是走向亡国的征兆啊。（赵前、刘鹏校译）

59. 民为本

闻之于政也，民无不为本也。国以为本，君以为本，吏以为本。故国以民为安危，君以民为威侮，吏以民为贵贱。此之谓民无不为本也。闻之于政也，民无不为命也。国以为命，君以为命，吏以为命。故国以民为存亡，君以民为盲明，吏以民为贤不肖。此之谓民无不为命也。闻之于政也，民无不为功也。故国以为功，君以为功，吏以为功。国以民为兴坏，君以民为强弱，吏以民为能不能。此之谓民无不为功也。

——（西汉）贾谊《新书·大政上》

译文：

听说对于政治来说，人民是一切的根本。国家以人民为根本，君主以人民为根本，官吏以人民为根本。因而国家因人民而或安或危，君主因人民而或树有威望或遭受轻慢，官吏因人民而或高贵或低贱。这是说人民是一切的根本。听说对于政治来说，人民是一切的命脉。国家以人民为命脉，君主以人民为命脉，官吏以人民为命脉。所以国家因人民而或存或亡，君主因人民显示出或糊涂或英明，官吏因人民而显示出或能干或不称职。这是说人民是一切的命脉。听说对于政治来说，人民是一切的成绩。国家以人民为成绩，君主以人民为成绩，官吏以人民为成绩。国家兴亡由人民决定，君主强弱由人民决定，官吏是否有能力由人民决定。这是说人民是一切成绩的来源。（《新书全译》，李尔钢译注，贵州人民出版社 1998 年版，385—386 页）

60. 君功见于选吏，吏功见于治民

君功见于选吏，吏功见于治民。故劝之其上者由其下，而上睹矣，此道之谓也。

——（西汉）贾谊《新书·大政下》

译文：

君主的功绩表现在选择官吏上，官吏的功绩表现在治理人民上，所以观察领导人可以从他的部下着手，于是上级的情况也就了解了，这是说的道啊。（《新书全译》，李尔钢译注，贵州人民出版社 1998 年版，398—399 页）

61. 法与时变，礼与俗化

治国有常，而利民为本。政教有经，而令行为上。苟利于民，不必法古；苟周于事，不必循旧。夫夏商之衰也，不变法而亡；三代之起也，不相袭而王。故圣人法与时变，礼与俗化。衣服器械，各因其宜。故变古未可非，而循俗未足多也。百川异源，而皆归于海；百家殊业，而皆务于治。

——（西汉）刘安《淮南子·氾论》

译文：

治理国家有常规，有利于人民是根本。政令教化有常法，令行禁止是目的。如果有利人民，不一定效法古代；如果适宜事务，不一定遵循旧制。夏朝和商朝的衰亡，是不改变旧法而灭亡的；三代的兴起，并没有相互沿袭而都称了王。所以，圣人的法令，根据时世而改变，圣人的礼节，根据风俗而变化。衣服器械，各因其宜。所以，改变古法不应该非议，因循世俗不值得

赞扬。百川源头不同，都流向大海；百家学说相异，都致力于治理天下。（《淮南子》，陈静注释，中州古籍出版社2010年版，207页）

62. 有非常之功，必待非常之人

诏曰："盖有非常之功，必待非常之人，故马或奔踶（dì）而致千里，士或有负俗之累而立功名。夫泛驾之马，跅（tuò）弛之士，亦在御之而已。其令州郡察吏民有茂材异等可为将相及使绝国者。"

——（东汉）班固《汉书·武帝纪》

译文：

汉武帝刘彻下诏说："建立非凡的功业，必须依靠非凡的人才。有些马套上驾就狂奔、拴住它就踢人，却能日行千里；有些文士备受常人讥讽和非议，却能建立不凡的功业。所以不服驾驭之马和放逸不羁之士，都在于如何管理罢了。应令州郡细心访察吏民中那些才华卓越、出类拔萃足以胜任将相及出使遥远邦国的人才。"（刘冰雪校译）

63. 身立则政立

或问："何以治国？"曰："立政。"曰："何以立政？"曰："政之本，身也。身立，则政立矣。"

——（西汉）扬雄《法言·先知》[①]

注释：

①《法言》：西汉扬雄撰。全书十三篇，每篇为一卷，模仿《论语》体裁写成。内容以儒家思想为中心，兼采道家思想。扬雄（前53—18）：西汉时期文学家、哲学家、语言文字学家。字子云，蜀郡成都（今属四川）人。

译文：

有人问：“依据什么治理国家?”扬子说：“实行良好的政治。”再问：“依据什么来实行良好的政治?”扬子说：“政治的根本，在于执政者的自身。执政者自身有良好的修养，那么良好的政治就会实行。”（吴春丽校译）

64. 儒者之操，重礼爱义

国之所以存者，礼义也。民无礼义，倾国危主。今儒者之操，重礼爱义，率无礼之士，激无义之人，人民为善，爱其主上，此亦有益也。

——（东汉）王充《论衡·非韩》[①]

注释：

①《论衡》：东汉王充著。三十卷，八十五篇，现缺《招致》一篇，撰写历时三十多年。是一部唯物论和无神论著作。王充（27—97）：东汉哲学家。字仲任，会稽上虞（今属浙江）人。

译文：

国家能存在的原因，是有礼义。老百姓不懂礼义，国家就要灭亡，君主就要遭殃。今天儒者的操行，是重礼爱义的，他们引导不懂礼的人，激励没有义的人，使人民变得善良，喜爱自己的国君，这也是很有好处的。（《论衡全译》，袁华忠、方家常译注，贵州人民出版社1993年版，605页）

65. 知政失者在草野

知屋漏者在宇下，知政失者在草野，知经误者在诸子。

——（东汉）王充《论衡·书解》

译文：

知道房屋漏雨的人在房屋下，知道政治有失误的人在民间，知道经书错误的人在诸子。（《论衡全译》，袁华忠、方家常译注，贵州人民出版社1993年版，1751页）

66. 国之乱待贤而治

身之病待医而愈，国之乱待贤而治。

——（东汉）王符《潜夫论·思贤》[1]

注释：

①《潜夫论》：东汉王符著。三十六篇，是一部讨论治国安民、时政利弊的著作。王符（约85—162）：东汉后期进步思想家。字节信，安定临泾（今甘肃镇原）人。

译文：

身体的疾病需要医生来治疗，国家的衰乱需要贤人来治理。（刘冰雪校译）

67. 选明达法理者，使持典刑

夫刑，百姓之命也，而军中典狱者或非其人，而任以三军死生之事，吾甚惧之。其选明达法理者，使持典刑。

——（西晋）陈寿《三国志·魏书·武帝纪》[1]

注释：

①《三国志》：西晋陈寿撰。六十五卷，分魏、蜀、吴三志。纪传体三国史。无表志。陈寿（233—297）：西晋史学家。字承祚，安汉（今四川南充北）人。

译文：

刑罚，事关百姓生死，但军中执掌刑罚的人有些并不称职，如果要把决定三军死生的大事委任给这些人，我很担忧。应该选用那些通晓国法、明白事理的人，来掌管刑罚。（刘冰雪校译）

68. 治国犹于治身

夫治国犹于治身，治身之道，务在养神，治国之道，务在举贤，是以养神求生，举贤求安。

——（三国蜀汉）诸葛亮《便宜十六策·举措》[1]

注释：

①《便宜十六策》：三国时诸葛亮所著的一部兵法书。主要论述治国治军之道，全文分为十六个部分，所以称“十六策”。

译文：

治国犹如养生，养生之道，关键在于养神怡气，治国之道，关键在于举贤荐能。所以养神怡气可以求得健康长寿，举贤荐能可以求得国泰民安。（刘冰雪校译）

69. 治国之道，圆不失规，方不失矩

故治国者，圆不失规，方不失矩，本不失末，为政不失其道，万事可成，其功可保。

——（三国蜀汉）诸葛亮《便宜十六策·治乱》

译文：

所以治理国家，不能没有规矩，本末不能倒置，施政不能违反道义纲常，如此万事可望成功，功业可保长久。（刘冰雪校译）

70. 治国有二柄，一曰赏，二曰罚

治国有二柄，一曰赏，二曰罚。赏者，政之大德也；罚者，政之大威也。人所以畏天地者，以其能生而杀之也。为

治审持二柄，能使生杀不妄，则其威德与天地并矣。

——（西晋）傅玄《傅子·治体》[1]

注释：

①《傅子》：西晋傅玄著。原有一百二十卷，已散佚，今存辑本四卷。傅玄（217—278）：西晋初年文学家、思想家。字休奕，北地泥阳（今陕西耀县南）人。

译文：

治理国家手段有二，第一是赏，第二是罚。赏是为显示当政者的大德，罚是显示当政者的权威。人之所以敬畏天地，是因为天地对于万物具有生杀予夺之权。要治理好国家，就必须运用好这两个工具，做到生杀不出错，也就是赏罚正确，那么国君的恩威就可以与天地比美了。（吴春丽校译）

71. 天下不乏贤才

夫圣人者，不世而出者也；贤能之士，何世无之！何以知其然？舜兴而五臣显，武王兴而九贤进，齐桓之霸，管仲为之谋；秦孝之强，商君佐之以法。欲王则王佐至，欲霸则霸臣出，欲富国强兵，则富国强兵之人往。求无不得，唱无不和。是以知天下之不乏贤也，顾求与不求耳，何忧天下之无人乎？

——（西晋）傅玄《傅子·举贤》

译文：

品德高尚的圣人，并不是任何时代都会出现，但有才有德的贤能之士，却哪个时代都有。为什么这么说呢？舜即帝位，有五位大臣崭露头角；周武王兴国，有九位贤臣出来辅佐。齐桓公称霸诸侯，有管仲为他出谋划策；秦孝公兴盛秦国，有商鞅为他厉行变法。想要称王就有辅佐王业之臣来到；想要称霸就有辅佐霸业的大臣出现；想要富国强兵，就有能富国强兵之臣前来。只要刻意访求，就不会得不到贤才；只要振臂高呼，就不会无人响应；所以要明白天下并不缺乏贤才，只是看你是不是用心访求，何必担心天下没有人才呢？（赵前、刘鹏校译）

72. 招贤用才者，人主之要务也

舍轻艘而涉无涯者，不见其必济也；无良辅而羡隆平者，未闻其有成也。鸿鸾之凌虚者，六翮之力也；渊虬之天飞者，云雾之偕（阶）也。故招贤用才者，人主之要务也；立功立事者，髦俊之所思也。

——（东晋）葛洪《抱朴子·外篇·贵贤》

译文：

不用舟楫相载，却想渡过无边的江海，是不能成功的；没有良臣辅佐，却想要天下安定、国家昌盛，没有听说能成功的。鸿雁鸾凤能凌云翱翔，是借助了双翼之力；深渊虬龙能直上九天，是以云雾为阶梯。所以，招贤纳士是帝王君主的要务；建功立业是贤才俊杰的抱负。（刘冰雪校译）

73. 为国之道，其要有五

闾后上表曰："臣闻为国之道，其要有五：一曰文德，二曰武功，三曰法度，四曰防固，五曰刑赏。故远人不服，则修文德以来之；荒狡放命，则播武功以威之；民未知战，则制法度以齐之；暴敌轻侵，则设防固以御之；临事制胜，则明刑赏以劝之。"

——（北齐）魏收《魏书·高闾传》①

注释：

①《魏书》：北齐魏收撰。一百三十卷，纪传体北魏史。撰于天保二年

至五年间（551—554）。原书在北宋初已散佚不全，刘恕、范祖禹据《北史》等补成今本。魏收（506—572）：北齐史学家。字伯起，小字佛助，下曲阳（今属河北）人。

译文：

北魏高闾又上表说："臣听说治国之道，主要有五点：一是文治教化，二是武力征伐，三是法律制度，四是巩固边防，五是赏罚分明。因此远方的人不顺服，就用文治教化使他们归顺；边远狡猾违命的人来作乱，就用武力去威慑他们；不知道作战的百姓，就用法律制度规范他们的行为；残暴的敌人轻率入侵，就巩固边防去抵御敌人；遇事能随机制胜，就明加赏罚加以鼓励。"（张维校译）

74. 用之以节

夫财货之生，既艰难矣，用之又无节；凡人之性，好懒惰矣，率之又不笃。加以政令失所，水旱为灾，一谷不登，胔（zì）腐相继。古今同患，所不能止也，嗟乎！且饥者有过甚之愿，渴者有兼量之情，既饱而后轻食，既暖而后轻衣。或由年谷丰穰（ráng），而忽于蓄积；或由布帛优赡，而轻于施与，穷窘之来，所由有渐。故《管子》曰："桀有天下，而用不足；汤有七十里，而用有余，天非独为汤雨菽粟也。"盖言用之以节。

——（北魏）贾思勰《齐民要术序》[①]

注释：

①《齐民要术》：北魏贾思勰撰。全书九十二篇，分为十卷。是中国至今保存最为完整最早的一部农书。贾思勰：生卒年不详。北魏农学家。益都（今山东寿光南）人。

译文：

财物的得来已经是不容易的了，用起来又没有节制。一般人的性情是好逸恶劳，督率他们不认真、不得力，再加上政令不对，水旱成灾，谷物歉收，死人的事就会不断发生。从古到今都有这种祸害，许多当政者都不能制止，实在可叹哪！况且饥饿的人总希望吃到过量的食物，口渴的人希望喝到加倍的水量，而一旦吃饱了就看轻食物，一旦穿暖了就看轻衣服。或者因为当年五谷丰收就忽视贮备粮食，或者因为布匹绸缎供给充足就随便给人。穷困的由来，就是这样逐渐形成的。所以《管子》上说："夏桀有整个天下都不够用，商汤只有七十里的地方够用还有余。天并没有单独给商汤落下豆子和小米呀。"这是说花费要有节制。(吴春丽校译)

75. 国以民为本，民以食为命

国以民为本，民以食为命。

——（唐）魏徵等《隋书·长孙平传》[①]

注释：

①《隋书》：唐魏徵等撰。八十五卷，纪传体隋代史。纪传成于贞观十年（636）；十志（三十卷）成于显庆元年（656）。魏徵（580—643）：唐初政治家。字玄成，巨鹿（今河北平乡）人，后移居相州内黄（今河南内黄西）。

译文：

国家以百姓为根本，百姓以粮食为生命。(吴春丽校译)

76. 旁求俊乂，博访英才

士之居世，贤之立身，莫不戢翼隐鳞，候风云之运，怀奇蕴异，思会遇之秋。是以明君旁求俊乂（yì），博访英才，搜扬仄陋，不以卑而不用，不以辱而不尊。

——（唐）李世民《帝范·求贤》[①]

注释：

①《帝范》：唐太宗李世民撰，十二篇，论为君、持身、治国之道。

译文：

士人君子居处尘世，贤良之才安身立命，没有不是收敛翅膀，停止遨翔，隐去麟角，安处林泉，以等待天下局势的变化；怀有卓异不凡的才华，等待时机成熟之时，才肯出仕以展雄才。所以贤明的君主广泛搜求德高望重、才智超群的人，寻访治世英才，搜罗并重用那些有才德而居于卑微地位的人，不因为其地位卑下而不任用，不因为其处身屈辱而不尊重。（《帝范·臣轨》，伊力、王健注译，中州古籍出版社 1994 年版，14 页）

77. 良匠无弃材，明君无弃士

故明主之任人，如巧匠之制木，直者以为辕，曲者以为轮，长者以为栋梁，短者以为栱桷（jué），无曲直长短，各有所施。明主之任人，亦犹如是也，智者取其谋，愚者取其力，勇者取其威，怯者取其慎，无智勇怯，兼而用之。故良匠无弃材，明君无弃士。

——（唐）李世民《帝范·审官》

译文：

所以贤明的君主选择任用人才，就像是工巧的木匠处理使用木料，直的木材用来做车辕，弯曲木材用来做车轮，长的木材用来做栋梁，短的木材用来做斗拱、椽子，无论是曲、直、长、短的木材，都各有其用处。贤明的君主选择任用人才也像这一样，有才智的人取其谋略，愚钝的人用其体力，勇敢的人取其威猛，怯懦的人则用其谨慎，无论智、愚、勇、怯，都兼容并包，各用其长。所以优秀的工匠没有遗弃不用的材料，贤明的君主没有遗弃不用的士人君子。（《帝范·臣轨》，伊力、王健注译，中州古籍出版社 1994 年版，17 页）

78. 衣食足则知廉耻

夫食为人天，农为政本。仓廪实而知礼节，衣食乏则忘廉耻。

——（唐）李世民《帝范·务农》

译文：

民以食为天，政以农为本。仓库充实，生活富足，人民就会懂得讲究礼节；衣食缺乏，生活无着，人民就可能顾不得廉耻。（《帝范·臣轨》，伊力、王健注译，中州古籍出版社1994年版，30页）

79. 为君之道，必先存百姓

为君之道，必须先存百姓，若损百姓奉以其身，犹割股以啖腹，腹饱而身毙。若安天下，必须先正其身，未有身正而影曲，上治而下乱者。

——（唐）吴兢《贞观政要·君道》[1]

注释：

①《贞观政要》：唐代吴兢撰。十卷，四十篇，约成书于玄宗开元年间。分类编辑唐太宗与魏徵、房玄龄、杜如晦等大臣的问答、大臣诤议和劝谏的奏疏，以及政治上的举措。吴兢（669或670—749）：唐代史学家。汴州浚仪（今属河南）人。

译文：

做君主的法则，必须以存活百姓为先。如果损害百姓来奉养自身，就好比割大腿上的肉来填饱肚子，肚子填饱了，人也就死了。如果想要安定天下，必须先端正自身，决无身子端正而影子不直、上头治理好了而下边发生动乱的事。（《贞观政要译注》，裴汝诚等译注，上海古籍出版社2007年版，1页）

80. 天下稍安，尤须兢慎

贞观五年，太宗谓侍臣曰："治国与养病无异也。病人觉愈，弥须将护，若有触犯，必至殒命。治国亦然，天下稍安，尤须兢慎，若便骄逸，必至丧败。”

——（唐）吴兢《贞观政要·政体》

译文：

贞观五年（631），唐太宗对侍从大臣们说：“治理国家就跟一个人养病没有多大差别，当病人觉得自己的病好得差不多的时候，恰恰是更加需要精心将养调护的时候，如果违反护理规律，必会导致死亡。治理国家也是这样，天下稍微安定一些的时候，尤其必须兢兢业业、谨慎小心，如果此时便骄傲放纵，必会导致丧乱败亡。”（《贞观政要译注》，裴汝诚等译注，上海古籍出版社2007年版，13页）

81. 为政之要，惟在得人

为政之要，惟在得人，用非其才，必难致治。今所任用，必须以德行、学识为本。

——（唐）吴兢《贞观政要·崇儒学》

译文：

处理政务的关键，就在于选得适当的人才，如果所用非其才，就很难治理好国家。如今我们所要任用的人才，必须以德行好、学识高为最主要的条件。（《贞观政要译注》，裴汝诚等译注，上海古籍出版社2007年版，215页）

82. 非知之难，行之惟难；非行之难，终之斯难

臣观自古帝王受图定鼎，皆欲传之万代，贻厥孙谋。故其垂拱岩廊，布政天下，其语道也必先淳朴而抑浮华，其论人也必贵忠良而鄙邪佞，言制度也则绝奢靡而崇俭约，谈物产也则重谷帛而贱珍奇。然受命之初，皆遵之以成治；稍安

之后，多反之而败俗。其故何哉？岂不以居万乘之尊，有四海之富，出言而莫己逆，所为而人必从，公道溺于私情，礼节亏于嗜欲故也？语曰："非知之难，行之惟难；非行之难，终之斯难。"所言信矣。

——（唐）吴兢《贞观政要·慎终》

译文：

臣观察自古以来的帝王接受天命建立王朝，都想把皇位传到万代，为子孙着想的。所以他们端坐朝堂垂衣拱手，向天下宣布政令，谈论治国方略必定是推崇质朴淳厚而抑制虚浮华丽，议论人品必定是尊重忠诚贤良而轻视邪恶奸佞，讨论制度时杜绝奢侈靡丽而崇尚俭朴节约，谈论物产时重视谷物布帛而轻贱奇珍异宝。然而他们刚接受天命登基时，都遵循这些原则达到政治清明；稍稍安定之后，大多违反这些原则而败坏社会风俗。其原因是什么呢？难道不是因为处在极尊贵的天子地位，拥有天下的财富，说话没有谁敢违背，做的事别人都必定遵从，公道被个人感情所淹没，礼节因嗜好欲望而亏损的缘故吗？所以古话说："不是知道真理困难，而是实行真理真困难；不是实行真理困难，而是始终贯彻真理尤为困难。"这话说得实在对啊。（《贞观政要译注》，裴汝诚等译注，上海古籍出版社 2007 年版，293—294 页）

83. 储积备灾，圣王之急务

王制既衰，杂以权术。魏用平籴（dí）之法，汉置常平之仓，利兼公私，颇亦为便。隋氏立制，始创社仓，终于开皇，人不饥馑。贞观初，戴胄建积谷备灾之议。太宗悦焉，因命有司，详立条制，所在贮粟，号为义仓，丰则敛藏，俭则散给。历高宗之代，五六十载，人赖其资。国步中艰，斯制亦弛。开元之际，渐复修崇。是知储积备灾，圣王之急务也。

——（唐）陆贽《陆宣公集·均节赋税恤百姓六条》[①]

注释：

①《陆宣公集》：唐陆贽撰。二十二卷。按文种分类编排，包括制诰十卷、奏本六卷、中书奏议六卷。陆贽（754—805）：唐代政治家。字敬舆，嘉兴（今属浙江）人。

译文：

先王之道衰落之后，治国理政，便难免夹杂着权宜之术。战国时期，李悝在魏国实行平籴之法，政府在丰年收购粮食，在灾年平价卖出；汉代设置了常平仓，粮价高时低价卖出，粮价低时高价买入。这些措施利国利民，公私两便。隋朝建国后，创立了社仓，各地在丰年按照百姓家境好坏出米粮若干，统一管理，供灾年赈济民众。直到隋文帝开皇年间，老百姓都没有遇到饥荒。唐太宗贞观初年，尚书左丞戴胄提出了储藏粮食以备灾荒的建议，太宗听后非常高兴，命令有关机构详细制定规章，在全国各地储存粮食，称为义仓，在丰年大量征收以充实储藏，在灾年便把储备的粮食散发给百姓。直到高宗一朝，共有五六十年，人民都仰赖着义仓制度的救助。随着武则天以周代唐，这个制度一度废弛了，到玄宗开元之际，又逐渐得到恢复和提倡。由此可以看出，储存粮食以备灾荒，乃是贤明君主们的紧迫任务。（赵前、刘鹏校译）

84. 去烦扰，弘简易

夫欲使政化速成，则在乎去烦扰，弘简易而已。臣请以齐、鲁之事明之。臣闻：伯禽之理鲁也，变其礼，革其俗，三年而政成。太公之理齐也，简其礼，从其俗，五月而政成。故周公叹曰："夫平易近人，人必归之。鲁后代其北面事齐矣！"此则烦简迟速之效明矣。

——（唐）白居易《策林·政化速成》[①]

注释：

①《策林》：唐白居易撰。七十五篇，均是对社会政治各项重大问题提

出治理方案。白居易（772—846）：唐代著名诗人。字乐天，晚年又号香山居士，祖籍太原（今属山西），后迁居下邽（今陕西渭南），遂称下邽人，其本人则生于河南新郑（今郑州新郑）。

译文：

要想治理国家而速见成效，只要排除各种不必要的烦扰，弘扬简单易行的方针政策即可。臣请求以古代齐国和鲁国的历史为例，讲清楚这个道理。臣听说：周公的长子、鲁国的首任国君伯禽治理鲁国的时候，变革它的各项礼仪和风俗，用了三年的时间，才卓有成效。齐国的首任国君姜太公治理齐国，简化、顺应它的各项礼仪和风俗，只用了五个月的时间，也卓有成效。所以周公感叹地说："只要政策简单易行，人民就必然拥护。我们鲁国的后代，可能要成为齐国的附庸了！"由此可知，简易与烦琐的效果快慢，是一目了然的。（赵前、刘鹏校译）

85. 邦之兴，由得人也；邦之亡，由失人也

臣观前代：邦之兴，由得人也；邦之亡，由失人也。得其人，失其人，非一朝一夕之故，其所由来者渐矣。天地不能顿为寒暑，必渐于春秋；人君不能顿为兴亡，必渐于善恶。

——（唐）白居易《策林·辨兴亡之由》

译文：

我看过去朝代的经验是：国家之所以兴起，是由于得到民心；国家之所以灭亡，是由于失去民心。而民心得失，都不是一朝一夕的。它是由渐而著，逐步积累的过程。这就好比天气不能立刻变为严寒或酷热，必定是经春秋的逐渐变化；君主不能立刻把国家变得安固或危亡，都是积善或积恶的结果。（吴春丽校译）

86. 防之于未萌，治之于未乱

《经》曰："祸兮福所倚，福兮祸所伏。"又曰："防之

于未萌，治之于未乱。”圣人当福而知祸，在治而防乱。故善安身者，在康宁之时，不谓终无疾病，于是有节宣方药之备焉；善安国者，当太平之时，不谓终无危乱，于是有教化经略之备焉。

——（北宋）范仲淹《范文正公文集·奏上时务书》①

注释：

①《范文正公文集》：原名《丹阳集》，一名《范文正集》。北宋范仲淹撰。二十卷，另有《别集》四卷，《补编》五卷。

译文：

《道德经》说：“灾祸中隐藏着幸福的萌芽，幸福中埋藏着灾祸的种子。”又说：“防范祸患于未发生之际，治理事端于未致乱之时。”圣人在一切顺利的时候就能预见到祸患，在社会安定的时候就防备出现动荡。所以，善于保养身体的人，在身体状态良好的时候，不认为自己终无疾病，于是以应时处方药剂作为防备；善于治理国家的人，在国泰民安时，不认为国家不会出现危机叛乱，于是注重对人民的教化、筹划谋略作为防备。（吴春丽校译）

87. 王者得贤杰而天下治

王者得贤杰而天下治，失贤杰而天下乱。张良、陈平之徒，秦失之亡，汉得之兴。房、杜、魏、褚之徒，隋失之亡，唐得之兴。故曰“得士者昌，失士者亡”。

——（北宋）范仲淹《范文正公文集·选贤任能论》

译文：

君主如果能得到贤杰的辅佐，天下就会太平，失去贤杰的辅佐，天下就会大乱。张良、陈平这样的贤杰，秦失去他们而灭亡，汉得到他们而兴盛。房玄龄、杜如晦、魏徵、褚遂良这样的贤杰，隋失去他们而灭亡，唐得到他

们而兴盛。所以说“得人才之国昌盛，失人才之国灭亡”。（赵前、刘鹏校译）

88. 君人者不以身为身

君人者不以身为身，以天下之身为身也；不以心为心，以天下之心为心也。

——（北宋）李觏《李觏集·安民策》[1]

注释：

①《李觏集》：北宋李觏著。又称《直讲李先生文集》、《盱江文集》，四十卷（包括《外集》三卷及附录）。李觏（1009—1059）：北宋思想家、教育家。字泰伯，世称盱江先生，亦称直讲先生，建昌军南城（今属江西）人。

译文：

做为君主不要把自身需要当成最重要的需要，而应将天下百姓的需要当做最重要的需要；不把自己的愿望当成最重要的愿望，而应将天下百姓的愿望当成最重要的愿望。（丁延峰校译）

89. 置吏不可不慎

君者，亲也。民者，子也。吏者，其乳保也。亲不能自育其子，育之者乳保也；君不能自治其民，治之者官吏也。赤子之在襁褓，知有乳不知有母也；细民之在田野，知有吏不知有君也……是故置吏不可不慎也。

——（北宋）李觏《李觏集·安民策》

译文：

君王就像是父母，老百姓就像是孩子，而官吏就像是孩子的保姆。父母不能亲自养育他们的孩子，要由保姆代替；君王不能直接治理他们的老百姓，要由官吏治理。襁褓中的婴儿只知道有保姆，而不知有母亲；田野小民只知道有官吏，而不知道有君王……所以，选任代表自己直接治理百姓的官吏，不能不慎重啊。（赵前、刘鹏校译）

90. 仁义非姑息

所谓仁义者，亦非朝肆赦，暮行赏，姑息于人之谓也。贤者兴，愚者废，善者劝，恶者惩。赋敛有法，徭役有时。人各有业而无乏用，乐其生而亲其上。此仁义之凡也。

——（北宋）李觏《李觏集·强兵策》

译文：

所谓仁义，并不是说朝赦暮赏，迁就姑息。贤者受到重用，愚者从官位上退下来，好人受到鼓励，坏人受到惩罚。征收赋税有法度，徭役不伤农时。人们都有事做，生活比较富裕，安居乐业，尊亲上级。这就是仁义的大概。（吴春丽校译）

91. 为谏之患，莫先于怠

为谏之难，非进谏之难，难乎人主听而用之之难也。人主之于谏，有甚恶而用之者，有甚悦而怠之者。上虽恶谏，迫危亡者或用之也；上虽悦谏，恃治平者或怠之也。非谏者之言工于危亡，而失于治平，盖上意之所加者，安危之势异也。是故为谏之患，莫先于怠。

——（北宋）蔡襄《蔡忠惠公文集·明谏》[①]

注释：

①《蔡忠惠公文集》：北宋蔡襄撰。二卷。多写景抒怀之作，部分诗涉及政事。蔡襄（1012—1067）：宋代书法家。字君谟，兴化仙游（今属福

建）人。

译文：

谏诤是很困难的。其难并不难在臣下进谏，而难在君主听谏、纳谏。君主对于谏诤的态度，有十分厌恶却采纳的，有十分高兴却拖延的。君主虽然厌恶谏诤，有时迫于危亡不得不采纳；君主虽然喜欢谏诤，有时倚仗政局安定而延缓不行。并不是进谏者的言谈擅长于议论危亡而不善于议论安定，而是由于君主的心态懈怠不愿纳谏、国家安危的局势不同。所以，影响谏诤效果的问题首先是君主心态的懈怠。（吴春丽校译）

92. 各得其任，无职不举

天下之治，由得贤也。天下不治，由失贤也。世不乏贤，顾求之之道如何尔。今夫求贤，本为治也。治天下之道，莫非五帝、三王、周公、孔子治天下之道也。求乎明于五帝、三王、周公、孔子治天下之道者，各以其所得大小而用之。有宰相事业者，使为宰相；有卿大夫事业者，使为卿大夫；有为郡之术者，使为刺史；有治县之政者，使为县令。各得其任，则无职不举，然而天下弗治者，未之有也。

——（北宋）程颐《上仁宗皇帝书》①

注释：

①《上仁宗皇帝书》：该文是1050年程颐十八岁时给宋仁宗皇帝的上书。文中，他系统阐述了自己对时政的看法和主张。程颐（1033—1107）：北宋哲学家、教育家。字正叔，学者称伊川先生，洛阳（今属河南）人。曾和兄程颢学于周敦颐，并同为北宋理学的奠基者，世称“二程”。

译文：

天下得到治理，是因为任用贤才。天下陷于混乱，是由于失去贤才。世间其实并不缺少德才兼备之人，问题是用什么样的方法去访求。选拔人才，本来就是为了治理天下。而治理天下的方法，无非就是五帝、三王、周公、孔子治理天下的方法。那么选拔人才，就是选拔懂得五帝、三王、周公、孔子如何治理天下的人，量才任用。有做宰相才能的人，委任他做宰相；有做卿大夫才能的人，就任命他做卿大夫；有治一郡才能的人，就派他去做刺史；有治一县才能的人，就让他去做县令。若能使人才各得其所，所有职务都做得好，而天下却没有得到治理，又怎么可能呢？（赵前、刘鹏校译）

93. 不任贤才，终将大乱

盖夫天下至大器也，非大明法度，不足以维持，非众建贤才，不足以保守。苟无至诚恻怛（dá）忧天下之心，则不能询考贤才，讲求法度。贤才不用，法度不修，偷假岁月，则幸或可以无他，旷日持久，则未尝不终于大乱。

——（北宋）王安石《王文公文集·上时政书》①

注释：

①《王文公文集》：北宋王安石著，共一百卷。王安石（1021—1086）：北宋政治家、思想家和文学家。字介甫，号半山，抚州临川（今属江西）人。

译文：

治理国家是世间最重要的事情，如果不依法办事，就不能维持统治，如果不广用贤才，就不能保持安定。作为一国之主，如果没有忧国忧民的至诚之心，就不会任用贤才，不会依法办事。在这种情况下，暂时苟且偷安，或许还可以侥幸无事，但长久下去，最终必然导致天下大乱。（赵前、刘鹏校译）

94. 天下之患，不患材之不众，患上之人不欲其众

天下之患，不患材之不众，患上之人不欲其众；不患士之不欲为，患上之人不使其为也。夫材之用，国之栋梁也，

得之则安以荣，失之则亡以辱。

——（北宋）王安石《王文公文集·材论》

译文：

天下的忧患，不在于人才不多，而在于身处高位者不想让人才多；不在于贤者不想建功立业，而在于身处高位者不想让贤者有所作为。贤才是国家的栋梁，得到他们的辅佐，国家就会安定而繁荣；否则，国家就会灭亡并受辱。（赵前、刘鹏校译）

95. 取士之道，当以德行为先

臣窃以取士之道，当以德行为先，其次经术，其次政事，其次艺能。近世以来，专尚文辞。夫文辞者，乃艺能之一端耳，未足以尽天下之士也。国家虽设贤良、方正等科，其实皆取文辞而已。

——（北宋）司马光《司马文正公传家集·论选举状》①

注释：

①《司马文正公传家集》：北宋司马光撰，诗文别集，亦名《传家集》、《温国文正公文集》，八十卷。

译文：

臣以为选拔人才之道，应当首先考察他们的品德与节操，其次才是学问的高低，再次才是他的执政能力和其他方面的才能。可是当今社会仅仅崇尚文学才能。其实这只不过是各种才能的一个方面罢了，远不足以选拔天下的各类人才。国家现在虽然设置了贤良、方正等许多考察德行的科举名目，但实质上仍然还是以文辞取士为主而已。（赵前、刘鹏校译）

96. 人与法并行而不相胜

夫人胜法，则法为虚器。法胜人，则人为备位。人与法并行而不相胜，则天下安。

——（北宋）苏轼《苏轼文集·应制举上两制书》[①]

注释：

①《苏轼文集》：北宋苏轼撰，七十三卷，按类编排，收有苏轼散文三千多篇。

译文：

人治胜过法治，法律就成了形同虚设之物。法治胜过人治，人的意义就显得无关紧要。人治与法治并用，相得益彰，天下才会安定。（赵前、刘鹏校译）

97. 名为治平无事，而其实有不测之忧

天下之患，最不可为者，名为治平无事，而其实有不测之忧。坐观其变，而不为之所，则恐至于不可救。起而强为之，则天下狃（niǔ）于治平之安，而不吾信。惟仁人君子豪杰之士，为能出身为天下犯大难，以求成大功。

——（北宋）苏轼《晁错论》[①]

注释：

①《晁错论》：北宋苏轼创作的一篇人物评论文章，为古代散文名篇。

译文：

天下的祸患，最难办的是表面上太平无事，实际上却隐藏着难以预料的忧患。如果坐视祸患的演变而不加以处置，那就可能发展到不可收拾的地步。如果起来硬性加以解决，天下人又会因为习惯于太平的安乐而不相信我的看法。只有仁人君子豪杰之士，才能挺身而出，为天下冒最大的危难，以求成就不世的功业。（《名家精译古文观止》，中华书局编辑部编，中华书局2007年版，477页）

98. 得人之道在于知人

得人之道，在于知人；知人之法，在于责实。使君相有知人之才，朝廷有责实之政，则胥史皂隶，未尝无人，而况于学校、贡举乎？

——（北宋）苏轼《经进东坡文集事略·议学校贡举状》①

注释：

①《经进东坡文集事略》：六十卷，北宋苏轼撰，南宋郎晔选注。

译文：

选拔人才的途径在于发现人才，发现人才的途径在于务实。如果君主、宰相有发现人才的眼光，朝廷有循名责实的传统，那么作为基层人员的小吏和衙役中也未必没有人才，更何况专门培养、选拔人才的学校和贡举呢？（赵前、刘鹏校译）

99. 各因其才而尽其力

大者推明其大，而不遗其小，小者乐致其小，以自附于大，各因其才而尽其力。

——（北宋）苏辙《栾城集·上两制诸公书》①

注释：

①《栾城集》：北宋苏辙著。包括《后集》、《三集》，共八十四卷。苏辙（1039—1112）：北宋散文家。字子由，眉州眉山（今属四川）人。与其父苏洵、兄苏轼合称“三苏”，均在“唐宋八大家”之列。

译文：

对于有大才能的人要使他们的才能得到充分发挥，但也不要忽视有小才能的人。对于有小才能的人，也要发挥他的小才能，并使他们辅助有大才能

的人。这样，大才大用，小才小用，使每个人都能尽其才、尽其力。（赵前、刘鹏校译）

100. 赏罚分明

浩复奏曰："历古以来，不明赏罚而能治者，未之闻也。国家赏善罚恶，盖亦多矣，而天下莫能知。乞自今凡赏功罚罪，皆具事状颁告之，使君子知劝以迁善，小人知惧以自警。"从之。

——（元）脱脱等《金史·孟浩传》[①]

注释：

①《金史》：元脱脱等撰。一百三十五卷，修于元至正三年至五年（1343—1345），纪传体金代史。条例整齐，胜于同时所修的宋、辽二史。

译文：

孟浩再次上奏说："自古以来，赏罚不明却能治理好国家的，从来没有听说过。国家赏善罚恶的事有很多，但天下百姓无从知道。臣请求从现在开始，凡是有赏善罚恶的事，都将事实情况详细地昭告天下，以便使君子受到鼓励而弃恶从善，小人有所畏惧而自律自警。"皇上听从了他意见。（郑晓雯校译）

101. 不因时变法，将乱天下

方能治病，不能尽天下之病，遇病而不通于方，杀人矣；法能制变，不能尽天下之变，遇变而不通于法，乱天下矣。

——（南宋）崔敦礼《刍言》[①]

注释：

①《刍言》：南宋崔敦礼撰。上卷言政，中卷言行，下卷言学，凡三百零五篇。崔敦礼：生卒年不详。字仲由，通州静海（今江苏南通）人。

译文：

药方能够治疗疾病，但是一个药方不能治疗天下所有的疾病，遇到不同的病症却不知道变通药方，则会把人治死；制度可以对社会变化做出规定，但一项制度却不能规定所有的变化，遇到变化而不灵活运用制度，则天下大乱。（吴春丽校译）

102. 知其不能不授职误事

上谓宰臣曰："护卫年老出职而授临民，手字尚不能画，何以治民。人胸中明暗外不能知，精神昏耄已见于外，是强其所不能也。天子以兆民为子，不能家家而抚，在用人而已。知其不能而强授之，百姓其谓我何。"

——（元）脱脱等《金史·世宗本纪》

译文：

金世宗对宰相说："护卫年老后如果还要担任治理一方百姓的官，让他自己签字署名都做不到，怎么能治理百姓呢。人们的内心是聪慧还是愚蠢从外表看不出，但是精神状态的昏聩老迈却看得出来，这就是强人所难啊。天子以黎民百姓为子，不能到每家每户去抚恤，全在于如何用人。知道一个人不能胜任却勉强授予他官职，百姓会怎么议论我呢。"（郑晓雯校译）

103. 民贫则君不能独富

民富，则君不至独贫；民贫，则君不能独富。有若深言君民一体之意，以止公之厚敛。为人上者所宜深念也。

——（南宋）朱熹《四书章句集注·论语》

译文：

民众富足，那么君主便不会贫困；民众贫穷，那么君主便难以富有。孔子的弟子有若深切坦率地阐述了君、民一体的道理，并用它来阻止鲁哀公向老百姓征收重税。这个道理，统治百姓的君主，应该深入地理解和铭记。（赵前、刘鹏校译）

104. 仁心仁政，相辅相成

有其心，无其政，是谓徒善；有其政，无其心，是为徒法。

——（南宋）朱熹《四书章句集注·孟子》

译文：

只有仁德之心，却没有仁德之政，这只能是毫无价值的善；只是按部就班地施政，却没有仁德之心作主导，这只能是空洞的法度。（赵前、刘鹏校译）

105. 欲自为其国，必先观古人之所以为国

欲自为其国，必先观古人之所以为国。论者曰："古今异时，言古者常不通于今。"此其为说亦确而切矣。虽然，天下之大，民此民也，事此事也，疆域内外，建国立家，下之情伪好恶，上之生杀予夺，古与今皆不异也。而独曰"古今异时，言古则不通于今"，是摈古于今，绝今于古。

——（南宋）叶適《水心集·法度总论一》①

注释：

①《水心集》：二十九卷，南宋叶適著。適卒后，门人赵汝谠按年编次其著作并刊行。叶適（1150—1223）：南宋思想家，永嘉学派代表。字正

则，号水心，永嘉（今属浙江）人。

译文：

要想自己治理好国家，一定要从历史中汲取经验和教训，学习古人的治国之道。有人说："古今时世不同，喜欢谈论古代的人，常不了解当今的事。"这种说法确实有对的一面。然而，尽管天下广大，古今不同，但是人民还是那些人民，政事还是那些政事，朝臣们处理政务，将士们保家卫国，大到国家，小到家庭，老百姓的喜怒哀乐，君主的绝对权力，所有这一切，古代和当代并没有不同。如果只强调"古今时世不同，认为古代的办法不适应于现在"，那就是割裂古今，刻板拘泥。（赵前、刘鹏校译）

106. 人君必以其道服天下

人君必以其道服天下，而不以名位临天下。夫莫尊于君之名，莫重于君之位，然而不得其道以行之，则生杀予夺之命，皆无以服天下之心。其所以为之臣者，特迫于名位而不敢抗耳。夫是，故以天下之大，常沾沾焉疑其并出以挠己，而禁防维持之不给，尚安能保其民而与之长守而不变哉！……且夫风俗之所系，治化之厚薄，享国之长短，人心之向背，是岂可不留意而详择也！

——（南宋）叶適《水心别集·君德一》[①]

注释：

①《水心别集》：南宋叶適著。原集已佚。今存十六卷，乃清同治中遵义李春龢依据其师孙衣言所藏写本刊行。

译文：

为人之君必须以道义统治天下，才能叫天下人宾服，而不是以其至高无上的名分地位来统治天下。人世间没有比国君更尊贵的名分，也没有比国君更为重要的地位。然而，要是君主不以道义行使这种权势，即使下达生杀予夺的命令，也不能使天下人心服。而那些身为人臣的人，不过是迫于名位而不敢违抗君命而已。正因为如此，君主面对这样广大的天下，经常怀疑四方共同阻挠自己意愿的实现，处处禁约防范，连维持局面都做不到，怎么能安定人民，并与之共守天下、长久不变呢！……而且，这关系到世间的风俗、治理教化的程度、治理国家时间的长短、民心的向背，如此重要的问题，难道可以不特意留意、认真择取吗！（吴春丽校译）

107. 贤路当广而不当狭

夫贤路当广而不当狭，言路当开而不当塞，治乱安危，莫不由此。

——（元）脱脱等《宋史·乔行简传》

译文：

举贤之路应该拓宽而不应当缩窄，进言之路应该畅通而不应当被阻塞，一国的治乱与安危，皆在于此。（朱宇凡校译）

108. 立法度，正纪纲

为治之道，不过立法度、正纪纲而已。纪纲者，上下相维持；法度者，赏罚示惩劝。今则大官小吏，下至编氓，皆自纵恣，以私害公，是无法度也。有功者未必得赏，有罪者未必被罚，甚则有功者或反受辱，有罪者或反获宠，是无法度也。法度废，纪纲坏，天下不变乱，已为幸矣。

——（明）宋濂等《元史·李冶传》[①]

注释：

①《元史》：明宋濂等撰。二百十卷，修于洪武二年至三年间（1369—1370）。纪传体元代史。宋濂（1310—1381）：字景濂，号潜溪，浦江（今属浙江）人。元末荐授翰林编修，不受。至正二十年（1360），与刘基、章

溢、叶琛同受朱元璋礼聘，尊为先生。

译文：

要治理好国家，不过是制定好法令制度，规定好纪律纲常而已。纪律纲常是用来维持人们之间上下各种关系的；法令制度是用来赏罚从而对人们进行勉励和责罚的。现在的大官小吏，下至普通百姓，都放任自己，损公谋私，这是因为没有法度。有功的人未必能得到奖赏，有罪的人未必会被惩罚，甚至有功的人反受屈辱，有罪的人反受到荣宠，这是因为没有法度。法度废弛，纲纪破坏，天下没有出现大的动乱，已经是万幸的了。（吴春丽校译）

109. 世袭制难以量才为用

建言："国家自开创以来，凡纳土及始命之臣，咸令世守，至今将六十年，子孙皆奴视部下，都邑长吏，皆其皂隶僮使，前古所无，宜更张之，使考课黜陟（zhì）。"始议行迁转法。

——（明）宋濂等《元史·廉希宪传》

译文：

（廉希宪）建议说："国家自创建以来，凡是纳土归附以及最初任命的臣子，都可以世袭官爵，至今已经快六十年了，他们的子孙全都像对奴隶一样对待他们的部下，都会城邑的长官，都成了他们的仆人奴隶，这是前所未有的现象，应该予以改变，让他们通过考查黜退或升官。"朝廷于是开始拟议和施行迁转法。（吴春丽校译）

110. 爱则民心顺，公则民心服

古今立国规摹（模），虽各不同，然其大要，在得天下心。得天下心无它，爱与公而已矣。爱则民心顺，公则民心服。既顺且服，于为治也何有？

——（元）许衡《时务五事》[①]

注释：

①《时务五事》：元许衡著。文中提出行汉法、修德性、用贤才、兴学校等有关立国建议。为元初的建国纲领。许衡（1209—1281）：元代理学家、政论家。字仲平，号鲁斋，怀州河内（今河南沁阳）人。

译文：

古今建立国家的范围虽然各不相同，然而立国的根本都是得民心。而得天下民心没有别的办法，“施爱”与“公正”而已。爱人民，民心就归顺，公正，人民就信服，如果人民既归顺又信服，那么治理国家还有什么困难呢？（吴春丽校译）

111. 治国之道当以用贤为先

苏州府民有上治安六策者。上览之，以示近臣曰：“此人有忠君爱国之心，但于理道未明耳。盖人主之心当以爱物为主，治国之道当以用贤为先，致治在得人，不专恃法。今此人首言用法，不知务矣。”

——《明实录·太祖洪武实录》[①]

注释：

①《明实录》：明代官修的编年体史料长编。自太祖到熹宗十三朝（建文附太祖，景泰附英宗），均经修成。崇祯朝有后人补辑本十七卷。本书篇幅庞大，保存有大量明代史料。现存各地藏本卷帙互有出入，内容也间有详略。

译文：

苏州府有一名百姓给皇帝呈送了治安六策。明太祖朱元璋看后把它交给近臣看，说：“此人虽有忠君爱国之心，但并不明白治国理政之道。人主的心应以爱护百姓为主，治国方法应当任用贤才为先，国家要达到治理的目

的，关键在得到人才，并不是专门依靠刑法。现在这个人一开始就说用刑法，是不知实务啊。”（吴春丽校译）

112. 保国之道，藏富于民

上谕侍臣曰：“保国之道，藏富于民。民富则亲，民贫则离。民之贫富，国家休戚系焉。自昔昏主恣意奢欲，使百姓困乏，至于乱亡。朕思微时，兵荒饥馑，日食藜藿。今日贵为天子，富有天下，未尝一日忘于怀。故宫室器用，一从朴素，饮食衣服，皆有常供，惟恐过奢，伤财害民也。”

——《明实录·太祖洪武实录》

译文：

明太祖朱元璋告诉侍臣说：“保持国家长治久安的办法是藏富于民。人民富裕了就会拥戴政府，贫困了就会怨恨政府。所以人民的贫富是国家安危治乱的关键。从前，昏君都是骄奢淫逸，使得百姓贫困，最终导致了灭亡。我想起当年身份卑微的时候，经历战争年代，兵荒马乱，饥荒成灾，每天只能吃野菜。今天虽然贵为天子，富有天下，却没有一天忘记过去的苦日子，所以宫中使用的器具向来简朴，饮食衣服都是平常的供给，唯恐过于奢侈而劳民伤财。”（吴春丽校译）

113. 治天下者，必赖于群才

上与群臣论治道，谕之曰：“构大厦者，必资于众工。治天下者，必赖于群才。然人之才有长短，亦犹工师之艺有能否。善攻木者不能攻石，善斫轮者不能为舟。若任人之际，量能授官，则无不可用之才矣。卿等皆朕股肱耳目，宜为朕广求贤才，以充任使，毋求备于一人可也。”

——《明实录·太祖洪武实录》

译文：

朱元璋与群臣谈论治国的方法。太祖说："建造大厦一定要依赖于众多的工匠；治理天下一定要依赖于众多的贤才。但人的才能有高低，这正如工匠的技艺有高有低一样。善于斫木的不能加工制造石器，善于造车轮的不能制造舟船。如果在用人的时候，能够根据他的才能来授予官职，那就没有不能用的人才了。你们都是我的股肱耳目，应该替我广求贤才以充任官吏，不要去要求一个人十全十美，就行了。"（吴春丽校译）

114. 何德而民亲其上

成王问史佚曰："何德而民亲其上？"史佚曰："使之以时，而敬顺之，忠而爱之，布令信而不食言，如临深渊，如履薄冰。"此名言也。

——（明）薛瑄《薛文清公从政录》[①]

注释：

①《薛文清公从政录》：一卷，明薛瑄著。即其为官所录格言。薛瑄（1389—1464）：明代儒家学者、理学家。字德温，号敬轩，河津（今属山西）人。

译文：

周成王向史佚问理政道："我要有怎样的德行，百姓才会亲近呢？"史佚回答说："差使百姓，要顾及他们的生产时间，并且要尊重他们、顺着他们的意思，诚心诚意地对待他们、爱护他们；发布的命令讲信用，不要说话不算数。行事小心谨慎而如临深渊，如履薄冰。"这是为官治理的名言。（吴春丽校译）

115. 用人不必循资格

国家所恃以为治者人才也，今日用人必循资格，而人才需选者往往老于选调而不得及时以进用，及用之，大半衰老矣。衰老之人，志气消沮，筋力废弛，其不为身家子孙计者无几……衰老之人布满天下而欲事理民安，难矣！事不理，民不安，乱亡之兆也。

——（明）丘濬《大学衍义补·公铨选之法》①

注释：

①《大学衍义补》：明丘濬著。本书凡一百六十卷，是推阐治国、平天下之义的著作。丘濬（1420—1495）：明代政治家、学者。字仲深，号琼台，广东琼山（今海南海口）人。景泰五年（1454）进士，官至礼部尚书、文渊阁大学士。

译文：

治理国家所依靠的是人才。如今选拔人才，都是按资历、地位为标准。真正需要的人才，往往年纪很大了才能被选拔上来；等到任用时，绝大多数人都已经年老体衰了。他们或是老气横秋，或是老而腐朽，担当不了治国安民的重任，大多数人都为自身及子孙的利益着想了……衰老的官吏充斥朝廷，却想要政事清明，百姓安居乐业，实在是太难了。国家大事没有精明强干的中青年官吏来治理，政纪腐败，民心不安，这是国家大乱和衰亡的先兆啊。(吴春丽校译)

116. 过时而赏，与无赏同

古者赏不逾时，罚不后事。过时而赏，与无赏同；后事而罚，与不罚同。况过时而不赏，后事而不罚，其亦何以齐一人心，而作兴士气？

——（明）王守仁《王文成公全书·申明赏罚以励人心疏》①

注释：

①《王文成公全书》：又称《阳明全书》。明王守仁著，弟子徐爱、钱

德洪、邹守益等编辑。三十八卷，王守仁（1472—1529），明代杰出的哲学家。字伯安，余姚（今属浙江）人。被世人称为阳明先生，和陆九渊同为心学的重要代表人物。

译文：

古时候，赏赐不在过了该奖赏的时机实行，也不在坏事已经发生后进行处罚。过时的赏赐和无赏效果相同；事后的处罚和没有惩罚相同。更何况过了时机而不赏赐，事后又不处罚，那凭什么使人心齐一，而振作士气呢？（吴春丽校译）

117. 理因时致宜

儒者曰："天地间万形皆有敝，惟理独不朽。"此殆类痴言也。理无形质，安得而朽？以其情实论之，揖让之后为放伐，放伐之后为篡夺。井田坏而阡陌成，封建罢而郡县设，行于前者不能行于后，宜于古者不能宜于今。理因时致宜，逝者皆刍狗矣，不亦朽敝乎哉？

——（明）王廷相《雅述》[①]下篇

注释：

①《雅述》：明王廷相著。分上、下两篇，成于明嘉靖十七年（1538）四月，同年十月由后学谢镒刻印。王廷相（1474—1544）：明代哲学家、文学家。字子衡，号浚川，仪封（今河南兰考）人。

译文：

有儒者说："天地之间万物皆会衰亡凋敝，唯有'理'是不朽的。"这话如同痴言。"理"只是一个概念，并无形状质地可言，怎么会朽呢？以实际情况而言，尧舜揖让帝位之后，出现了放逐、讨伐君主的现象，放逐、讨伐之后又出现了篡夺帝位的现象。井田制被破坏后，世行阡陌制；分封制被废止后，世行郡县制。所以，实行于前朝的制度，不适用于后代；适宜古代的制度，不适宜今日。道理也是因时制宜，逝去的就像祭祀之后无用的刍狗，从这点来说，理也有朽敝的啊！（吴春丽校译）

118. 至公无私则天下治

古者明王之治天下也，必先均万民焉。所谓均者，至公无私，民各得其分愿之谓也，非曰夺彼以益此也。盖贫富有定分，贡赋有定制，凡以立法行政，使各得其分愿，斯善矣。憎而损之，爱而益之，不可也。若不论其定分，而惟以贫富计之，是以私意为爱憎，舍法制而为予夺矣。岂先王无怨无恶，廓然大公之政哉？

——（明）王廷相《与开封赵二守书》[①]

注释：

①《与开封赵二守书》：明王廷相著。强调以农为本，反对土地兼并。

译文：

古代圣明帝王治理天下，首先要做到分配公平。所谓分配公平，就是大公无私，使百姓各得其所应得的份额，而不是剥夺一部分人的份额补给另一部分人。贫富有确定的等级，税收有固定的制度，凡事依据立法政令来执行使人各得其所，这就是完善的政治了。出于个人好恶而增加或减少其份额，这种做法不可取。如果不管正当的等级规定而只以贫富来划分，就是以个人好恶代替了法制来任意给予或剥夺。这难道是先王不计恩怨、至公无私的做法吗？（吴春丽校译）

119. 择士者犹工师之择木

择士者犹工师之择木，不先道义之贤，而词藻之工是取，犹舍合抱而求拱把也。

——（明）钱琦《钱公良测语·治本》[①]

注释：

①《钱公良测语》：又名《钱子测语》、《钱子语测》。二卷，明钱琦撰。内容除摘录书史之外，还有作者为官之体会和对时事之看法。钱琦（1467—1572）：字公良，浙江海盐人。明正德三年（1508）进士，历任知县、知府等职。

译文：

选拔人才犹如木工师傅选择木料一样，如果不先取人才的道德品质，而仅仅取其做文章的优美，那么，就如同舍去合抱之木，选取只有两手合围的木料了。（吴春丽校译）

120. 监临之任不可以久也

夫守令之官，不可以不久也；监临之任，不可以久也。久则情亲而弊生，望轻而法玩。

——（明）顾炎武《日知录·部刺史》

译文：

像郡守和县令这样的地方官员，不能不在一个地方长期担任；像监察御史这样负有监督职责的官员，不能长期在一个地方担任。长期在一个地方担任监察官员，就会因为感情亲近而产生弊端，不仅声望不高，而且会玩忽职守亵渎法律。（吴春丽校译）

121. 欲攘外者，必先安内

臣闻帝王之治，欲攘外者，必先安内。《书》曰：“民为邦本，本固邦宁。”自古虽极治之时，不能无夷狄盗贼之患。唯百姓安乐，家给人足，则虽有外患，而邦本深固，自可无虞。唯是百姓愁苦思乱，民不聊生，然后夷狄盗贼，乘之而起。盖安民可与行义，而危民易与为非，其势然也。

——（明）张居正《陈六事疏》[①]

注释：

①《陈六事疏》：1568年张居正上《陈六事疏》，提出省议论、振纪纲、重诏令、核名实、固邦本、饬武备等六事，力主改革。

译文：

臣听说帝王治理天下，欲攘外者必先安内。《尚书》说："民是国家的根本，要想治国安邦，必须安定百姓。"自古以来即使在政治修明，社会升平的时候，也不可能不存在夷狄盗贼的隐患。只要百姓安居乐业、能够生活下去，这样虽有夷狄盗贼之患，国家也可以保持安定的局面。只有百姓生活忧虑痛苦有了叛乱的念头，不能安定地生活的时候，夷狄、盗贼才会乘机而起。因此，对安居乐业的百姓可以向他们推行道义，生活危患的百姓容易参与非法活动，这都是形势决定的啊。（吴春丽校译）

122. 人法兼资而天下治

天下之事，图之固贵于有其法，而尤在于得其人。何谓法？经画而条理之，卓有成绪可考者，法之谓也。何谓人？所以经画而条理之，卓以成绩自许者，人之谓也。得其人而不得其法，则事必不能行；得其法而不得其人，则法必不能济。人法兼资，而天下之治成。

——（明）海瑞《海瑞集·治黎策》[①]

注释：

①《海瑞集》：原名《备忘集》，又名《海刚峰集》，明海瑞撰。海瑞（1514—1587）：明朝著名清官。字汝贤，自号刚峰，谥忠介，广东琼山（在今海南海口）人。著有《备忘集》、《元祐党人碑考》等，今辑为《海瑞集》。

译文：

国家大事要办好固然在于有可遵循的法规，但更重要的是要有适合于办此事的人才。什么是"法"？就是经过严密而系统的筹划制定出来的，并且是有明文可考的；什么是人才？就是能够严格执行法规而卓有成绩的官吏。有了合适的人但没有法规，国家的事一定不能办好；有了法而没有能执行的人才，法也发挥不了作用。需要人治与法治互相支持，才能治理好国家。（吴春丽校译）

123．首重廉吏

国家纪纲，首重廉吏。若任意妄为，不思爱养百姓，致令失所，殊违朕心。总督巡抚，任大责重，全在举劾得当，使有司知所劝惩。今所举者多属冒滥，所劾者以微员塞责，大贪大恶每多徇纵，何裨民生？何补吏治？尔部须秉公详察，奏闻。

——《清实录·世祖实录》①

注释：

①《清实录》：全称《清历朝实录》。清代官修的编年体史料长编。清代制度，帝死，设实录馆，负责纂修，事毕撤销，与常设机构国史馆有别。其中太祖、太宗、世祖三朝实录，雍正时明令改纂，到乾隆初完成。其后各朝实录续有修改。

译文：

国家的法度，首先注重廉洁的官吏。倘若官员任意妄为，贪污成风，不爱惜百姓，让人民休养生息，致使百姓流离无处安身，很是违背我的心意。总督、巡抚，任务大、责任重，完全在于荐举人才弹劾官吏恰当，使官吏们知道有所劝勉上进和惩治失职。现在所荐举的很多是假冒而品行不端正的人，所弹劾的很多以低微的小官来敷衍，对大贪大恶却徇私放纵，这对百姓的生活有什么裨益、对地方官吏的作风和成绩有什么补益呢？吏部必须秉公详细审察上报。（吴春丽校译）

124．不可泥古

古今以智相积，而我生其后，考古所以决今，然不可泥古也……生今之世，承诸圣之表章，经群英之辩难，我得以坐集千古之智，折中其间，岂不幸乎！

——（清）方以智《通雅·音义杂论·考古通说》[1]

注释：

①《通雅》：五十二卷，卷首三卷，清方以智撰。杂考事物名称和训诂、音韵。方以智（1611—1671）：明清之际唯物主义哲学家、科学家。字密之，桐城（今属安徽）人。

译文：

从古到今相继积累了许多知识和智慧。我们生活在现代，考察研究古代的知识智慧是为了解决今天的问题，但不能拘泥于古代的经验……生活在今天的我们，上承历代诸位圣贤的奏表文章，历经众多英才俊杰的辩难，就能从中毫不费力地积累起千古的智慧，从中找出恰当的准则，岂不是很幸运吗？（吴春丽校译）

125. 善治莫如省官

善治莫如省官，善政莫如薄敛。古今图治之本，斯二者而已。

——（清）李邺嗣[1]《周官辨非序》

注释：

①李邺嗣（1622—1680）：清初浙东著名诗人。原名文胤，以字行，号杲堂，鄞县（今浙江宁波）人。生于明末甬上望族之家，终身不仕清廷，著有《杲堂诗钞》、《杲堂文钞》等。

译文：

好的治理方法不如精简多余的官吏，好的政策不如减轻百姓的赋税。古今国家治理的根本保证，就是这两件事而已。（吴春丽校译）

126. 利民之事，丝发必兴

圣人之治天下，利民之事，丝发必兴；厉民之事，毫末必去。

——（清）万斯大《周官辨非·天官》[①]

注释：

①《周官辨非》：清万斯大著。是书力攻《周礼》之伪，历引诸经之相牴牾者以相诘难。万斯大（1633—1683）：清代经学家。字充宗，别字褐夫，晚号跛翁，学者称褐夫先生，鄞县（今浙江宁波）人。浙东学派创始人。

译文：

圣人治理天下，只要是有利于百姓的事情，即使细微得如蚕丝和毛发，也一定要去做；只要是虐害百姓的事，即使细小得如毫毛的末端，也一定要去除。（吴春丽校译）

127. 土地非王者之所得私

若土，则非王者之所得私也。天地之间，有土而人生其上，因资以养焉。有其力者治其地，故改姓受命而民自有其恒畴，不待王者之授之。

——（明末清初）王夫之《噩梦》[①]

注释：

①《噩梦》：一卷，王夫之著。该书针对当时社会现实提出了一系列改革意见。王夫之（1619—1692）：明末清初的唯物主义思想家。字而农，号姜斋，世称船山先生，衡阳（今属湖南）人。

译文：

土地不应是君王一人一姓的私产。天地之间自古就有着土地，人类生长其上，就靠这土地维持生存。凡有劳动能力的人都可以开垦耕种自己的土地。所以，不管国家怎样改朝换代，民众当然保有自己世代相传的土地，而不需要王朝的赐授。（吴春丽校译）

128. 天下之治乱，在万民之忧乐

盖天下之治乱，不在一姓之兴亡，而在万民之忧乐。

——（明末清初）黄宗羲《明夷待访录·原臣》

译文：

天下安定还是衰乱，不是取决于一个朝代的兴衰更迭，而是取决于苍生百姓的忧乐顺逆。（刘冰雪校译）

129. 天下难治者乃官也

天下难治。人皆以为民难治也；不知难治者，非民也，官也。凡兹庶民，苟非乱人，亦唯求其所乐，避其所苦，曷尝好犯上法以与上为难哉！论政者不察所由，以为法令之不利于行者，皆柅（nǐ）于民之不良，释官而罪民。此所以难与言治也。

——（清）唐甄《潜书·柅政》①

注释：

①《潜书》：九十七篇，清唐甄著。是阐发其政治主张和学术思想的论著。唐甄（1630—1704）：清初具有启蒙民主主义思想的代表人物之一。初名大陶，字铸万，号圃亭，达州（今属四川）人。

译文：

天下难以治理。人们都以为老百姓难以管理；其实难以管理的不是老百

姓，而是各级官吏。平民百姓，只要不是胡作非为的人，他们只求安康而不受苦，怎么会喜欢犯法而与官府为难呢！评论政事的人不考察了解其原因，就认为法令之所以贯彻不下去，都是由于老百姓素质差起了阻碍作用，因而不怪罪官吏而归罪于平民。和这种人很难讲明白治国的道理。（吴春丽校译）

130. 人君唯能下，天下之善归之

尊贤之朝，虽有佞人，化为直臣；虽有奸人，化为良臣；何贤才之不尽，何治道之不闻！是故殿陛九仞，非尊也；四译来朝，非荣也。海唯能下，故川泽之水归之；人君唯能下，故天下之善归之。是乃所以为尊也。

——（清）唐甄《潜书·抑尊》

译文：

在尊重贤才的朝代里，即使有谄媚的人，也会变作正直的大臣；即使有奸邪的人，也会变成良臣。在尊贤重贤的良好风气下，贤能的人才怎么能不人尽其才？怎么会听不到治理国家的好方法？因此，把宫殿造得高高的，君主高居其上，并不见得尊贵；四方外族前来朝贡，也不见得荣耀。大海只因为能处于下位，所以江河湖泊的水流向它；君主只要做到谦卑，天下的贤能之士就会归附他，这才是君主之所以尊贵的理由。（吴春丽校译）

131. 罢免不称职言官

谕吏部："国家设立言官，专司耳目，凡政治得失、民生利弊，必须详切条陈，直言无隐，斯为称职。若但敷衍虚文，浮冗剿（抄）袭，或以不急之务草率塞责，非朕广开言路之意。今将科道官亲加考试，其留用各员，著益加勉励，殚心尽职以副委任。内石文郁、范时起、何名扬才庸无

文，不称言职，著革职。尔部即遵谕行。”

——《清实录·圣祖实录》

译文：

康熙帝对吏部官员说：“国家设立言官做为朝廷的耳目，凡是在政治上的得失，对人民生活上的利弊，都必须详细报告直言无讳，这才是称职。如果尽是些浮华的词句，言之空洞无物甚至抄袭，或以不重要的事情随便敷衍塞责，这就不是我广开言路，让大家充分发表意见的本意。现在我亲自将科道的官员加以考核，留用的官员应该更加努力工作，尽心尽职才对得起我的任用。其中石文郁、范时起、何名扬这三人平庸卑劣，缺乏文采，不能胜任言官的这个职务，我命令罢免。你部应该遵照谕旨马上照办。”（吴春丽校译）

132. 地方官应回避原籍任职

谕曰：“朕今番西巡，见直隶、河南、陕西、山西，四省接壤。山西泽州人如授河南怀庆府地方官，虽云隔省，相去实不过百里，得无徇庇伊宗族亲戚之私意乎？又直隶人在河南接壤处、河南人在直隶接壤处居官者甚多。嗣后补授外官时掣签所得地方，如隔伊原籍五百里外听伊赴任，如五百里内虽隔省，著回避。”

——《清实录·圣祖实录》

译文：

康熙帝对大学士等人说：“我这次西巡，见直隶、河南、陕西、山西四省接壤。如果山西泽州人去担任河南怀庆府的地方官，虽说是隔了省但相距还不到一百里，怎么能不徇私情包庇他的宗族亲戚呢？还有直隶人在靠近河南的地方、河南人在靠近直隶的地方担任官职的很多。以后补授外官抽签所到的地方，如果所管辖的地方离他的原籍有五百里以上，就让他去赴任，如果在五百里内虽说隔省，也应该回避。”（吴春丽校译）

133. 选举之法

选举之法，大略有四：曰学校，曰科目，曰荐举，曰铨选。学校以教育之，科目以登进之，荐举以旁招之，铨选以布列之，天下人才尽于是矣。明制，科目为盛，卿相皆由此出，学校则储才以应科目者也。其径由学校通籍者，亦科目之亚也，外此则杂流矣。然进士、举贡、杂流三途并用，虽有畸重，无偏废也。荐举盛于国初，后因专用科目而罢。铨选则入官之始，舍此蔑由焉。是四者厘然具载其本末，而二百七十年间取士得失之故可睹也。

——（清）张廷玉等《明史·选举志一》①

注释：

①《明史》：清张廷玉等撰。三百三十二卷，纪传体明代史。张廷玉（1672—1755）：字衡臣，号研斋，桐城（今属安徽）人。

译文：

选拔人才的方法，大致有四种：学校、科目、荐举、铨选。学校用来培养教育人才，科目用来选拔人才，荐举用来向各方招揽人才，铨选用来布置人才，天下的人才完全集中在这些途径里了。明朝制度，盛行科考取士，卿相官职全由此途产生，学校是积蓄才能以接受科举考试的。那些直接由学校进为官的，也是科举选拔的次一等，在这以外的便属于杂流了。然而，进士、贡生、杂流三条途径一起使用，虽然有所侧重，但是没有偏废某一方面。荐举盛行于明朝建立初期，后来因为专用科举而不再使用。铨选则是入官的开始，舍弃此途便没有别的路子。这四种途径清楚地记载本末，而二百七十年间选取人才得失的缘故可以从中看得清楚。（吴春丽校译）

134. 国家致治之本，首在得人

国家致治之本，首在得人；而得人之要，必广其途以储之，使人不敢冒无实之名，则造就隆而贤材奋。

——（清）夏之蓉[①]《进书札子》

注释：

①夏之蓉（1697—1784）：清代诗人。字芙裳，号醴谷，高邮（今属江苏）人。

译文：

国家获得治理的根本，首要的在于得到人才。而得到人才的关键，必须通过多种渠道来储备人才，使那些没有才能的人不敢弄虚作假，这样会造就出很多人才，贤能的人就会从此振作有为。（吴春丽校译）

135. 利于千万世者，不必利于一时

天下大事，或利于千万世者，不必利于一时；或利于千万人者，不必利于一夫；或利于千万事者，不必利于一二端。

——（清）魏源《古微堂集·内集·治篇七》[①]

注释：

①《古微堂集》：清代魏源著。二卷，分内、外两集。内集为《默觚》三卷，外集为序记等文七卷。魏源（1794—1857）：清末思想家、史学家、文学家。原名远达，字默深，邵阳（今属湖南）人。

译文：

天下大事，倘若有利于千万代，就不一定非要有利于某一时期；倘若有利于千万人，就不一定非要有利于某一个人；倘若有利于千万件事，就不一定强调利于某一两件事。（吴春丽校译）

为官之道

1. 无于水监，当于民监

古人有言曰：“人，无于水监（鉴），当于民监。”

——《尚书·酒诰》

译文：

古人有句格言：“人，不要只把水当作镜子来观察自己，还应当把民众当作镜子来观察自己。”（《尚书译注》，李民、王健撰，上海古籍出版社2004年版，278页）

2. 廉者，政之本

廉者，政之本也；让者，德之主也。

——《晏子春秋·内篇·杂下》

译文：

廉洁是政治的根本；谦让是美德的主体。（《晏子春秋译注》，卢守助撰，上海古籍出版社2006年版，213页）

3. 多闻阙疑，慎言其余

子张学干禄。子曰：“多闻阙疑，慎言其余，则寡尤；多见阙殆，慎行其余，则寡悔。言寡尤，行（xìng）寡悔，禄在其中矣。”

——《论语·为政》

译文：

子张向孔子学求官职得俸禄的方法。孔子说：“多听，有怀疑的地方，加以保留；其余足以自信的部分，谨慎地说出，就能减少错误。多看，有怀疑的地方，加以保留；其余足以自信的部分，谨慎地实行，就能减少懊悔。言语的错误少，行动的懊悔少，官职俸禄就在这里面了。”（《论语译注》，杨伯峻译注，中华书局2009年版，19页）

4. 居上不宽，何以观之

子曰：“居上不宽，为礼不敬，临丧不哀，吾何以观之哉？”

——《论语·八佾》

译文：

孔子说：“居于统治地位不宽宏大量，行礼的时候不严肃认真，参加丧礼的时候不悲哀，这种样子我怎么看得下去呢？”（《论语译注》，杨伯峻译注，中华书局2009年版，33页）

5. 身正才能正人

子曰：“其身正，不令而行；其身不正，虽令不从。”

——《论语·子路》

译文：

孔子说：“统治者本身行为正当，不发命令，事情也行得通。他本身行为不正当，纵三令五申，百姓也不会信从。”（《论语译注》，杨伯峻译注，中华书局2009年版，134页）

6. 财聚则民散，财散则民聚

是故君子先慎乎德。有德此有人，有人此有土，有土此有财，有财此有用。德者本也，财者末也。外本内末，争民施夺。是故财聚则民散，财散则民聚。

——《礼记·大学》

译文：

所以大人君子首先要在道德上谨慎从事。有了道德这才会有人，有了人这才会有土地，有了土地这才会有财富，有了财富这才会有用度。道德是根本，财富是末节。假若轻根本而重末节，那么争利的民众就要横施掠夺之术了。所以，国君聚敛财富，就将迫使人民离散；国君散发财富，就将激励人民聚集。（《礼记译解》，王文锦译解，中华书局 2001 年版，905 页）

7. 推贤而进达，不望其报

儒有内称不辟（避）亲，外举不辟怨；程功积事，推贤而进达之，不望其报，君得其志；苟利国家，不求富贵。其举贤援能有如此者。

——《礼记·儒行》

译文：

儒者推荐人才，只要对方德才兼备能够胜任，对内不避称举亲属，对外不避推举怨家。儒者度量功绩，积累事实，推荐贤能而进达于上，不祈望他们的报答，从而也遂了国君用贤的心愿；只要有利于国家就行，儒者并不通过荐贤而企求富贵。儒者推荐贤能的风格就是这样。（《礼记译解》，王文锦译解，中华书局 2001 年版，891 页）

8. 从道不从君

君有过谋过事，将危国家、殒社稷之惧也，大臣、父兄有能进言于君，用则可，不用则去，谓之谏；有能进言于君，用则可，不用则死，谓之争（诤）；有能比智同力，率群臣百吏而相与强君挢（矫）君，君虽不安，不能不听，遂以解国之大患，除国之大害，成于尊君安国，谓之辅；有能抗君之命，窃君之重，反君之事，以安国之危，除君之辱，功伐足以成国之大利，谓之拂（弼）。故谏、争、辅、拂之人，社稷之臣也，国君之宝也，明君所尊厚也，而暗主惑君以为己贼也。故明君之所赏，暗君之所罚也；暗君之所赏，明君之所杀也。伊尹、箕子可谓谏矣；比干、子胥可谓争矣；平原君之于赵，可谓辅矣；信陵君之于魏，可谓拂矣。传曰："从道不从君。"此之谓也。

——《荀子·臣道》

译文：

君主有了错误的谋划、错误的行为，国家将危险，政权将灭亡，这时大臣、父兄中如果有人能向君主进呈意见，意见被采用就好，不被采用就离去，这叫做劝谏；如果有人能向君主进呈意见，意见被采用就好，不被采用就殉身，这叫做苦诤；如果有人能联合有智慧的人同心协力，率领群臣百官一起强迫君主、纠正君主，君主虽然不服，却不能不听从，于是就靠此消除了国家的大忧患，去掉了国家的大祸害，结果使君主尊贵、国家安定，这叫做辅助；如果有人能抗拒君主的命令，借用君主的权力，反对君主的错误行为，因而使国家转危为安，除去了君主蒙受的耻辱，功劳足够用来成就国家的重大利益，这叫做匡正。所以劝谏、苦诤、辅助、匡正的人，是维护国家政权的大臣，是国君的宝贵财富，是英明的君主所尊敬优待的，但愚昧的主子、糊涂的国君却把他们看作为自己的敌人。所以英明的君主所奖赏的人，却是愚昧的君主所惩罚的对象；愚昧的君主所奖赏的人，却是英明的君主所杀戮的对象。伊尹、箕子可以称为劝谏了；比干、伍子胥可以称为苦诤了；平原君对于赵国来说，可以称为辅助了；信陵君对于魏国来说，可以称为匡正了。古书上说："依从正确的原则而不依从国君。"说的就是这种人啊。（《荀子译注》，张觉撰，上海古籍出版社 1995 年版，277 页）

9. 听言不可不察

听言不可不察，不察则善不善不分。善不善不分，乱莫大焉。

——《吕氏春秋·听言》

译文：

听到话不可不考察；不考察，那么好和不好就不能分辨。好和不好不能分辨，祸乱没有比这更大的了。（《吕氏春秋译注》，张双棣等注译，北京大学出版社2011年版，311页）

10. 为吏之道

凡为吏之道，必精絜（洁）正直，慎谨坚固。审悉毋（无）私，微密韱（纤）察，安静毋苛，审当赏罚。严刚毋暴，廉而毋刖。毋复期胜，毋以忿怒夬（决）。宽俗（容）忠信，和平毋怨，悔过勿重。兹（慈）下勿陵，敬上勿犯，听间（谏）勿塞。

——《为吏之道》[①]

注释：

①《为吏之道》：是1975年湖北睡虎地出土秦简中的重要组成部分，计51枚竹简，置于墓主人“喜”的腹部前。因开篇有“为吏之道”四字而得名。其内容主要是秦代为官从政必须遵守的道德行为规范，类似后世封建国家的“官箴”。本文选自《睡虎地秦墓竹简》，文物出版社1990年版。下同。

译文：

大凡做官为吏的根本，必须清白正直，严谨慎重。详查无私情，明察秋毫；稳重不苛刻，赏罚适当。待人严肃刚正而不暴虐，行事廉洁公平而不伤人，既不一心想着胜过他人，也不凭着一时意气处理政事。与人相处时宽容忠信，和蔼而不结仇怨，对所犯错误及时悔改并绝不重犯。待下属仁慈而不欺辱，对上司恭敬而不冒犯，对劝谏自己的善言虚心接受，绝不闭目塞听。（赵前、刘鹏校译）

11. 吏有五善五失

吏有五善：一曰中（忠）信敬上，二曰精（清）廉毋谤，三曰举事审当，四曰喜为善行，五曰龚（恭）敬多让。五者毕至，必有大赏。

吏有五失：一曰夸以迣（zhì），二曰贵以大（泰），三曰擅裚（jì）割，四曰犯上弗智（知）害，五曰贱士而贵货贝。一曰见民杲（倨）敖（傲），二曰不安其鼂（朝），三曰居官善取，四曰受令不偻，五曰安家室、忘官府。一曰不察所亲，不察所亲则怨数至；二曰不智（知）所使，不智（知）所使则以权衡求利；三曰兴事不当，兴事不当则民傷（dàng）指；四曰善言隋（惰）行，则士毋所比；五曰非上，身及于死。

——《为吏之道》

译文：

官吏有五大善行：一是忠诚守信，尊敬上级；二是廉洁自爱，不可诽谤；三是行事审慎，言语适当；四是但行好事，莫问前程；五是恭敬有礼，谦和忍让。如果一人兼具这五大善行，必然会得到上上下下的赞赏和回报。

官吏有五大过失：一是生活奢侈无度，二是富贵而骄横，三是遇事擅权独断，四是犯上而不知危害，五是轻人才而重钱财。

或者一是在百姓面前傲慢不恭，二是身在朝廷而心思不安，三是任职期间巧取豪夺，四是接到政令执行缓慢，五是只知有私而不知有公。

或者一是对亲近之人袒护而不加考察，日久就会非议丛生；二是对所用之人没有深入了解，所用之人往往以权谋私；三是所兴办之事不合乎现实，百姓便会轻视政令；四是说得多而做得少，士人便不会亲附；五是非议君主，甚至会招来杀身大祸。（赵前、刘鹏校译）

12. 凡治事，敢为固

凡治事，敢为固，谒（遏）私图，画局陈畀以为耤（籍）。肖人聂（慑）心，不敢徒语恐见恶。凡戾（lì）人，表以身，民将望表以戾真。表若不正，民心将移乃难亲。

——《为吏之道》

译文：

处理政事，要敢于坚持认为对的事情，要遏制私欲。要取法弈棋，善于谋划，谨慎行事。这样便会使小人畏惧，不敢因散布谣言而成为众矢之的。为官之人要做到率先垂范，以身作则，这样百姓将会照着官员的样子去做，并改善自己的言行。如果作为表率的官吏本身就不端正，那样便会失去民心，从而与百姓产生隔膜。（赵前、刘鹏校译）

13. 处静以修身，俭约以率下

君人之道：处静以修身，俭约以率下。静则下不扰矣，俭则民不怨矣。

——（西汉）刘安《淮南子·主术》

译文：

统治人民的方法：安于虚静以修养身心，勤俭节约以统率下属。虚静则下民不受侵扰，节俭则人民不会怨恨。（《淮南子校注译》，陈一平著，广东人民出版社1994年版，437页）

14. 人臣之行，六正六邪

故人臣之行有六正六邪，行六正则荣，犯六邪则辱。夫荣辱者，祸福之门也。

何谓六正六邪？

六正者：一曰萌芽未动，形兆未见，昭然独见存亡之几，得失之要，预禁乎未然之前，使主超然立乎显荣之处，天下称孝焉。如此者，圣臣也。二曰虚心白意，进善通道，勉主以礼谊，谕主以长策，将顺其美，匡救其恶，功成事立，归善于君，不敢独伐其劳。如此者，良臣也。三曰卑身贱体，夙兴夜寐，进贤不解（懈），数称于往古之行事，以厉主意，庶几有益，以安国家社稷宗庙。如此者，忠臣也。四曰明察幽，见成败，早防而救之，引而复之，塞其间，绝其源，转祸以为福，使君终以无忧。如此者，智臣也。五曰守文奉法，任官职事，辞禄让赐，不受赠遗，衣服端齐，饮食节俭。如此者，贞臣也。六曰国家昏乱，所为不道，然而敢犯主之严颜，面言主之过失，不辞其诛，身死国安，不悔所行。如此者，直臣也。是为六正也。

六邪者：一曰安官贪禄，营于私家，不务公事，怀其智，藏其能，主饥于论，渴于策，犹不肯尽节，容容乎与世沉浮上下，左右观望。如此者，具臣也。二曰主所言皆曰善，主所为皆曰可，隐而求主之所好，即进之以快主之耳目，偷合苟容，与主为乐，不顾其后害。如此者，谀臣也。三曰中实颇险，外貌小谨，巧言令色，又心嫉贤。所欲进，则明其美而隐其恶；所欲退，则明其过而匿其美；使主妄行过任，赏罚不当，号令不行。如此者，奸臣也。四曰智足以饰非，辩足以行说，反言易辞，而成文章，内离骨肉之亲，外妒乱朝廷。如此者，谗臣也。五曰专权擅势，持抔国事，以为轻重，私门成党，以富其家，又复增加威势，擅矫主命，以自贵显。如此者，贼臣也。六曰谄主以邪，坠主不义，朋党比周，以蔽主明，入则辩言好辞，出则更复异其言语，使白黑无别，是非无间，伺候可推，因而附然，使主恶布于境内，闻于四邻。如此者，亡国之臣也。是谓六邪。

贤臣处六正之道，不行六邪之术，故上安而下治，生则见乐，死则见思，此人臣之术也。

——（西汉）刘向《说苑·臣术》①

注释：

①《说苑》：西汉刘向撰。原二十卷，后仅存五卷，经宋代曾巩搜辑，复为二十卷。内分君道、臣术、建本、立节等二十门，分类纂辑先秦至汉代史事和传说，杂以议论，借以阐明儒家的政治思想和伦理观念。刘向（约前77—前6）：西汉经学家、目录学家、文学家。字子政，沛（今江苏沛县）人。著有《新序》、《说苑》、《列女传》等。

译文：

因此，大臣的行为有六种好的，也有六种坏的。按照六种好的去做就会荣耀，触犯六种坏的就会招来耻辱。荣辱是祸福的大门。

什么叫做六种好的和六种坏的？

六种好的是：第一，一切还在萌芽状态，苗头还未露出来，就能清楚地看到存亡的预兆，成功和失败的关键，在事情没有发生以前就预先禁止，使君王超然地站在显要尊荣的地位，天下都称赞是尽忠的大臣。像这样的就是圣明的大臣。第二，虚心诚意，进善言，讲正道，用礼义勉励国君，把最好的策略告诉国君，顺势助成国君的优点，补救国君的缺点，建功立业了，把成绩归于国君，不敢自夸是自己的功劳。像这样的就是贤良的大臣。第三，亲自操劳，早起晚睡，不懈怠地推荐贤能的人，经常称举古代的嘉言善行来勉励国君，希望对国君有些好处，使国家社会得到安定。像这样的就是忠臣。第四，能够明察细小的事情，预先看到事情的成败，提早防备加以挽救，再三匡正国君，堵塞空隙，断绝乱源，把祸转变为福，使国君自始至终都没有忧愁。像这样的就是智慧的大臣。第五，遵守规章制度，担任官职，少拿俸禄，推让赏赐，不接受赠送，衣服齐整，饮食节俭。像这样的就是贞操的大臣。第六，当国家混乱时，国君做事不当，敢于冒犯国君，当面规劝国君的过失，不怕牺牲，只要自己牺牲了，国家得到安定，就对自己的行为不表示后悔。像这样的就是耿直的大臣。这就是六种好的。

六种坏的是：第一，只图做官享受俸禄，只谋取个人的利益，不努力办公事，有智慧不用，有能力不做，国君渴望臣下提供意见，贡献良策，他还不肯尽自己的职责，苟且求容地跟世人一同上下沉浮，遇事左右观望。像这样的就是备位充数的臣子。第二，凡是国君所说的，他都说好；国君所做的，他都说行。暗地里寻求国君所喜欢的，他就贡献上去，用来快乐国君的耳目，投机取巧迎合国君，与国君为乐，不顾国君后来的祸患。像这样的就是谄谀讨好的臣子。第三，内心非常险诈，外表好像小心谨慎，说的话好听，做的表情好看，但内心妒忌贤能。他想要推荐的人，就只谈优点不谈缺点；他想要打击的人，就只谈错误不谈优点，使国君用人不当，赏罚不明，号令不行。像这样的就是奸臣。第四，智慧足以掩饰他的罪过，口才足以游说诸侯，花言巧语皆成文章，对内离间骨肉的亲情，对外搞乱朝廷的关系。像这样的就是说别人坏话，搞不团结的臣子。第五，专权擅势，把持国事，提高自己，成群结党来使自家富有，增加自己的威势，假借国君的命令，来自我炫耀。像这样的就是窃取大权危害国家的臣子。第六，用邪道来奉承国君，使国君陷入不义，勾结坏人结成党羽来蒙蔽国君，在国君面前尽说好听的话，离开了国君话就变了，黑白不分，是非不明，寻找机会攀附国君，使国君的错误遍于国内，一直传到四周围的邻国。像这样的就是亡国的臣子。这就叫做六种坏的。

贤能的大臣，按照六种好的办事，不用六种坏的方法，所以国君地位巩固，人民安居乐业，活着的时候被人民喜欢，死了被人民怀念，这就是做大臣的方法。（《白话说苑》，钱宗武译，岳麓书社 1994 年版，20—21 页）

15. 臣爱君之过，而不爱君之丑

简子有臣尹绰、赦厥。简子曰：“厥爱我，谏我必不于众人中；绰也不爱我，谏我必于众人中。”尹绰曰：“厥也爱君之丑，而不爱君之过也；臣爱君之过，而不爱君之丑。”孔子曰：“君子哉尹绰！面訾（zǐ）不面誉也。”

——（西汉）刘向《说苑·臣术》

译文：

赵简子有两位臣子，一位叫尹绰，一位叫赦厥。简子说：“赦厥尊重我，不在众人面前规劝我；尹绰不尊重我，经常在众人面前规劝我。”尹绰说：“赦厥怕你当众出丑，不重视你的过失；我重视你的过失，不怕你当众出丑。”孔子说：“尹绰是一位君子啊！他能当众规劝国君，不当众谄谀国君。”（《白话说苑》，钱宗武译，岳麓书社 1994 年版，30—31 页）

16. 欲下廉者先之身

语曰：“货赂下流，犹水之赴下，不竭不止。”今大川江河饮巨海，巨海受之，而欲溪谷之让流潦；百官之廉，不可得也。夫欲影正者端其表，欲下廉者先之身。故贪鄙在率不在下，教训在政不在民也。

——（西汉）桓宽《盐铁论·疾贪》①

注释：

①《盐铁论》：西汉桓宽著，是汉代关于煮盐冶铁和铸钱等经济政策的重要著作。全书共六十篇，前四十一篇追溯朝廷讨论盐铁官营政策的言论，后十九篇是余论和著者的后序。桓宽（生卒年不详）：字次公，汝南（今河南上蔡西南）人。治《公羊春秋》，宣帝时举为郎，后官至庐江太守丞。

译文：

俗话说："金钱财物的流动，就像水往低处流，不枯竭不停止。"大江大河流入大海，大海接受了它们。在这种情况下，却想让溪谷不接受雨后的流水，怎么可能呢？同样道理，想让众多的官员都廉洁奉公，又怎么可能呢？想让影子端正就必须先端正木杆，想让下层官员廉洁，处在上位的当权者就必须首先做好表率。因此，贪鄙的责任在于上而不在于下，教导和反思的对象在于当权者，而不在百姓。（赵前、刘鹏校译）

17. 忠臣之事君，莫先于谏

忠臣之事君也，莫先于谏。下能言之，上能听之，则王道光矣。谏于未形者，上也；谏于已彰者，次也；谏于既行者，下也。违而不谏，则非忠臣。夫谏始于顺辞，中于抗议，终于死节，以成君休，以宁社稷。《书》云："木从绳则正，后从谏则圣。"

——（东汉）马融《忠经·忠谏章》

译文：

忠臣侍奉君主，最重要的是谏诤。臣子敢于进言，君主能接受，那么帝王之道就前途光明了。在事情还没有发生时进谏，这是最好的；在问题已经出现时进谏，这是其次；在错误已经产生危害时进谏，这样最不好。君主所作所为背离正道，臣子不能谏诤，那么他就不是忠臣。谏诤时，开始要和颜悦色，委婉劝说，达不到目的，则要厉声直陈，君主依然不听从，最后的办法就是以死相谏了。通过谏诤，减少君主的过失，养成君主的美德，使国家和平安宁。《尚书》说："木料用墨线画过，加工后才能成为有用之材，君主在臣子的谏诤后才能成为英明的天子。"（吴春丽校译）

18. 善莫大于作忠

惟天鉴人，善恶必应。善莫大于作忠，恶莫大于不忠。

忠则福禄至焉，不忠则刑罚加焉。君子守道，所以长守其休；小人不常，所以自陷其咎。休咎之征也，不亦明哉？《书》云："作善，降之百祥；作不善，降之百殃。"

——（东汉）马融《忠经·证应章》

译文：

上天时时刻刻在审视着世人，凡世人行善做恶都会有报应。善报中最灵验的莫过于尽忠，而恶报中最灵验的也莫过于不忠。凡行忠道，则必然会得到福禄；凡所为不忠，就会有刑罚临头。君子能固守其道，所以能获得长期的福禄；小人由于不能持之以恒，常行不轨，所以往往给自己带来灾难和祸害。善恶凶吉之类的报应，不是明摆着的吗？《尚书》说："做善事，上天就会降百福于你；做坏事，就会带来无数祸害。"（吴春丽校译）

19. 正人先正己

善禁者，先禁其身而后人；不善禁者，先禁人而后身。善禁之至于不禁，令亦如之。若乃肆情于身而绳欲于众，行诈于官而矜实于民，求己之所有余，夺下之所不足，舍己之所易，责人之所难，怨之本也，谓理之源斯绝矣。

——（东汉）荀悦《申鉴·政体》[①]

注释：

①《申鉴》：东汉荀悦的政治、哲学论著。全书五卷，包括《政体》、《时事》、《俗嫌》、《杂言》上下五篇。荀悦（148—209）：东汉末期政论家、史学家。字仲豫，颍川颍阴（今河南许昌）人。

译文：

善于用禁令治理社会的人，必然自己首先严格要求约束自己，然后才去要求别人；不善于用禁令治理社会的人，先要求别人，然后才去要求自己。善于禁止的，最后达到不用禁止，而政策法令照样贯彻执行。假如自己恣意纵情，随心所欲，只是对众人的欲望进行约束；假如官吏尽行诈骗之术，却要求百姓老老实实；假如不断索取自己已经用不完的财富，却掠夺下层百姓本已很少的收入；假如容易的事自己不做，难做的事却强迫百姓去做，这些都是招致怨恨的根源，因为道理的源头已被全部堵绝了。(吴春丽校译)

20. 大臣必怀养人之德，而有恤下之心

夫事君者，以忠正为基。忠正者，以慈惠为本。故为臣不能慈惠于百姓，而曰忠正于其君者，斯非至忠也。所以大臣必怀养人之德，而有恤下之心。利不可并，忠不可兼。不去小利，则大利不得；不去小忠，则大忠不至。故小利，大利之残也；小忠，大忠之贼也。

——（唐）武则天《臣轨·至忠》

译文：

服事君上的人，以忠诚正直为基础。忠诚正直的人，以仁慈施惠为基础。所以作为人臣，不能对百姓仁慈施惠，而声称对君上忠诚正直，这不是真正的忠臣。因此，人臣必须怀有爱养别人的道德，抱有抚恤下民的意识。利益不都是相等的，忠诚不可兼及。不除去小利，则得不到大利；不除去小忠，则达不到大忠。所以，小利毁坏大利，小忠伤害大忠。(《帝范·臣轨》，伊力、王健注译，中州古籍出版社1994年版，47页)

21. 人臣之公

天无私覆，地无私载，日月无私烛，四时无私为。忍所私而行大义，可谓公矣。智而用私，不若愚而用公。人臣之公者，理官事则不营私家，在公门则不言货利，当公法则不阿亲戚，奉公举贤则不避仇雠。忠于事君，仁于利下，推之以恕道，行之以不党，伊吕是也。故显名存于今，是之谓公

也。理人之道万端，所以行之在一。一者何？公而已矣。唯公心可以奉国，唯公心可以理家。公道行，则神明不劳而邪自息；私道行，则刑罚繁而邪不禁。故公之为道也，言甚少而用甚博。

——（唐）武则天《臣轨·公正》

译文：

天覆盖万物没有私心，地盛载万物没有私心，太阳月亮发光没有私心，四季更替没有私心。克制自己的私欲而去做高尚有道义的事，可称为公正。有智慧的人行私利，不如愚蠢的人行为公正。人臣中的公正者，治理国家大事时就不处理私人的事，在君主那里或衙门不谈论财物货利，主持执行国家的法令，就不能偏袒自己的亲戚。为国家利益荐举贤才，就不能回避与自己有仇恨的人。尽忠服事君上，仁爱施于百姓。推广宽容之道，行为上不阿附偏私，伊尹、吕望就是这样的人臣。因此，能够名声显赫留传至今，可称得上公平无私。治理人民的方法有许多种，施行时只有一种。哪一种？公平无私罢了。只有公平无私才可以事奉国家，只有公平无私才可以治理家室。公平无私的道德施行，不用精神辛劳，奸邪自然消失；自私的道德施行，虽刑罚繁重，奸邪也禁止不住。以公平无私为道德，言语虽少，作用却极为广泛。（《帝范·臣轨》，伊力、王健注译，中州古籍出版社1994年版，57页）

22. 谏者应匡君于正

夫谏者，所以匡君于正也。《易》曰：“王臣謇（jiǎn）謇，匪躬之故。”人臣之所以謇謇为难。而谏其君者，非为身也，将欲以除君之过，矫君之失也。君有过失而不谏者，忠臣不忍为也。

——（唐）武则天《臣轨·匡谏》

译文：

劝谏，匡救君上，使其走正道。《周易》上说："辅助王室之臣，忠直于君主，不因自身之故而不往济君。"人臣之中以忠直为君者最难得，劝谏君上的人，并非为了自身利益，而是要以此除去君上的过错，矫正君上的失误。君上有过失而不去劝谏，忠臣难以忍受这种行为。（《帝范·臣轨》，伊力、王健注译，中州古籍出版社1994年版，64页）

23. 大慎闭心

昔贤臣之事君也，入则造膝而言，出则诡词而对。其进人也，唯畏人之知，不欲恩从己出。其图事也，必推明于君，不欲谋自己造。畏权而恶宠，晦智而韬名。不觉事之在身，不觉荣之在己。人闭其口，我闭其心。人密其外，我密其里。不慎而慎，不恭而恭，斯大慎之人也。故大慎者，心知不欲口知。其次慎者，口知不欲人知。故慎者闭心，次慎者闭口，下慎者闭门。

——（唐）武则天《臣轨·慎密》

译文：

从前贤臣服事君上，入朝时与君上屈膝说话，出来后用诡秘之词回答外人。他们进荐贤人，就害怕被贤人知道，不要因为是由于自己的进荐，而让人感恩戴德。他们图谋国家大事，必然推说是君上的贤明，不愿被认为智谋是自己创造的。畏惧得到权威，憎恶受到恩宠，隐晦自己的智谋，深藏自己的美名。不感觉自己重任在身，不感觉自己获得荣耀。别人紧闭嘴巴，我就紧闭内心。别人外表慎密，我内心慎密。不是为了谨慎而谨慎，不是为了恭敬而恭敬。这是最高一等的谨慎者。最高一等的谨慎者，心里明白嘴上不说。次一等的谨慎者，嘴上说了却不让别人知道。所以最高一等的谨慎者封闭内心，次一等的谨慎者封闭嘴巴，最低一等的谨慎者封闭家门。（《帝范·臣轨》，伊力、王健注译，中州古籍出版社1994年版，73页）

24. 廉平之德，吏之宝也

君子虽富贵，不以养伤身；虽贫贱，不以利毁廉。知为吏者，奉法以利人；不知为吏者，枉法以侵人。理官莫如平，临财莫如廉。廉平之德，吏之宝也。

非其路而行之，虽劳不至；非其有而求之，虽强不得。知者不为非其事，廉者不求非其有，是以远害而名彰也。故君子行廉以全其真，守清以保其身。富财不如义多，高位不如德尊。

——（唐）武则天《臣轨·廉洁》

译文：

君子虽然富贵，不因为奢侈而伤害身体；虽然贫贱，不因为私利毁坏廉洁。了解做官之道的人，奉守公法以利于别人；不了解做官之道的人，歪曲公法侵害别人。司法官必须公平，面对财货应当廉洁。廉洁公平的品德，是当官者的宝物。

在不该自己走的路上行走，虽然辛劳但达不到目的地；不该自己拥有的东西而去追求，虽然强索但不能得到。明智的人不做不该自己做的事，廉洁的人不追求不该自己拥有的东西，这样远离祸害而名声显赫。因此，君子廉洁以保全自己的本质，坚持清廉以保全自己的生命。丰富财物不如多行义举，提高地位不如道德尊贵。(《帝范·臣轨》，伊力、王健注译，中州古籍出版社1994年版，76页)

25. 君子任职则思利人

夫黔首苍生，天之所甚爱也。为其不能自理，故立君以理之。为君不能独化，故为臣以佐之。夫臣者，受君之重位，牧天之甚爱，焉可不安而利之，养而济之哉！是以君子任职则思利人，主事则思安俗。故居上而下不重，处前而后不怨。

——（唐）武则天《臣轨·利人》

译文：

庶民、百姓，上天极为爱怜。因为他们不能治理自己，所以设立君上来治理他们。君上不能单独教化，所以设置人臣辅佐自己。人臣，接受君上的重任，治理天下的百姓，怎么能不利民安俗，供养和帮助百姓呢！所以君子担任官职，就要想着有利于人民；主持政事，就要考虑使人民安定。所以身居高位，下面的人不以为权重，身居于前，身后没有人怨恨。（《帝范·臣轨》，伊力、王健注译，中州古籍出版社1994年版，88页）

26. 民之役，非以役民

凡吏于土者，若知其职乎？盖民之役，非以役民而已也。凡民之食于土者，出其十一佣乎吏，使司平于我也。今受其直怠其事者，天下皆然。岂惟怠之，又从而盗之。向使佣一夫于家，受若直，怠若事，又盗若货器，则必甚怒而黜罚之矣。以今天下多类此，而民莫敢肆其怒与黜罚何哉？势不同也。势不同而理同，如吾民何？有达于理者，得不恐而畏乎！

——（唐）柳宗元《柳河东集·送薛存义之任序》①

注释：

①《柳河东集》：又名《唐柳先生集》、《唐柳河东集》、《河东先生集》、《柳宗元集》，四十五卷，另有《外集》二卷、《补遗》一卷。唐柳宗元著。

译文：

凡是执政一方的官吏，你知道他的职责吗？官吏应该为民众服务，而不是让百姓为他服务。大凡百姓以土地为衣食之源的，都交纳百分之十的税雇用官吏，请官吏来为自己维护公平与安宁的环境。如今官吏接受了雇值（俸禄）却怠慢职守，天下都是如此。不仅怠慢职守，而且贪污盗窃。如果你家雇用了一个人，拿着你给的工钱，却懈怠不做事情，还盗窃你的财货器物，你一定会非常气愤并把他辞退，或是给予处罚。现在天下官吏大多如此，百姓却敢怒不敢言，更不敢辞退、处罚他们，这是为什么呢？这是形势不同的缘故。形势虽然不同，但道理是相同的，又让我们的百姓怎么办呢？明白了这些道理，又怎能不惶恐而畏惧呢！（赵前、刘鹏校译）

27. 吏之于民必相知心

吏之于民必相知心，然后治也。吏知民心则明，明则政平矣；民知吏心则信，信则令行矣。欲相知心，岂一朝一夕而可哉？上下未相知，或知之未久，遽委而去之，后来者亦如此，则是吏未尝知民心，民未尝知吏心。吏以所治为传舍，事或不举，则曰以待后人；民视所属如过客，理或不胜，亦曰以待后人。官何以修？众何以服？谓其有功邪，进其爵可也，重其赏可也。如其职事，则久之为贵，故汉有当迁而增秩留者。矧（shěn）伊无功之人，而可虚受禄食，往来于道路间邪！

——（北宋）李觏《李觏集·周礼致太平论五十一篇·官人第四》

译文：

官吏与民众必须相互知心，然后才能治理好地方。官吏了解民心则明达，明达则施政公平；民众了解吏心则信任，信任则号令能够施行。要使吏、民相互知心，难道一朝一夕就能做到吗？上下尚未相互了解，或者了解不久，官吏就骤然离官而去，后来的人仍是如此，这样，官吏从来不了解民众的心思，民众从来不了解官吏的心意。官吏把自己治理的地方当作旅店，有的事情没办好，就说留待后人解决；民众把自己所归属的长官看作过客，辩理不能胜诉，也说留待后人解决。这样，官吏怎么能理好政事？民众怎么能服从管理？认为某些官吏有政绩吗？可以晋升其爵位，加重其赏赐；至于其职事，则以久任为好。所以，汉代有官员应当升迁，而只是提升其官秩，留任原职的传统。何况那些并无政绩的人，怎么还能让他们虚领俸禄，频繁调迁，往来于道路之间呢！（赵前、刘鹏校译）

28. 贪者，民之贼也

臣闻廉者，民之表也；贪者，民之贼也。今天下郡县至广，官吏至众，而赃污擿（tī）发，无日无之。

——（北宋）包拯《包拯集·乞不用脏吏》[①]

注释：

①《包拯集》：十卷，包拯著，主要收录其生前的奏议之文。包拯（999—1062）：宋代名臣。字希仁，庐州合肥（今属安徽）人。是中国古代清官的杰出代表。

译文：

臣听说，廉洁的官吏是民众的表率，贪官污吏是民众的盗贼。现在全国的郡县广大，官吏众多，而各地揭发出来的贪官污吏，可以说是每天都有。（赵前、刘鹏校译）

29. 节用养廉

仕宦有俸给之薄者，所得不偿所用。赀（资）产优厚，犹有可诿，若赀产微薄，悉藉俸给而乃用度不节，日用饮食衣服，奴婢之奉，便欲一一如意，重之以嫁娶之交迫，必至窘乏。夫平昔奢侈之人，一旦窘乏，必不能堪，窥窃之心繇（由）是而起，猾吏弥缝其意，又从而饵之。一旦事露，失位辱身，追悔莫及。故欲养廉，莫若量其所入，节其所用。

虽粗衣粝食，节淡度日，然俯仰亡（无）愧，居之而安，履之而顺，其心休休，岂不乐哉！

——（北宋）陈襄《州县提纲》[1]

注释：

①《州县提纲》：四卷，北宋陈襄撰。主要论述治理州县的方法，尤其在防奸杜弊方面颇有见地。陈襄（1017—1080）：北宋理学家，“海滨四先生”之一。字述古，号古灵先生，侯官（今福建福州）人。

译文：

有些官员俸禄较少，入不敷出。家中经济宽裕者尚可应付，如果家境平常，全靠俸禄生活，而又不节省开支，在日常衣食住行及奴婢伺候等方面想要尽如己意，再加上嫁女、娶媳所花费用，必然陷于窘迫穷乏的境地。平常过惯奢侈生活的人，一旦生活窘迫，必然无法忍受，贪污受贿之心便由此而生。一些奸猾的下属摸准了上司的贪财之意，便设下诱饵勾引他一起舞弊犯罪。一旦事情败露，丧失禄位，身受刑辱，追悔莫及。所以要想保持廉洁，没有什么办法比得上量入而出，节省开支。虽然衣着朴素，粗茶淡饭，节俭度日，但无愧于天地人心。在位心安理得，行事合乎情理，心中坦荡安闲，岂不是值得高兴的吗？（赵前、刘鹏校译）

30. 勿求虚誉

有实必有名。虚誉暴集则毁言随至矣。居官有欲沽虚誉而觊美职者，民本安静，必欲兴事改作以祈上官之知；奸猾当治，必欲曲法庇护以悦小人之意，以至修饰厨传，厚赂过客，甚则为矫激不情之事，外欲钓君子之名，而内实市辈之不若。此心一起，则朝夕之所以经营扰扰者，无非为名。其实亡（无）一毫实利及下。非惟名不可得，且适足为识者之讥。岂知官职固自有分，讵可以沽名得？是是非非，久而自定。要当尽其在我，而民被实惠，足矣。

——（北宋）陈襄《州县提纲》

译文：

有其实则必有其名。虚假的声誉陡然集于一身，则诽谤之言也必会随之而至。为官之人想要沽名钓誉以求升迁，民间本来安静无事，他却要借故生事，或者改变前任的规程，做一些无益之事，以求政绩为上司欣赏。奸险狡猾之徒本应惩治，他却要徇私枉法，多方庇护以讨小人喜欢。以至于随意提高接待规格，讨好过往的官员，甚至搞些张扬的噱头，表面上装得像正人君子一样，其实连市井小人都不如。这种沽名钓誉的念头一产生，那么他从早忙到晚都是为了虚名，却并没有一点好处惠及下民。最终，这种人不但得不到好的名声，反而会成为有识之士的笑柄。难道他们不知道，一个人获得怎样的官职本来自有道理，怎么可以靠谋取名誉来取得呢？官场中的是是非非，时间久了自然平静，如果能做到尽心竭力，问心无愧，而使百姓获得一些实惠，为官一任，也就足够了。（赵前、刘鹏校译）

31．管束子弟

凡在官守，汩于词讼，窘于财赋，困于朱墨，往往于闺门之内，类不暇察，至有子弟受人之赂而不知者。盖子弟不能皆贤，或为吏辈诱以小利，至累及终身。昔王元规为河清县，军民歌咏，以民吏不识知县儿为第一奇。盖子弟当绝见客，勿出中门，仍严戒吏辈不得与之交通，又时时密察之，庶几亡（无）弊。不然则祸起萧墙矣。

——（北宋）陈襄《州县提纲》

译文：

在任的官员，往往被民事诉讼、财政赋税和往来公文忙得困顿不堪，大都对家中之事无暇细察，甚至有官员子弟收受贿赂，而家长尚不知晓。官员子弟不可能都是贤者，有些人被长辈的下属以小利引诱，结果触犯刑律，终身受累。从前王元规当河清县令时，百姓和官吏竟然没有人认识他的儿子，被当地军民称颂为河清第一大奇事。官员在任时，应当禁止子弟会见客人，让子弟少在外招摇，同时严禁下属和子弟往来，并经常暗中检查，才能制止上述弊端。否则，灾祸就会从家中产生。（赵前、刘鹏校译）

32. 戒亲戚贩鬻

士大夫闲居时，亲戚追陪，情意稠密，至赴官后，多私贩货物，假名匿税，远至官所以求售。居官者以人情不可却，或馆之廨舍，或送之寺观，以其货物分之人吏，责之牙侩，而欲取数倍之利，甚则纵其交通关节，以济其行。一旦起讼，咎将谁归？要当戒之于未至之先，或有为贫而来者，宜待之以礼，遗之以清俸，亟遣之归，勿令留滞。

——（北宋）陈襄《州县提纲》

译文：

士大夫尚未做官之时，亲戚往往追随陪伴，感情融洽。等到任职之后，这些亲戚大多私自贩卖货物，假借当官者的名义逃税。还将货物运到官员辖区内请求销售，为官者碍于情面，不好意思拒绝，或者把他们安置在官府的房舍，或者把他们送到寺庙道观暂住，而把他们的货物分派给下属出售，或者要求市场经纪帮忙卖出，以图暴利。甚至任其结交要人，打通关节，以达到目的。一旦因为此事引起纠纷，谁来承担这个责任？为了避免这种情况发生，关键是要事先禁止亲戚前来。如果有亲戚因为生活贫困前来投奔，应该按礼节接待，用自己的俸禄周济他们，然后早点送他们回家，而不便将他们长久留在身边，以免生出种种事端。（赵前、刘鹏校译）

33. 吏言不可遽听

吏大率多欲长官用严，严则人畏其不测，彼得乘势以挟厚赂……故凡吏有献说者，须察其可行，不可遽（jù）听。要在宽严适中，则亡（无）弊矣。

——（北宋）陈襄《州县提纲》

译文：

下属大多希望长官处事严厉，长官严厉，则人们都会害怕，长官意志难测，于是下属就能乘势要挟，获取厚赂……因此，凡是下属的建议，都应该审查是否切实可行，不能轻易相信。关键是要宽严适中，那样就不会出现弊病了。（赵前、刘鹏校译）

34. 时加警省

治一县者须一县事皆在胸次，治一州者须一州事皆在胸次。盖州县事繁，易至遗忘，留意者晓卧多不安枕，当反复致思……次日，当公退无事又时时警省，则政事无废弛，限期无违戾，禁系无冤民，赋财无稽缓，而公家事办矣。

——（北宋）陈襄《州县提纲》

译文：

治理一县的官员，应该掌握全县的情况，并做到心中有数；治理一州的官员，应该掌握全州的情况，并做到心中有数。州县官员的事务繁多，容易遗忘。留心政事的官员，拂晓时分常常睡不安稳，反复考虑当日要办的公事……第二天处理完政事之后，还要时时警戒自省，这样政事就不会荒废，不会超过办事的期限，监狱里就不会有蒙冤之人，征收赋税也不会迟延。如此一来，公家的事务就都能顺利办好了。（赵前、刘鹏校译）

35. 怒不可迁

今日为官者，事之不如人意十常八九，或公家事偶拂其意，或闺门之内方有私忿，怒见颜面，临事乘势将亡（无）辜人决挞（tà），以泄怒气，是迁怒也。故当怒时必持之以宽，忿怒既消，心平气和矣。

——（北宋）陈襄《州县提纲》

译文：

现在做官的人，平时遇到的事十之八九都不能如意，或者是处理公事时偶尔有人违背自己的意愿，或者是正因家中私事发怒，以致在处理政事时怒气未消，便乘怒对无罪之人进行处罚，以泄胸中怒火，这就是迁怒于他人。因此在发怒时一定要把宽恕作为处理政事的指导思想，怒气消退后，处理政务便心平气和了。（赵前、刘鹏校译）

36. 能用度外人，然后能周大事

范文正常言：史称诸葛亮能用度外人。用人者莫不欲尽天下之才，常患近己之好恶而不自知也。能用度外人，然后能周大事。

——（北宋）沈括《梦溪笔谈·杂志二》①

注释：

①《梦溪笔谈》：沈括著。现传本二十六卷，分十七个门类共六百零九条，内容广泛，涉及社会科学和自然科学的各个学科。沈括（1031—1095）：北宋科学家、地理学家。字存中，杭州钱塘（今浙江杭州）人。

译文：

范仲淹经常说：史书记载诸葛亮能用不循常规的人才。执政者都想把天下的人才收罗到自己手里，就怕他们只根据自己的好恶来取舍人才，而自己还意识不到这一点。能用不循常规的人才，然后才能成就大事。（赵前、刘鹏校译）

37. 不愚君，不胁君

不诬治以为乱，不援乱以为治。援乱以为治，是愚其君也；诬治以为乱，是胁其君也。

——（北宋）苏辙《新论上》[①]

注释：

①《新论》：三篇，作于嘉祐七年（1062），是苏辙五十篇《进论》、《进策》的概括和发展，也是他一生所奉行的政治纲领。

译文：

不要把盛世污蔑成乱世，也不要把乱世反说成是盛世。把混乱说成太平，是愚弄和欺骗国君；把太平说成混乱，是胁迫和恐吓国君。（赵前、刘鹏校译）

38. 当官之法，唯有三事

当官之法，唯有三事：曰清，曰慎，曰勤。知此三者，可以保禄位，可以远耻辱，可以得上之知，可以得下之援。然世之仕者，临财当事，不能自克，常自以为不必败。持不必败之意，则无所不为矣，然事常至于败而不能自已。故设心处事，戒之在初，不可不察。借使役用权智，百端补治，幸而得免，所损已多，不若初不为之为愈也。司马子微《坐忘论》云："与其巧持于末，孰若拙戒于初。"此天下之要言，当官处事之大法，用力简而见功多，无如此言者。人能思之，岂复有悔吝耶？

——（南宋）吕本中《官箴》[①]

注释：

①《官箴》：一卷，南宋吕本中撰。本书为其居官格言，共三十三则。吕本中（1084—1145）：南宋诗人。字居仁，号紫微，寿州（今安徽寿县）人。是宰相吕公著的曾孙，以恩荫授承务郎，任枢密院编修官。

译文：

当官的要诀，概括起来只有三个字：清、慎、勤。了解这三个字，就可以保住官职，远离耻辱，就可以得到上司的赏识，获得下属的拥戴。然而如今的为官者，面对钱财之事，往往不能自制，常以为不一定有什么危险。抱有这种态度，就没有不敢做的事，往往是等到事情败露之时，还不能自制。因此，应该在思想和行事时，一开始就有警戒，不可不明察。事情发生之后，即使用权谋之术百般挽救而幸免于难，但是所损失的，其实已经很多，还不如当初不去做的好。司马子微在《坐忘论》说："与其在最后用巧妙的方法解决问题，还不如用笨一点的方法，从一开始就不要那样去做。"这是世上的至理名言，也是为官处世的基本规范，这句话，简单易行而收获甚丰。如果为政者能在开始时就慎重对待，怎么会事后再后悔呢？（赵前、刘鹏校译）

39. 为官者以暴怒为戒

当官者先以暴怒为戒，事有不可，当详处之，必无不中。若先暴怒，只能自害，岂能害人。前辈尝言：凡事只怕待。待者，详处之谓也。盖详处之，则思虑自出，人不能中伤也。

——（南宋）吕本中《官箴》

译文：

为官者首先要以遇事乱发脾气为戒。遇到自己不赞成的事时，应当审慎地处理，这样才会得到合理的解决。如果事到临头立即暴跳如雷，只会有害自身，怎么会真的伤害到别人呢？前辈曾说：一切事情都怕"待"。"待"，就是审慎处理的意思。审慎冷静地对待，自然会想到解决问题的办法。这

样，别人就无法中伤到你了。（赵前、刘鹏校译）

40. 当官处事，务合人情

当官处事，务合人情。忠恕违道不远，观于己而得之，未有舍此二字而能有济者也。尝有人作郡守，延一术士同处书室。后术士以公事干之，大怒叱下，竟致之理，杖背编置。招延此人已是犯义，既与之稔熟而干以公事，亦人常情也，不从之足矣，而治之如此之峻，殆似绝灭人理。

——（南宋）吕本中《官箴》

译文：

做官与处事，一定要合乎人情。为人忠诚宽厚，凡事将心比心，就不会离正道太远。没有舍弃“忠”、“恕”这两个字而能获得成功的。曾经有这样一位郡守，他聘请了一名术士并与其朝夕相处于书房，后来术士想干预公事，郡守便极为生气地训斥他，将其治罪杖打，并发配到边远地区严加管束。作为郡守而招引这种人，本来已经违背义理。因为术士与其非常熟悉，进而干预公务，这也是人之常情，你不听从他的意见即可，处治得如此之重，几乎就是灭绝人理之举。（赵前、刘鹏校译）

41. 当官处事，但务着实

当官处事，但务着实。如涂擦文书，追改日月，重易押字，万一败露，得罪反重，亦非所以养诚心、事君不欺之道也。百种奸伪，不如一实；反复变诈，不如慎始；防人疑众，不如自慎；智数周密，不如省事，不易之道。事有当死不死，其诟有甚于死者，后亦未免死；当去不去，其祸有甚于去者，后亦未必得安。世人至此，多惑乱失常，皆不知轻重，义之分也。此理非平居熟讲，临事必不能自立，不可不预思。古之欲委质事人，其父兄日夜先以此教之矣。中材以下，岂临事一朝一夕所能至哉？教之有素，其心安焉，所谓有所养也。

——（南宋）吕本中《官箴》

译文：

当官之人处理事情，一定要以诚实为本。像涂改文书、更换日期、重改签字等造假之事，万一败露，不但处罚要比原来更为严重，而且也不是涵养忠诚之心、侍奉君主而不欺骗之道。千百种虚伪，不如一种诚实；事后反复欺骗，不如开始小心；防范、猜疑他人，不如自己谨慎；谋略周密，不如不要惹事，这都是不变的道理。有时候必须死却苟且偷生，后来受到的责难比死还大，最终或许还难逃一死；有时候应当隐退却没有隐退，所遭受的祸害比丢官还大，最终或许还不能保全官位。世人之所以会这样，大多是因为惑乱失常，不知道孰轻孰重的缘故，这是道义上的必然。这个道理如果不是平时反复讲解，事到临头就难以遵行，所以不可不事先考虑。古时候某个人要归附、侍奉别人之前，他的父亲和兄长早早地便会教他如何去做。中等才能以下的人，哪能事到临头而无师自通呢？平日里训练有素，遇到事情时便会安定如常，这就是所谓的修养啊。（赵前、刘鹏校译）

42. 律己以廉

律己以廉。凡名士大夫者，万分廉洁，止是小善一点，贪污便为大恶不廉之吏。如蒙不洁，虽有它美，莫能自赎。

——（南宋）真德秀《西山政训》①

注释：

①《西山政训》：又名《谕僚属文》。一卷，南宋真德秀著。本书是真德秀为官经验的总结。真德秀（1178—1235）：南宋哲学家，朱熹的再传弟

子。字景元，后改希元，浦城（今福建浦城晋阳镇）人。学者称“西山先生”。

译文：

廉洁自律。位高爵显的官员，即使万分廉洁，也只能算是小小的优点，而一旦贪污，便成为声誉扫地的贪官。他们如果蒙上了不廉洁的名声，即使有其他许多的优点，也不能挽回自己的清白。（赵前、刘鹏校译）

43. 民病如己病

民之有讼，如己有讼；民之流亡，如己流亡；民在缧绁，如己在缧绁；民陷水火，如己陷水火。凡民疾苦，皆如己疾苦也，虽欲因仍，可得乎？

——（元）张养浩《牧民忠告》[①]

注释：

①《牧民忠告》：二卷，元张养浩著，《三事忠告》之一。张养浩(1269—1329)：元代散曲作家。字希孟，号云庄，山东济南人。历官翰林学士、礼部尚书、参议中书省事等职。

译文：

民众的官司，就像是自己的官司；民众流离失所，就像是自己无家可归；民众被囚在监狱，就像是自己身陷囹圄；民众的生活极端困苦，就像是自己陷于水火。如果能对民众的疾苦感同身受，在执政中又怎么会因循守旧，苟且度日呢？（赵前、刘鹏校译）

44. 是则归人，非则归己

是非毁誉，自古为政所不能无者。是则归人，非则归己；闻誉则归人，闻毁则归己，无长无贰，处之皆当如是也。前辈云：“恩欲己出，怨将谁归？”呜呼！此真博大君子之言也。

——（元）张养浩《牧民忠告》

译文：

自古以来，为政者难免都会有成绩与失误，遇到批评与赞誉。将成绩归功于人，把失误归咎于己；将赞誉归于别人，把批评留给自己，无论对待长官或下属，处事都应当如此。前辈曾经说："总想让别人对自己感恩戴德，那怨恨归谁承受呢？"这真是胸怀博大的君子所发的言论啊！（赵前、刘鹏校译）

45. 慎终如始

为政者不难于始而难于克终也。初焉则锐，中焉则缓，末焉则废者，人之情也。慎终如始，故君子称焉。

——（元）张养浩《牧民忠告》

译文：

出仕为官，最难的不在善始，而在善终。刚做官时锐气正盛，过了若干年便开始懈怠保守，到最后往往使政事废弛停滞。这种由积极而懈怠的过程，其实也是人之常情，只有谨慎小心，始终如一，这才是君子的所为。（赵前、刘鹏校译）

46. 进退皆有为

进则安居以行其志，退则安居以修其所未能，则是进亦有为，退亦有为也。近世士大夫惟狃（niǔ）于进，退则惛（昏）然无所猷为，甚而茹愧怀惭，蹙缩不敢一出户。夫轩冕，古人以为傥来之物也，其有也何所加，其无也何所损。不思良贵在我，惟假于物以为重轻焉，则其人品之卑下，不待论而可知矣。

——（元）张养浩《牧民忠告》

译文：

晋职则安心地去实现自己的抱负，退职则平静地弥补自己所缺失的才能，这样便称得上“进则有所作为，退也有所作为”。现在的官员只热衷于晋升，一旦退职则浑浑噩噩、无所作为，甚至心怀惭愧，闭门谢客。古人认为官位爵禄本是身外之物，有了它们，人生无所得；没有它们，人生无所失。不明白人生的高贵与价值，全在于自身的品行高低，而只想借外在的地位与爵禄，提高自己在别人心目中的地位，那么他的思想与品性之低下平庸，不用说也就可想而知了。（赵前、刘鹏校译）

47. 报国莫如荐贤

夫士有公天下之心，然后能举天下之贤。盖天下之事，非一人所能周知，亦非一人所能独成，必兼收博采，治理可望焉。故前辈谓：“报国莫如荐贤。”真知要之言哉！……夫已不求贤，必使人之求己者，皆非也。盖求则不必举，举则不必识矣。

——（元）张养浩《风宪忠告·荐举》①

注释：

①《风宪忠告》：一卷，元张养浩著。此书是张养浩任御史时所作，正文分十章：自律、示教、询访、按行、审录、荐举、纠弹、奏对、临难、全节。

译文：

为政者先有“天下为公”的思想，然后必能荐举天下的贤才。天下之事纷繁复杂，一个人不可能全部了解，也不可能独立做成，必定要网罗和启用各种人才，采纳他们的建议，才能使国家得到治理。因此前辈说：“回报国家最好的做法莫过于举荐贤才。”这真是深谙治国之道的话啊！……自己不访求贤才，或一定要人家来推荐自己，这都是错误的。登门拜访的人，不一定要向上推荐；而素不相识的人，却不妨量才举荐，这才是怀着公心，推荐贤才之道。（赵前、刘鹏校译）

48. 为官者开诚布公

诚能开诚布公，廓然无我，己有不能，举能者而用之；己有不知，举知者而用之；己有不敢言，举敢言者而用之。如是，则彼之所能，皆我有矣。

——（元）张养浩《庙堂忠告·修身》[①]

注释：

①《庙堂忠告》：一卷，元张养浩著。此书是张养浩为陕西行台中丞时寄语庙堂之贤宰相而作。正文十章：修身、用贤、重民、远虑、调燮、任怨、分谤、应变、献纳、退休。

译文：

如果能够开诚布公、心胸开阔地接纳他人，自己有办不到的事情，就举荐贤者并委任于他；自己有不明白的地方，就举荐智者并委任于他；自己有不敢说的话，就举荐敢于说话者并委任于他。这样，他们拥有的一切才能，就如同自己拥有一样了。（赵前、刘鹏校译）

49. 为政必自廉

廉非为政之极，而为政必自廉始。惟廉则欲必寡，欲寡必公，公则不匮（溃）。

——（元）揭傒斯[①]《送李克俊赴长兴州同知序》

注释：

①揭傒斯（1274—1344）：元代文学家。字曼硕，龙兴富州（今江西丰城）人。因卢挚荐，授翰林国史院编修，官至翰林侍讲学士，后又任艺文监丞，曾参加编修宋、辽、金三史。

译文：

廉洁不是从政的最高境界，但从政却必须以廉洁为起点。做到了廉洁，就能减少各种欲望；欲望少了，就能秉持公心；秉持公心，自然就不会腐败。（赵前、刘鹏校译）

50. 居官之七要

正以处心，廉以律己，忠以事君，恭以事长，信以接物，宽以待下，敬以处事，此居官之七要也。

——（明）薛瑄《薛文清公从政录》

译文：

以正直来树立自身，以廉洁来要求自己，以忠诚来侍奉君主，以谦恭来面对长者，以信用来接人待物，以宽容来对待属下，以谨慎来处理公事，这是为官之人要恪守的七大要律。（赵前、刘鹏校译）

51. 为官宜安重

为官最宜安重，下所瞻仰，一发言不当，殊愧之。

——（明）薛瑄《薛文清公从政录》

译文：

为政者的言谈举止一定要慎重。他们是下属和民众关注的焦点，有一句话说得不恰当，就会使人觉得特别惭愧。（赵前、刘鹏校译）

52. 慎动

慎动当先慎其几于心，次当慎言慎行慎作事，皆慎动也。

——（明）薛瑄《薛文清公从政录》

译文：

“慎动”的关键在于行事之前要谨慎三思，其次还要在言语、行为、处事上做到谨慎，这些都是“慎动”的一部分。（赵前、刘鹏校译）

53. 治狱四要

治狱有四要：公、慈、明、刚。公则不偏，慈则不刻，明则能照，刚则能断。

——（明）薛瑄《薛文清公从政录》

译文：

审理案件要遵循四项原则：公正、仁慈、明察、刚直。公正则不会偏听偏信，仁慈则不会严苛刻薄，明察才能辨别真相，刚直才能秉公而断。（赵前、刘鹏校译）

54. 为官三要

不欺君，不卖法，不害民，此作官持己之三要也。

——（明）薛瑄《薛文清公从政录》

译文：

不欺骗在上的君主，不出卖国家的法律，不坑害下面的百姓，这是为官者应当遵循的三项原则。（赵前、刘鹏校译）

55. 勿以小事而忽之

勿以小事而忽之，大小必求合义……虽细事亦当以难处之，不可忽，况大事乎？

——（明）薛瑄《薛文清公从政录》

译文：

不要因为事情小就忽视它，事无大小，处置都应该合适……即使是小事，也要以难事来对待它，而绝不能忽视，更何况是大事呢？（赵前、刘鹏校译）

56. 大臣法，小臣廉

《记》曰："大臣法，小臣廉。"古之士风如此，天下乌乎不治？社稷乌乎不安？臣观今日朝野之风，大不类此……在先朝岂无贿者？馈及百两，人已骇其多矣。今也动称数千，或及万数矣。岂无贪者？暮夜而行，潜灭其迹，犹恐人知矣。今也纳贿受赂，公行无忌。岂非士风之大坏乎？大臣贪浊而日在高位，则小臣得于观感之下者，将无不惟利是图矣……民穷盗起，而国事日非矣。岂非时政之大害乎？

——（明）王廷相《天变自陈疏》[①]

注释：

①《天变自陈疏》：明嘉靖十八年（1539）六月，王廷相呈上《天变自陈疏》，以斥严嵩、张瓒等人贪污、奔竞之风。

译文：

《礼记》中说："大臣能守法，小臣便廉洁。"古代士大夫的风气如此，天下怎能不治理？国家怎能不安定？但以臣看来，今天朝野的风气却大不相同……先朝难道就没有行贿的人吗？但那时送礼达到银百两已很惊人。今天却动不动就要数千两，有时甚至达万两以上。先朝难道就没有贪污的人吗？但那时贪污都在黑夜，偷偷摸摸，小心翼翼，还害怕别人知道。如今行贿受贿则公然进行，肆无忌惮。这难道不是官场之风更加败坏吗？大臣贪赃枉法，仍然安居高位，小官们就会上行下效，无不唯利是图……如果任凭这种风气发展而不加以改变，就会导致民众穷困，盗贼四起，国事日非。这难道不是现实政治的重大弊病吗？（赵前、刘鹏校译）

57. 政之所施，其本在敬

官之至难者，令也。令之所以难者，政也。政之所施，有其本焉，敬也。敬立乎中，由是而见之行事，形既端矣，表无有不正也。由是而施诸人民，所以感之者有其道，在彼则未尝无不应也。承乎上焉，必凛凛以畏，则获乎上，虽不敢公拒，而亦不曲从其非理之命也。待乎下焉，必切切以忧，斯得乎下，不适乎己而拂乎人之性也。中焉而接乎人，必公而恕，谦而有礼，委曲以详尽，设以己之身处其人之地，则人人止其所而各自靖也。呜呼！令之任难矣。而尔以初筮仕得繁剧邑，匪廉匪明，匪慎匪勤，曷能得其职之称也！勉之哉！吏以案牍为师，有所猷（yóu）为，则翻阅以为证也。政以前官为比，有所违碍，则依缘以为径也。一邑之事，无非己事，早夜孜孜，毋苟安以图一时之幸也。百里之民，无非吾人，念念在兹，惟恐一夫之或病也。行其所无事，其来不迎，其去不将，一于静也。不以誉喜，不以毁怒，一于定也。不主先入之言，不争无益之气，已去者不求其故，未至者不意其诈，一于理而与物无竞也。本此一敬，而慎以持之，勤以行之，公以生其明，俭以养其廉，是诚为邑之要道，处事临民之龟镜也。念之哉！勿谓我言耄而舍之也。

——（明）海瑞《海瑞集·令箴》

译文：

最难做的官是县令。做县令之所以难，难在为政。为政的施行，有它的“本”，那就是“敬”。将“敬”树立在心中，本着“敬”去行事，“本”端正了，“行”没有不正的。本着“敬”去待民，就是感化他们的方式，而他们没有不响应的。对待上级，只有谨慎而敬服，才能得到上级的赏识，但在必要时，虽不公然反对上级，也不能违心地顺从他们不合理的政令。对待下级，必须设身处地地为他们考虑，才能得到下级的拥护，但一定不能只顾自己的需要而违背情理。和同僚接触时，一定要公平宽厚，谦逊有礼，殷勤周到，设身处地地为别人着想，于是人人都能各得其所，各安本分。唉！县令的职责实在是难啊。而你刚做官就要到事务繁重的县去赴任，不廉洁公平，不谨慎勤劳，怎么能够称职呢？要努力啊！官吏以公文档案为师，有所计划，则应查阅档案以验证自己的想法。要参考前任官员的做法，发现不妥当之处，便引以为戒来避免重蹈覆辙。一县的事，都是自己的事，要朝夕勤劳，不要苟且偷安以图一时的侥幸。百里之内的人民，都是自己的亲人，要时刻想着他们，生怕有一个人受到伤害。巡视县内不要多事，公务人员来的时候不要接，去的时候不要送，一切从不扰民着眼。不要一听到称赞就高兴，一听到批评就发怒，一定要把握住自己的情绪。不要偏信先听到的意见，不要闹无益的意气。对离开自己的人，不要追问人家原因；对没有来的人，不要怀疑人家欺诈；一切事都应据理去办，与世无争。树立了这样的“敬”，并谨慎地坚持“敬”，勤恳地实行“敬”，为人公平才能明辨是非，持家节俭才能为官廉洁，这些的确是作好县令的主要准则，也是为政治民的借鉴，记住这些话吧，不要把它们当做我这个老年人的昏话而不屑一顾。（赵前、刘鹏校译）

58. 欲当大任，须是笃实

程子曰：“欲当大任，须是笃实。”

——（明）杨昱《牧鉴·器度》①

注释：

①《牧鉴》：十卷，明杨昱撰。此书采录经史百家之言有关政治者，汇辑成帙。明嘉靖三十四年（1555）汀州府同知李仲僎为之序。杨昱（生卒年不详），字子晦，别号东溪，汀州（今福建长汀）人。其生平事迹不详。

译文：

程颢说："要担当大任的人，必须忠诚实在。"（赵前、刘鹏校译）

59 为臣之道

顾为臣之道，其类不一，大约不植党与，不爱虚名，不营己私，不贪赂利，敬以饬躬，诚以事上，耿介自立，勤慎莅官，其至要者矣。

——（清）爱新觉罗·福临《御制人臣儆心录·植党论》①

注释：

①《御制人臣儆心录》：一卷，清顺治皇帝撰。顺治帝以勋臣因骄怙而伏法，乃推论古今之奸臣恶迹，以训诫群臣，故撰成此书。

译文：

做臣子的道理，有不同的方面。大概而言，不拉帮结派，不爱慕虚名，不以权谋私，不贪图贿赂，时刻警醒自己，以忠诚的态度侍奉上级，行事耿直，不趋炎附势，还要勤劳谨慎，这些都是为臣之道中至关重要的。（赵前、刘鹏校译）

60. 傲为凶德，人不可有

守谦。傲为凶德，人不可有。今人有自恃才能而慢上官，自矜清廉而傲同列，自恃甲科而轻士夫。有一于此，皆足以丧名败德。故居官者，必虚以受人，示其能听；卑以下人，示其能容。履满盈则思抑损，闻誉言则思谦降。无骄心，无傲色，无矜辞。民安，而视之若伤；政成，而视之若庞；颂作，而视之若谤。终日兢兢，不萌怠荒，庶可以从政矣。

——（清）尹会一《政学录·居官立政》[①]

注释：

①《政学录》：五卷，清尹会一撰，清郑端辑。本书仿吕坤《明职》体例而作。主要记述清代中央及地方各级机构的职掌、法规，以备各级官员参考采用。尹会一（1691—1748）：清初官员。字元孚，号健馀，直隶博野（今属河北）人。郑端（1639—1692）：字司直，直隶枣强（今属河北）人。顺治十六年（1659）进士，官至江南巡抚。

译文：

保持谦逊的品德。骄傲是一种人所不应有的丑陋品质。当今有些人自恃才能而怠慢上官，自夸清廉而傲视同僚，自以为学历高而轻视他人。只要有上述中的一种，都足以败坏名誉和品德。因此，为政者一定要虚心地接受他人，以示他善于倾听；谦卑地对待他人，以示他心胸宽广。志得意满之时要想到自控、谨慎；听到赞誉之声要想到谦虚、克制。为政者要做到内心无傲气，神情无傲色，言语无傲慢。百姓安居乐业，仍然觉得休养生息不够，而不增加徭役；政事有所建树，仍然觉得艰难，未臻尽善尽美；颂声四起时，要把它看做是民众的批评和鞭策。终日兢兢业业，不敢有一点懒惰放荡的思想。如果能做到这些，就可以从政了。（赵前、刘鹏校译）

61. 信者，居官立事之本

信者，居官立事之本。与民信，则不疑，则事可集矣。期会必如其约，无因冗暂违；告谕必如其言，无因事暂改。行之始必要之终，责诸人必先责己。待士夫尤宜以信处之，虽以事相托，势不可行，必巽（xùn）言开譬，明示其所以不可行之由，毋面诺而背违，毋阴非而阳是。处同僚亦然，有言必践，久久自然孚洽。苟一时欺诳，则终身见疑矣。

——（清）尹会一《政学录·居官立政》

译文：

守信是为官行政之本。对民众守信，民众就不会怀疑，政事便可望成功。约定聚会时间，一定要按时到达，不能因为繁忙而临时违约；向民众宣示政令，一定要忠实履行，不能因故临时更改。事情开始推行，就一定要圆满完成。要求他人做到的，自己要以身作则。对待学者、读书人尤其应该诚信，他们有事相托，即使无法做到，也一定要用委婉的言辞来开导劝说，解释清楚事情不能办理的原因。不能当面承诺，背后食言，不能当面肯定，背后否定。与同事相处，也要言出必行，时间一长，彼此一定会融洽互信。一时的欺骗，带来的往往是一辈子的恶名和怀疑。（赵前、刘鹏校译）

62. 敬者，修身立政之本

敬者，修身立政之本也。衣冠必正，言动必端，凡一毫谑浪之语，绝口不谈；一毫轻亵之事，绝戒不为；非礼嫌疑之地，绝足不至。虽对门吏，亦如严宾，则心志自定，瞻望自尊，可以远慢辱，可以杜谤议，所谓不怒而民威矣。

——（清）尹会一《政学录·居官立政》

译文：

端庄、严肃，是修养身心、推行政事的根本。衣着、举动都必须端正，绝对不讲一句戏谑放荡的话，绝对不做一点轻佻亵慢的事，绝对不去违法败俗的地方。即使面对属下的小官吏，也要像面对尊敬的客人一样，那么心神自然安定，声誉自然尊崇。这样就能够远离轻慢和侮辱，也能够杜绝诽谤和非议，即使和颜悦色，也能在民众中获得很高的威信。（赵前、刘鹏校译）

63. 选有官职，以贵民为上

选有官职，无论大小，以贵民为上。当即立志，要做好官，专为百姓伸冤理枉。

——（清）石成金《传家宝全集·谨身要法》[①]

注释：

①《传家宝全集》：石成金辑。此书共四集三十二卷，是一部家常日用的生活百科全书。石成金：生卒年不详，清代小说家。字天基，号惺斋，扬州（今属江苏）人。平生著作极丰，且流传颇广，影响较大。

译文：

为官者，无论官职大小，都应该把老百姓看得无比重要。为官伊始，就要立下志向：要做一个让老百姓满意的好官，一心一意为他们伸冤做主，伸张正义。（赵前、刘鹏校译）

64. 与其得罪于百姓，宁得罪于上官

龙图阁直学士吴芾，在孝宗朝前后守六郡。尝言：视官物当如己物，视公事当如己事。与其得罪于百姓，宁得罪于上官。

——（清）陈弘谋《从政遗规·宋贤事汇》[①]

注释：

①《从政遗规》：二卷，清陈弘谋撰。此书对宋代至清初二十二位官吏的官箴著作加以辑录，是供清代官吏修齐治平的重要参考书。陈弘谋（1696—1771）：清代官员。字汝咨，号榕门，临桂（今广西桂林）人。官至东阁大学士兼工部尚书。辑有《五种遗规》丛书，《从政遗规》是其中之一。

译文：

龙图阁直学士吴芾，在宋孝宗朝前后担任过六个郡的太守，他曾经说：为官一任，要把公家的东西当作自家的东西一样去爱护，要把公事当作私事一样去尽心。与其得罪老百姓，宁愿得罪上司。（赵前、刘鹏校译）

65. 居其实，不居其名

士大夫济人利物，宜居其实，不宜居其名，居其名则德损。

——（清）陈弘谋《从政遗规·居官格言》

译文：

士大夫从政为民谋利，应该努力务实，而不应过分求名，过分求名的结果，便是有损自己的品德。（赵前、刘鹏校译）

66. 居官以清

居官以清，士君子分内事。清非难，不见其清为难。不恃其清而操切凌轹人为尤难。

——（清）陈弘谋《从政遗规·居官格言》

译文：

为官遵行廉政，这是君子分内之事。做到清廉并不难，难的是为官清廉而不四处张扬。不自恃清廉而苛求、欺压他人，那就更加难了。（赵前、刘鹏校译）

67. 察吏以安民

巡抚之所当为，莫如察吏以安民，而立功垂名不与焉。何也？一吏之不察，必有数十万人不安者；十吏之不察，必有数千万人之不安者。

——（清）袁枚[①]《与湖北巡抚庄公书》

注释：

①袁枚（1716—1797）：清代诗人、诗论家。字子才，号简斋，钱塘（今浙江杭州）人。袁枚的诗颇享盛名，时与蒋士铨、赵翼并称为“江左三大家”。

译文：

巡抚应做的事情，在于监督下级官吏、安抚百姓，而不在于建立事功、垂名后世。为什么呢？因为一名官吏不受监督，必然会有数十万百姓得不到安宁；若有十名官吏不受监督，必然会有数千万人不得安宁。（赵前、刘鹏校译）

68. 得失有数

或曰：“寒士以砚为田。朝得一主人焉，以言而去；暮得一主人焉，又以言而去。将安所得为之主人者？”呜呼！是又见小者之论也。幕客因人为事，无功业可见，言行则道行，惟以主人之贤否为贤否。主人不贤，则受治者无不受累。夫官之禄，民之脂膏，而幕之修出于官禄，吾恋一馆而坐视官之虐民，忍乎？不忍。且当世固不乏贤吏矣，诚能卓然自立，声望日著，不善者之所恶，正善者之所好也。故恋栈者或且穷途偃蹇，而守正者非不到处逢迎。

——（清）汪辉祖《佐治药言·得失有数》①

注释：

①《佐治药言》：一卷，清汪辉祖撰。是作者为官任职三十余年之心得，主要涉及待人处世、个人修养、刑律、狱案、理政等内容。汪辉祖（1730—1807）：清学者、文学家。字焕曾，号龙庄、归庐，萧山（今属浙江）人。著有《学治臆说》、《学治续说》、《佐治药言》等。

译文：

有人说：“穷书生的田地就是他们的笔砚。今天遇到一位东家，言语不合，便拂袖而去；明天又遇到一位东家，言语不合，又拂袖而去。那么他们究竟怎样才能找到可以共事的主人呢？”唉，这种看法真是小人之见啊！幕僚依附于他人，按照主人的要求行事，本来无法建立自己的功业，但如果他的谋略得以施行，那么他的理想便能实现，所以他的贤愚，实际上取决于主人的贤愚。如果作为主人的官员不贤明，则他治下的民众也难以幸福。官员的俸禄，本是民脂民膏。幕僚的收入，又出于官员的俸禄。贪恋幕僚的高薪，而坐视官员残害百姓，忍心吗？不忍心啊！而且当代贤明的官员很多，幕僚如果能够正心诚意，自然会有良好的声誉，坏官不喜欢的人，却是好官所喜欢的。所以，贪恋高薪而听任主人为所欲为的幕僚，往往没有前途；而刚直守正的幕僚，却常常受到欢迎。（赵前、刘鹏校译）

69. 不卑不亢

幕客以力自食，名为佣书，日夕区画，皆吏胥之事，而官声之美恶系焉，民生之利害资焉。非与官民俱有宿缘，必不可久居此席者。自视不可过高，高则气质用事；亦不可过卑，卑则休戚无关。

——（清）汪辉祖《佐治药言·素位》

译文：

幕僚自食其力，名义上只是为长官掌管文书，出谋划策，与下级官吏的事务并无不同，但实际上却关系着长官的名誉，关系着百姓的生计。一位幕僚，如果不是与长官心意相通、对百姓情感深厚的话，绝不可能久居其位。处在幕僚的位置上，不可自视过高，过高就会意气用事；也不可过于谦卑，过卑则不敢承担重任。（赵前、刘鹏校译）

70. 立心要正

谚云：“官断十条路。”幕之制事亦如之。操三寸管，臆揣官事，得失半焉，所争者公私之别而已。公则无心之过，终为舆论所宽；私则循理之狱，亦为天谴所及。故立心不可不正。

——（清）汪辉祖《佐治药言·立心要正》

译文：

谚语说："官员断案可以有十种路数。"幕僚辅佐官员为政也是如此。他们运用各种制度法规，在处理政务时，却往往得失参半，所争执的关键就在坚持公义还是顺应私情而已。做事出于公心，虽有无心之过，最终也会被舆论所理解；做事顺应私情，虽然合理合法，也会受到上天的惩罚。所以，做事不可不秉持公心。（赵前、刘鹏校译）

71. 官有信用，民方敬服

官能予人以信，人自帖服。吾辈佐官，须先要之于信。凡批发呈状，示审词讼，其日期早晚，俱有定准，则人可依期伺候，无废时失业之虑。期之速者，必致舆人之诵，即克日稍缓，亦可不生怨讟（dú）。第欲官能守信，必先幕不失信。盖官苟失信，幕可力争；幕自失信，官或乐从。官之公事甚繁，偶尔偷安，便逾期刻，全在幕友随时劝勉。至于幕友不能克期，而官且援为口实，则官之不信，咎半在幕也。

——（清）汪辉祖《佐治药言·须示民以信》

译文：

为官者能够守信，人们自然会敬服他。我们这些做助手的人，必须首先做到守信用。凡是批示发文、申请，审理诉讼案件，日期的早与晚，都有一个确定的原则，因此人们都可以按照日期办事情，不用担心浪费时间，荒废事情。提前完成，一定会受到人们的称赞；即使由于种种原因而稍微推迟，也不会招致人们的埋怨。但是为官者要守信用，做幕僚的人首先就不要失信于人。因为如果为官者失信，幕僚还可以尽力弥补；而幕僚自己先失信，为官者有时就会乐于顺从。为官者公事繁忙，抽空休息一下，就可能会使事情超过原定日期，这就完全要靠做幕僚的人随时劝导和勉励。至于幕僚不能够严格地按既定日期办事，而为官者又把这作为拖延的一种借口，那么为官者不讲信用，起码有一半的责任做幕僚身上。（赵前、刘鹏校译）

72．官吏得民之要

官之得民与否，去官日见真。幕之自爱与否，去馆日毕露……官之得民，要在清、勤、慈、惠……幕之自爱，要在廉、慎、公、勤。

——（清）汪辉祖《佐治药言·去馆日勿使有指摘》

译文：

官员是否得到民众的拥戴，离任的那天才见真情；幕僚是否爱惜自己的名誉，离职的时候才见真情……官吏要想得到民众的拥戴，就要做到清廉、勤勉、仁慈、宽厚……幕僚想要保持自己的名誉，就要做到廉洁、谨慎、公心、勤劳。（赵前、刘鹏校译）

73．治以亲民为要

长民者，不患民之不尊，而患民之不亲，尊由畏法，亲则感恩。欲民之服教，非亲不可。亲民之道，全在体恤民隐，惜民之力，节民之财，遇之以诚，示之以信，不觉官之可畏，而觉官之可感，斯有官民一体之象矣。民有求于官，官无不应；官有劳于民，民无不承。不然，事急而使之，必有不应者。往往壤地相连，同一公事，而彼能立济，此卒无成，曰民实无良，岂民之无良哉？亲与不亲之分殊也。官事缓急何常，故治以亲民为要。

——（清）汪辉祖《学治臆说·治以亲民为要》[①]

注释：

①《学治臆说》：上下卷，清汪辉祖撰。汪辉祖曾佐诸州县幕僚，历任知县、知州，善于听讼。此书记其居官三十年所见所闻，有俾于澄明吏治。

译文：

做一方的父母官，不要担心百姓不尊敬，而要担心百姓不亲近。尊敬是因为他们畏惧法规，亲近却是因为他们感恩戴德。想让百姓服从教化，就必须亲近他们。亲近百姓的方法，在于体贴、关心民众疾苦，爱惜百姓的人力，节省百姓的财力，以诚相待，让百姓感觉到信任，让百姓不觉得可怕，而觉得官员可亲，这就有官民一体的征兆了。百姓有事请求帮忙时，官员立即解决；那么官员有求于民时，百姓也乐于承担。如果有事时才想起百姓，那么肯定难以获得响应。往往相邻的两地，同一件公事，在那里办不成，在这里却顺利完成，就说是因为刁民太多，难道真是百姓不好吗？实在是亲近百姓与脱离群众的区别啊。政务之事有急有缓，关键在于平日亲近百姓，这样才不会措手不及。（赵前、刘鹏校译）

74. 官声在初莅任时

官声贤否，去官方定，而实基于到官之初。盖新官初到，内而家人长随，外而吏役讼师，莫不随机尝试，一有罅漏，群起而乘之。近利以利来，近色以色至，事事投其性之所近，险窃其柄。后虽悔悟，已受牵持，官声大玷，不能箝民之口矣。故莅任时，必须振刷精神，勤力检饬，不可予人口实之端。

——（清）汪辉祖《学治续说·官声在初莅任时》[①]

注释：

①《学治续说》：一卷，清汪辉祖撰。此书补《学治臆说》之遗阙。后有跋，主要言为吏之道。

译文：

官员声誉的好坏，通常在其离任后才能论定，但实际上在到任之初已奠定了基础。这是因为新官刚一到任，在内需要家人仆役，在外需要差役幕僚，这些人往往会观察和了解官员，一旦有漏洞可钻，他们就群起而动。假如官员贪财，他们便送上钱财；假如官员好色，他们便送上美女。总之事事投其所好，以便抓住把柄来进行要挟。即使官员本人后来悔悟，但已深受他们的挟制，声誉大受玷污，在民众中丧失威信了。因此新官到任时，就必须振奋精神，尽力约束自身并整饬风气，不可给他人留下话柄。（赵前、刘鹏校译）

75. 勿彰前官之短

人无全德，亦无全才。所治官事必不能一无过举，且好恶之口，不免异同。去官之后，瑕疵易见，全赖接任官弥缝其阙失。居心刻薄者，多好彰前官之短，自形其长。前官以迁擢去，尚可解嘲。若缘事候代寓舍，有所传闻，必置身无地。夫后之视今，犹今之视昔，不留余地以处人者，人亦不留余地以相处。徒伤厚德，为长者所鄙。

——（清）汪辉祖《学治续说·勿彰前官之短》

译文：

人的品德、才能不可能十全十美，因此居官理政，不可能不犯错误。况且人们的评价标准不同，对问题的看法也不一致。官员离任之后，他在任时的缺点和失误，很容易被发现或放大，全靠后上任者来为前任弥补缺失。居心刻薄的继任者，往往喜欢大肆张扬前任的失误，以彰显自己的才干。假若前任是因升迁而离职，那么这样做，还可以认为是聊以自慰，求得心理平衡；若是前任因事而等待另有任用，一旦这些过去失误的传闻流传开来，必然难有容身之地。后人看今人，正如今人看古人。为官者如果不给别人留一点余地，别人也会同样对待他。这样做有伤忠厚仁德，也会为君子所耻。（赵前、刘鹏校译）

76. 勿苟为异同

立身制事，自有一定之理。惟人是倚，势必苟同；以己为是，势必苟异。苟同者，不免诡随；苟异者，必致过正。每两失之。惟酌于理所当然，而不存人己之见，则无所处而不当。故可与君子同功，亦不妨为小人分谤。

——（清）汪辉祖《学治续说·勿苟为异同》

译文：

立身做事，自然有一定的规则。完全依赖他人，必然导致唯命是从；一切自以为是，势必导致刚愎自用。唯命是从者不免人云亦云，毫无主见；刚愎自用者不免排除异己，矫枉过正。这两种态度最终都会导致负面的结果。只有认真地根据客观事实来分析考虑问题，既不偏听偏信，也不主观臆断，才会避免处理不当。这样，为官者既可与君子同享功劳，也不妨分担小人的诽谤。（赵前、刘鹏校译）

77. 宜防左右壅蔽

给事左右之人，利在朦官舞弊，最惧官之耳目四彻。凡余所言款接绅士，勤见吏役，皆非左右所乐，必有多其术以相挠制者。须将简号房不得阻宾，及吏役事应面禀之故，开诚宣布，示贴大堂，俾人共见共闻，并于理事时随便谆谕，庶左右不敢弄权，耳目无虞壅蔽。

——（清）汪辉祖《学治续说·宜防左右壅蔽》

译文：

官员身边的各类人员，都喜欢蒙蔽他们，徇私舞弊，而最怕官员明察秋毫，洞悉一切。我书中所列举的，诸如真诚地款待绅士、经常地召见下级等等做法，都是官员身边的人所不喜欢的，所以他们必然会使用多种方法加以阻挠。为了及时地了解各种情况，必须明确规定并广而告之：不许阻碍来访宾客，下级有公务必须当面汇报。除了使上上下下都了解这些规定之外，还要在处理政务时经常告诫，这样就可以有效防止身边之人弄权枉法，自己也不会被蒙蔽和欺瞒。（赵前、刘鹏校译）

78. 事未定勿向上官率陈

率陈之故有二：一则中无把握，姑餂（tiǎn）上官意趣；一则好为夸张，冀博上官称誉。不知案情未定，尚待研求，上官一主先入之言，则更正不易。至驳诘之后，难以声说，势必护前迁就，所伤实多。

——（清）汪辉祖《学治续说·事未定勿向上官率陈》

译文：

下级官员事情尚未办完就急着向上级汇报的原因有两个：一是自己心中没有把握，通过报告，以探取上级的意图和打算；一是为了炫耀自己的才干，希望博得上级的称赞和夸奖。殊不知在案情尚未确定，还有待进一步调查研究时急着汇报，如果上级听了报告后，先入为主地发表意见，那再想更正就很难了。假如上级提出反驳和责问，那就更难说清楚了，势必要瞻前顾后地迁就，这样会使下一步工作遭到很大的被动。（赵前、刘鹏校译）

79. 标新立异，切忌虚名

非万不得已，止宜率由旧章，与民休息。微特孽不可造，即福亦不易为。不然，如社仓、如书院，岂非地方盛举？而吾言不必创建，独非人情乎哉？社仓之弊前已言之，书院之名，经始劝捐于民，总不无所费。及规模既定，或倚要人情面，荐剡（yàn）主讲，其能尽心督课者，什不得三四。师既仅属空名，弟亦遂无实学。以闾阎培植子弟之资，供长吏应酬情面之用，已为可愧。其尤甚者，资不给用，则长吏不得不解橐以益之，而归咎于始谋之不臧，是何为乎？夫书院犹有遗累，况其他哉！故善为治者，切不可有好名喜事之念，冒昧创始。

——（清）汪辉祖《学治续说·事慎创始》

译文：

做地方官，除非万不得已，都应该按照原有的典章制度办事，使老百姓得以休养生息。罪大恶极之事当然不可为，即使是造福于老百姓之事也并不易做。就拿建社仓、创书院这类事来说吧，这难道不是造福地方的好事吗？但我却认为这种事不一定要做。建社仓的种种弊病，我在前面已经谈到。建书院这个想法从一产生，再经过劝老百姓捐资修建，总的说来并不是不需要花费的。等到书院一旦建成，规模已定，往往有人依靠要人的情面，推荐别人担任书院的主讲。这些人能够尽心尽力劝学生学习的，十个之中没有三、四个。为师的既然只是个空名，那学生又怎会有真才实学呢？用一般乡村学生的学费，来作为地方基层的应酬费用，已经让人感到非常惭愧了。如果办书院费用不足，当官的还得拿钱出来作补充，就会归罪于创建书院的人办事不圆满。这样做有什么必要呢？建书院这种好事尚且有如此的麻烦，其他的事更不用说了。所以懂得治理的人，千万不可为了虚名而贸然去开创某项事务。（赵前、刘鹏校译）

80. 不矜才炫能

恃才敢作或以权术驭人者，有得亦不能无失。惟勤慎供职，事上接下，圆和坦白，不矜才炫能，方是颠扑不破。

——（清）万维翰《幕学举要·官方》①

注释：

①《幕学举要》：一卷，清万维翰撰。本书是作者幕僚生涯的总结，包括断案、钱谷、社仓、灾赈、水利、捕蝗等内容。万维翰：生卒年不详，清乾隆时人。字枫江，吴江（今属江苏）人。曾为一些重要官吏做幕僚。

译文：

倚仗才能敢作敢为，或者以权术驾驭别人的官员，有得也常常有失。只有勤恳谨慎，忠于职守，对上对下都能做到完满坦白，不矜持才能，不炫耀本领，才能经受长久的考验，立于不败之地。（赵前、刘鹏校译）

81. 为政须是先平其心

张南轩曰："为政须是先平其心。"心苟私主，虽好事亦错。如晦翁告赵德庄御善良以宽，治强暴以严，此语善矣。若胸中先着一宽字，宽必有弊；着一猛字，猛必有弊，故处事常如持衡，高者下之，低者平之，惟圣人之秤则常平矣。

——（清）张鉴《浅近录·居官》①

注释：

①《浅近录》：六卷，清张鉴著。其所作用"浅近"的语录体，揭示了深刻的人生哲理。张鉴（1768—1850）：清代诗文作家。字春冶，号秋水，乌程（浙江湖州）人。

译文：

张南轩说："处理政务应该先秉持公心。"如果徇私，那么即使做好事也有错。就像晦翁先生告诉赵德庄的，要用宽和来对待善良，而要用严厉来整治强暴，这句话说得很对。如果心里先放了一个"宽"字，那这种宽容的策略中一定有害处；如果心里先放了一个"猛"字，那么这种威猛的策略中也有一定的害处，所以处事常常就像一杆秤，高了就往下拿一点，低了

就使它平衡，而只有圣人的秤才能始终公平啊。（赵前、刘鹏校译）

82. 以细行律身

君子以细行律身，不以细行取人。

——（清）魏源《魏源集·默觚下·治篇一》[1]

注释：

①《魏源集》：清魏源著。该书收入魏源的短篇论著和诗作，并附其未刊信稿、诗稿及传记资料。所选各篇都经过校勘和标点。中华书局1976年整理出版，1983年再版。

译文：

君子从小节上严格要求自己，但在选拔人才时却要看他的大节。（赵前、刘鹏校译）

83. 操守为居官根本

操守为居官根本。长随书役，未有不觊（jì）本官之苞苴（jū）以分肥者，始或藉无碍者以相偿，后则虽有碍者亦伺吾隙以相制。若于其事之可取不可取尚待犹豫，是仅有利害之见存，而非可以语品行也。且此中区别，在我虽存界限，在人岂尽周知？徒滋影射、招摇，为人中饱。迨欲翻然改辙，而一行败则百行可疑，何以示民之信？故慧剑立断，须定自始基。

——（清）徐栋编、丁日昌辑《牧令书辑要·政略》[1]

注释：

①《牧令书辑要》：清徐栋编，丁日昌重编，同治八年（1869）由崇文书局刊行。原为十八卷，丁日昌重编时删为十卷。辑录清初以来有关地

方吏治之奏疏、论说、函牍等而成，可作清政治制度史料。徐栋：清朝官员。字致初，直隶安肃（今河北徐水）人。丁日昌（1823—1882）：清朝大臣、洋务运动主要人物，藏书家。字禹生，丰顺（今属广东）人。

译文：

平素的品行节操是为官的根本。书吏、跟班等仆役都希望从官员收到的礼物或贿赂中分取一点油水。开始时，他们只借一些小事进行试探，后来就是有所妨碍，他们也会瞅准机会，胁迫官员就范。至于临事之时还在对事情该不该做而犹豫不决，这只是考虑到其中的利害关系，还谈不上是品行问题。况且只有自己心中有个标准，并非所有人都清楚，张扬开后，自己受到影射而让他人从中得利。等到翻然悔悟，想改弦易辙时已经来不及了，一种不良行为败露后，所有的行为都受到怀疑，再凭什么向人们显示自己的信用？因此官员要在执政之初就断然下定坚守节操的决心。（赵前、刘鹏校译）

84. 严驭役，宽恤民

严以驭役而宽以恤民，极于扬善而勇于去奸，缓于催科而勤于抚字。

——（清）金缨《格言联璧·从政类》①

注释：

①《格言联璧》：清金缨编。全书以儒家修身、齐家、治国的次第为经，以对所收格言的诠释为纬，涵盖了人生从读书修身到处世、理家、治国、平天下的各个方面，其内容包括学识、涵养、品格、训诫等十篇。金缨：生于清末。字兰生，山阴（今浙江绍兴）人。

译文：

严格约束部属而宽厚对待百姓，极力宣扬善行而勇于铲除奸邪，宽缓催缴赋税而勤于抚恤民众。（赵前、刘鹏校译）

85. 为官，志在济人

君子当官任职，不计难易，而志在济人，故动辄成功；小人苟禄营私，只任便安，而意在利己，故动多败事。

——（清）金缨《格言联璧·从政类》

译文：

君子居官为政，不考虑难易，而志在助人，所以处处成功；小人贪禄图利，只追求安逸，而意在利己，所以往往失败。（赵前、刘鹏校译）

86. 为官应公尔忘私

大凡人臣事君之道，公尔忘私，乃为正理。且性理诸书中，亦不过辨别公私二字。事君者果能以公胜私，于治天下何难？若挟其私心，则天下必不能治。今科道于内外官员，亦有明知其不善者，或其人有所倚仗，或其人素有声势，不可动摇，莫敢参劾，亦由学浅胆小故耳。为清官者，惟洁己不要钱，犹是易事。若论公尔忘私，诚为难得。

——（清）章梫《康熙政要·论公平》①

注释：

①《康熙政要》：二十四卷，章梫编。记述清康熙朝政事。章梫（1861—1949）：近代学者、教育家、书法家。名正辉，字立光，号一山，浙江三门县海游人。工草书，笔墨传世甚多。

译文：

康熙皇帝说：一般而言，臣下公而忘私，才是侍奉君主的正理。宋代儒者在各类性理书中，讲的也无非是如何辨别公与私。如果官吏的公心胜过了私心，治理天下又有何难？如果官吏假公济私，那么，天下必然难以治理。

现在，负责监察百官的六部给事中和御史，对于京内外官员，也有明知其不称职，却或因为某人有后台，或因为某人有声望和权势，根深蒂固，而不敢有所触动。这些监察官员之所以如此，只是由于没有真正理解圣贤之道，胆小怕事罢了。做清官，只是廉洁自守不要钱，并不难；做到公而忘私，那才是真正难得的。（赵前、刘鹏校译）

道德修养

1. 满招损，谦受益

惟德动天，无远弗届。满招损，谦受益，时乃天道。

——《尚书·大禹谟》

译文：

只要德能感动上帝，无论多远都能归服。自满招致损害，谦虚得到裨益，这是自然之理。（《尚书译注》，李民、王健撰，上海古籍出版社2004年版，36页）

2. 人之三德

三德：一曰正直，二曰刚克，三曰柔克，平康正直。强弗友刚克；燮（xiè）友柔克。沈（沉）潜刚克，高明柔克。

——《尚书·洪范》

译文：

人有三种秉性：一是端正平直，二是刚强取胜，三是柔顺取胜。中正平和，便能端正平直。刚强不可亲近，靠刚强致胜。柔和可亲，靠柔顺取胜。对阴伏于下欲反抗的，要靠刚强战胜。对光明正大服从的，要靠怀柔安抚。（《尚书译注》，李民、王健撰，上海古籍出版社2004年版，225页）

3. 过而能改

人谁无过，过而能改，善莫大焉。

——《左传·宣公二年》

译文：

一个人谁没有过错，有了过错能够改正，就没有比这再好的事情了。（《左传译文》，沈玉成译，中华书局1981年版，170页）

4. 人不知，而不愠

子曰：“学而时习之，不亦说（悦）乎？有朋自远方来，不亦乐乎？人不知，而不愠（yùn），不亦君子乎？”

——《论语·学而》

译文：

孔子说：“学了，然后按一定的时间去实习它，不也高兴吗？有志同道合的人从远处来，不也快乐吗？人家不了解我，我却不怨恨，不也是君子吗？”（《论语译注》，杨伯峻译注，中华书局2009年版，1页）

5. 吾日三省吾身

曾子曰：“吾日三省（xǐng）吾身——为人谋而不忠乎？与朋友交而不信乎？传（chuán）不习乎？”

——《论语·学而》

译文：

曾子说：“我每天多次自己反省：替别人办事尽心竭力了呢？与朋友往来是否诚实呢？老师传授我的学业是否复习了呢？”（《论语译注》，杨伯峻译注，中华书局2009年版，3页）

6. 与朋友交，而有信

子夏曰：“贤贤易色；事父母，能竭其力；事君，能致其身；与朋友交，言而有信。虽曰未学，吾必谓之学矣。”

——《论语·学而》

译文：

子夏说："对妻子，重品德，不重容貌；侍奉爹娘，能尽心竭力；服事君上，能豁出生命；同朋友交往，说话诚实守信。这种人，虽说没学习过，我一定说他已经学习过了。"（《论语译注》，杨伯峻译注，中华书局2009年版，5页）

7. 信近于义

有子曰："信近于义，言可复也。恭近于礼，远（yuàn）耻辱也。因不失其亲，亦可宗也。"

——《论语·学而》

译文：

有子说："所守的约言符合义，说的话就能兑现。态度容貌的庄矜合于礼，就不致遭受侮辱。依靠关系深的人，也就可靠了。"（《论语译注》，杨伯峻译注，中华书局2009年版，8页）

8. 敏于事而慎于言

子曰："君子食无求饱，居无求安，敏于事而慎于言，就有道而正焉，可谓好学也已。"

——《论语·学而》

译文：

孔子说："君子，吃食不要求饱足，居住不要求舒适，对工作勤劳敏捷，说话却谨慎，到有道的人那里去匡正自己，这样，可以说是好学了。"（《论语译注》，杨伯峻译注，中华书局2009年版，9页）

9. 贫而乐，富而好礼

子贡曰：“贫而无谄，富而无骄，何如？”子曰：“可也；未若贫而乐，富而好礼者也。”

——《论语·学而》

译文：

子贡说：“贫穷却不巴结奉承，有钱却不骄傲自大，怎么样？”孔子说：“可以了；但是还不如虽贫穷却乐于道，纵有钱却谦虚好礼哩。”（《论语译注》，杨伯峻译注，中华书局2009年版，9页）

10. 三十而立

子曰：“吾十有五而志于学，三十而立，四十而不惑，五十而知天命，六十而耳顺，七十而从心所欲，不逾矩。”

——《论语·为政》

译文：

孔子说：“我十五岁，有志于学问；三十岁，懂礼仪，说话做事都有把握；四十岁，掌握了各种知识，不致迷惑；五十岁，得知天命；六十岁，一听别人言语，便可以分别真假，判明是非；到了七十岁，便能随心所欲，任何念头不越出规矩。”（《论语译注》，杨伯峻译注，中华书局2009年版，12页）

11. 先行其言而后从之

子贡问君子。子曰：“先行其言而后从之。”

——《论语·为政》

译文：

子贡问怎样才能做一个君子。孔子道："对于你要说的话，先实行了，再说出来，这就够说是一个君子了。"（《论语译注》，杨伯峻译注，中华书局2009年版，17页）

12. 周而不比

子曰："君子周而不比（bì），小人比而不周。"

——《论语·为政》

译文：

孔子说："君子是团结，而不是勾结；小人是勾结，而不是团结。"（《论语译注》，杨伯峻译注，中华书局2009年版，17页）

13. 人而无信，不知其可也

子曰："人而无信，不知其可也。大车无輗（ní），小车无軏（yuè），其何以行之哉？"

——《论语·为政》

译文：

孔子说："作为一个人，却不讲信誉，不知那怎么可以。譬如大车子没有安横木的輗、小车子没有安横木的軏，如何能走呢？"（《论语译注》，杨伯峻译注，中华书局2009年版，21页）

14. 君子无所争

子曰："君子无所争。必也射乎！揖让而升，下而饮。其争也君子。"

——《论语·八佾》

译文：

孔子说："君子没有什么可争的事情。如果有所争，一定是比箭吧！但是当射箭的时候，相互作揖然后登堂；射箭完毕，走下堂来，然后作揖喝酒。那一种竞赛是很有礼貌的。"（《论语译注》，杨伯峻译注，中华书局2009年版，25页）

15. 仁者安仁，知者利仁

子曰："里仁为美，择不处（chǔ）仁，焉得知（智）？"子曰："不仁者不可以久处约，不可以长处乐。仁者安仁，知者利仁。"

——《论语·里仁》

译文：

孔子说："住的地方，要有仁德这才好。选择住处，没有仁德，怎么能是聪明呢？"孔子说："不仁的人不可以长久地居于穷困中，也不可以长久地居于安乐中。有仁德的人安于仁；聪明人利用仁。"（《论语译注》，杨伯峻译注，中华书局2009年版，34页）

16. 君子喻于义

子曰："君子喻于义，小人喻于利。"

——《论语·里仁》

译文：

孔子说："君子懂得的是义，小人懂得的是利。"（《论语译注》，杨伯峻译注，中华书局2009年版，38页）

17. 见贤思齐

子曰："见贤思齐焉，见不贤而内自省也。"

——《论语·里仁》

译文：

孔子说："看见贤人，便应该想向他看齐；看见不贤的人，便应该自己反省。"（《论语译注》，杨伯峻译注，中华书局2009年版，38页）

18. 言之不出，耻躬之不逮

子曰："古者言之不出，耻躬之不逮（dài）也。"

——《论语·里仁》

译文：

孔子说："古代时候言语不轻易出口，就是怕自己的行动赶不上。"（《论语译注》，杨伯峻译注，中华书局2009年版，39页）

19. 德不孤，必有邻

子曰："德不孤，必有邻。"

——《论语·里仁》

译文：

孔子说："有道德的人不会孤单，一定会有志同道合的人来和他做伙伴。"（《论语译注》，杨伯峻译注，中华书局2009年版，40页）

20. 不耻下问

子贡问曰："孔文子何以谓之'文'也？"子曰："敏而

好学，不耻下问，是以谓之‘文’也。”

——《论语·公冶长》

译文：

子贡问道：“孔文子凭什么谥他为‘文’?”孔子道：“他聪敏灵活，爱好学问，又谦虚下问，不以为耻。所以用‘文’字来做他的谥号。”（《论语译注》，杨伯峻译注，中华书局2009年版，46页）

21. 文质彬彬

子曰：“质胜文则野，文胜质则史。文质彬彬，然后君子。”

——《论语·雍也》

译文：

孔子说：“朴实多于文采，就未免粗野；文采多于朴实，又未免虚浮。文采和朴实，配合适当，这才是个君子。”（《论语译注》，杨伯峻译注，中华书局2009年版，60页）

22. 知者乐水，仁者乐山

子曰：“知（智）者乐水，仁者乐山。知者动，仁者静。知者乐，仁者寿。”

——《论语·雍也》

译文：

孔子说：“聪明人乐于水，仁人乐于山。聪明人活动，仁人沉静。聪明人快乐，仁人长寿。”（《论语译注》，杨伯峻译注，中华书局2009年版，61页）

23. 君子博学于文

子曰："君子博学于文，约之以礼，亦可以弗畔（叛）矣夫！"

——《论语·雍也》

译文：

孔子说："君子广泛地学习文献，再用礼节来加以约束，也就可以不至于离经叛道了。"（《论语译注》，杨伯峻译注，中华书局2009年版，62页）

24. 己欲立而立人

夫仁者，己欲立而立人，己欲达而达人。能近取譬，可谓仁之方也已。

——《论语·雍也》

译文：

仁是什么呢？自己要站得住，同时也使别人站得住；自己要事事行得通，同时也使别人事事行得通。能够就眼下的事实选择例子一步步去做，可以说是实践仁道的方法了。（《论语译注》，杨伯峻译注，中华书局2009年版，64页）

25. 学而不厌

子曰："默而识（zhì）之，学而不厌，诲人不倦，何有于我哉？"

——《论语·述而》

译文：

孔子说："把所见所闻的默默地记在心里，努力学习而不厌弃，教导别人而不疲倦，这些事情我做到了哪些呢？"（《论语译注》，杨伯峻译注，中华书局2009年版，65页）

26. 三人行必有我师

子曰："三人行，必有我师焉：择其善者而从之，其不善者而改之。"

——《论语·述而》

译文：

孔子说："几个人一块走路，其中便一定有可以为我所取法的人：我选取那些优点而学习，看出那些缺点而改正。"（《论语译注》，杨伯峻译注，中华书局2009年版，71页）

27. 君子坦荡荡

子曰："君子坦荡荡，小人长戚戚。"

——《论语·述而》

译文：

孔子说："君子心地平坦宽广，小人却经常局促忧愁。"（《论语译注》，杨伯峻译注，中华书局2009年版，76页）

28. 毋意，毋必，毋固，毋我

子绝四——毋意，毋必，毋固，毋我。

——《论语·子罕》

译文：

孔子摈弃了四种毛病——悬空揣测，绝对肯定，拘泥固执，唯我独是。（刘冰雪校译）

29．君子成人之美

子曰："君子成人之美，不成人之恶。小人反是。"

——《论语·颜渊》

译文：

孔子说："君子成全别人的好事，不促成别人的坏事。小人却和这相反。"（《论语译注》，杨伯峻译注，中华书局2009年版，127页）

30．言必信，行必果

子贡问曰："何如斯可谓之士矣？"子曰："行己有耻，使于四方，不辱君命，可谓士矣。"

曰："敢问其次。"曰："宗族称孝焉，乡党称弟（悌）焉。"

曰："敢问其次。"曰："言必信，行必果，硁（kēng）硁然小人哉！——抑亦可以为次矣。"

——《论语·子路》

译文：

子贡问道："怎样才可以叫做'士'？"孔子道："自己行为保持羞耻之心，出使外国，很好地完成君主的使命，可以叫做'士'了。"

子贡道："请问次一等的。"孔子道："宗族称赞他孝顺父母，乡里称赞他恭敬尊长。"

子贡又道："请问再次一等的。"孔子道："言语一定信实，行为一定坚决，这是不问是非黑白而只管自己贯彻言行的小人呀！但也可以说是再次一等的‘士’了。”（《论语译注》，杨伯峻译注，中华书局2009年版，138页）

31. 以直报怨，以德报德

或曰：“以德报怨，何如？”子曰：“何以报德？以直报怨，以德报德。”

——《论语·宪问》

译文：

有人对孔子道：“拿恩惠来回答怨恨，怎么样？”孔子道：“拿什么来酬答恩惠呢？拿公平正直来回答怨恨，拿恩惠来酬答恩惠。”（《论语译注》，杨伯峻译注，中华书局2009年版，154页）

32. 君子求诸己

子曰：“君子求诸己，小人求诸人。”

——《论语·卫灵公》

译文：

孔子说：“君子要求自己，小人要求别人。”（《论语译注》，杨伯峻译注，中华书局2009年版，164页）

33. 矜而不争，群而不党

子曰：“君子矜而不争，群而不党。”

——《论语·卫灵公》

译文：

孔子说："君子庄矜而不争执，合群而不闹宗派。"（《论语译注》，杨伯峻译注，中华书局2009年版，164页）

34．己所不欲，勿施于人

子贡问曰："有一言而可以终身行之者乎？"子曰："其恕乎！己所不欲，勿施于人。"

——《论语·卫灵公》

译文：

子贡问道："有没有一句可以终身奉行的话呢？"孔子道："大概是'恕'吧！自己所不想要的任何事物，就不要加给别人。"（《论语译注》，杨伯峻译注，中华书局2009年版，164页）

35．君子有三戒

孔子曰："君子有三戒：少之时，血气未定，戒之在色；及其壮也，血气方刚，戒之在斗；及其老也，血气既衰，戒之在得。"

——《论语·季氏》

译文：

孔子说："君子有三件事情应该警惕戒备：年轻的时候，血气未定，便要警戒，莫迷恋女色；等到壮大了，血气正旺盛，便要警戒，莫好胜喜斗；等到年老了，血气已经衰弱，便要警戒，莫贪求无厌。"（《论语译注》，杨伯峻译注，中华书局2009年版，174页）

36．君子有三畏

孔子曰："君子有三畏：畏天命，畏大人，畏圣人之言。小人不知天命而不畏也，狎大人，侮圣人之言。”

——《论语·季氏》

译文：

孔子说：“君子害怕的有三件事：怕天命，怕王公大人，怕圣人的言语。小人不懂得天命，因而不怕它；轻视王公大人，轻侮圣人的言语。”（《论语译注》，杨伯峻译注，中华书局2009年版，174页）

37. 君子有九思

孔子曰：“君子有九思：视思明，听思聪，色思温，貌思恭，言思忠，事思敬，疑思问，忿思难，见得思义。”

——《论语·季氏》

译文：

孔子说：“君子有九种考虑：看的时候，考虑看明白了没有；听的时候，考虑听清楚了没有；脸上的颜色，考虑温和么；容貌态度，考虑庄矜么；说的言语，考虑忠诚老实么；对待工作，考虑严肃认真么；遇到疑问，考虑怎样向人家请教；将发怒了，考虑有什么后患；看见可得的，考虑我是否应该得。”（《论语译注》，杨伯峻译注，中华书局2009年版，175页）

38. 勿道听途说

子曰：“道听而涂（途）说，德之弃也。”

——《论语·阳货》

译文：

孔子说：“道听途说，这是背弃道德的行为。”（刘冰雪校译）

39. 博学笃志

子夏曰："博学而笃志，切问而近思，仁在其中矣。"

——《论语·子张》

译文：

子夏说："广泛地学习，坚守自己志趣；恳切地发问，多考虑当前的问题，仁德就在这中间了。"（《论语译注》，杨伯峻译注，中华书局2009年版，198页）

40. 君子有三变

子夏曰："君子有三变：望之俨然，即之也温，听其言也厉。"

——《论语·子张》

译文：

子夏说："君子有三变：远远望着，庄严可畏；向他靠拢，温和可亲；听他的话，严厉不苟。"（《论语译注》，杨伯峻译注，中华书局2009年版，199页）

41. 君子之过

子贡曰："君子之过也，如日月之食焉：过也，人皆见之；更也，人皆仰之。"

——《论语·子张》

译文：

子贡说："君子的过失好比日蚀月蚀：错误的时候，每个人都看得见；

更改的时候，每个人都仰望着。”（《论语译注》，杨伯峻译注，中华书局 2009 年版，201 页）

42. 以敬承命，恪以守业

敬所以承命也，恪所以守业也，恭所以给事也，俭所以足用也。以敬承命则不违，以恪守业则不懈，以恭给事则宽于死，以俭足用则远于忧。

——《国语·周语中》

译文：

忠敬用以完成国君的命令，谨慎用以保住家业，谦恭用以执行公务，节俭用以保证有足够的用度。用忠敬来完成君王的命令就不会有所违抗，用谨慎来保住家业就不会有所懈怠，用谦恭来执行公务就不犯死罪，用节俭来保证用度就不会有所担忧。（李凡校译）

43. 君子不自称

君子不自称也，非以让也，恶其盖人也。夫人性，陵（凌）上者也，不可盖也。求盖人，其抑下滋甚，故圣人贵让。

——《国语·周语中》

译文：

君子是不会吹嘘自己功绩的，不是因为谦让，而是厌恶这种行为掩盖住他人的功劳。人的天性，都想超过自己之上的人，但不能靠掩盖他人的功劳这种手段。越想掩盖他人的功劳，就越会引起别人的厌恶，所以圣人看重谦让。（李凡校译）

44. 民劳则思，思则善心生

夫民劳则思，思则善心生；逸则淫，淫则忘善，忘善之恶心生。沃土之民不材，逸也；瘠土之民莫不向义，劳也。

——《国语·鲁语下》

译文：

百姓劳苦就会思考，思考就会萌生善心；安逸就会放荡，放荡就会忘记善良，忘记善良就会产生恶心。肥沃土地上的百姓不能成就大事，就是因为安逸的缘故；贫瘠土地上的百姓没有不向往道义的，这是因为劳苦的缘故。（李凡校译）

45. 君子哀无人，不哀无贿

君子哀无人，不哀无贿；哀无德，不哀无宠；哀名之不令，不哀年之不登。

——《国语·晋语九》

译文：

君子只哀叹没有贤人相伴，不哀叹没有财富；哀叹没有德行，不哀叹得不到宠幸；哀叹名声不美，不哀叹年寿不高。（李凡校译）

46. 知足不辱

名与身孰亲？身与货孰多？得与亡孰病？是故甚爱必大费，多藏必厚亡。知足不辱，知止不殆，可以长久。

——《老子·第四十四章》

译文：

虚荣跟生命哪一个更亲切？生命跟财产哪一个更重要？占有与丧失哪一个更有害？因此过分吝惜，破费会更多，储藏丰厚，损失必重大。知足不会遭困辱，知止不会遇险，可以长保安全。（《老子绎读》，任继愈著，北京图书馆出版社 2006 年版，97—98 页）

47．贫则见廉，富则见义

君子之道也，贫则见（现）廉，富则见义，生则见爱，死则见哀。四行者不可虚假，反之身者也。藏于心者，无以竭爱；动于身者，无以竭恭；出于口者，无以竭驯（训）。畅之四支（肢），接之肌肤，华（花）发隳颠（巅），而犹弗舍者，其唯圣人乎！

——《墨子·修身》

译文：

君子处世的原则是，贫穷时则表现出廉洁，富贵时则表现出仁义；对于生者表现出爱护，对于死者表现出哀痛。这四种德行不可以虚假，必须反过来通过内在的修养才能达到。埋藏于心中的，是无尽的仁爱；见诸行动的，是无比的恭谨；反映到言语的，是无比的文雅。能让这种修养贯彻于全身四肢，反映到身体形貌上，直到头发花白、头顶衰颓了都不会放弃的，大概只有圣人吧！（《墨子今注今译》，谭家健、孙中原注译，商务印书馆 2009 年版，8 页）

48．志不强者智不达

志不强者智不达，言不信者行不果。据财不能以分人者，不足与友；守道不笃，遍（辨）物不博，辩是非不察者，不足与游。本不固者末必几；雄而不修者其后必惰。原（源）浊者流不清，行不信者名必秏（耗）。名不徒生，而誉不自长。功成名遂，名誉不可虚假，反之身者也。

——《墨子·修身》

译文：

意志不坚强的人，他的才智就不会发达；说话不讲信用的人，他的行动就不会果断。拥有钱财不愿分施给别人的，不值得与他交朋友；不能信守原则、认识事物不广博、分辨是非不清楚的人，不值得与他交游。主干不牢固，枝节必然危险；有勇气而不能持久的人，到后来必定懈怠。源头浑浊的江河，它的水流不会清澈；行为不诚实的人，他的名声必然败坏。名声不会无缘无故产生，赞誉也不会自己增长。功德圆满了，名声也就自然有了，名誉是不可以虚假的，只有反躬自律才行。（《墨子今注今译》，谭家健、孙中原注译，商务印书馆 2009 年版，9—10 页）

49. 君子以身载行

善无主于心者不留，行莫辩于身者不立。名不可简而成也，誉不可巧而立也，君子以身戴（载）行者也。思利寻焉，忘名忽焉，可以为士于天下者，未尝有也。

——《墨子·修身》

译文：

一种善行，如果没有正确的思想动机，就不能长久地保持；一种行为，如果没有自身的理解，就不能坚定地贯彻。名声不能轻而易举地得到，荣誉不能以取巧的方法取得。君子是用自己的身体力行来达到的。那种思考得利之事甚重，而忽视树立名节，而可以被天下称为士的人，是从来没有的。（《墨子今注今译》，谭家健、孙中原注译，商务印书馆 2009 年版，10 页）

50. 能胜强敌者先自胜

能胜强敌者，先自胜者也。

——《商君书·画策》

译文：

能战胜强大的敌人，首先能战胜自己。（《商君书》，石磊译注，中华书局2009年版，157页）

51．贤者狎而敬之

贤者狎而敬之，畏而爱之。爱而知其恶，憎而知其善。积而能散，安安而能迁。

——《礼记·曲礼上》

译文：

对有德才的人要亲近而且尊敬，畏服而且爱慕。对所喜欢的人也能知道他的缺点，对所讨厌的人也能知道他的长处。能积蓄财物，也能发散给穷人；安于安逸生活，也能适应环境的变迁。（《礼记译解》，王文锦译解，中华书局2001年版，1—2页）

52．玉不琢，不成器

玉不琢，不成器；人不学，不知道。

——《礼记·学记》

译文：

玉不雕琢，就不会成为器物；人不学习，就不会明白道理。（《礼记译解》，王文锦译解，中华书局2001年版，513页）

53．君子中庸

仲尼曰："君子中庸，小人反中庸。君子之中庸也，君子而时中；小人之反中庸也，小人而无忌惮也。”

——《礼记·中庸》

译文：

孔子说：“君子的言行符合中庸之道，小人的言行违反中庸之道。君子之中庸，是因为君子的言行时时刻刻合宜适中；小人之反中庸，是因为小人的言行肆无忌惮。”（《礼记译解》，王文锦译解，中华书局2001年版，774页）

54. 遁世不见知而不悔

子曰：“素隐行怪，后世有述焉，吾弗为之矣。君子遵道而行，半涂（途）而废，吾弗能已矣。君子依乎中庸，遁世不见知而不悔，唯圣者能之。”

——《礼记·中庸》

译文：

孔子说：“寻求隐僻的道理，做些怪异的事情，即便后代有人称述，我绝不这样做的。君子遵循正道而行，往往半途而废，我绝不能中途停止的。君子依从中庸之道，即使避开人世而不被理解，也不懊悔，唯有圣人才能做得到。”（《礼记译解》，王文锦译解，中华书局2001年版，777页）

55. 上不怨天，下不尤人

上不怨天，下不尤人。故君子居易以俟命，小人行险以徼（侥）幸。子曰：“射有似乎君子，失诸正鹄，反求诸其身。”

——《礼记·中庸》

译文：

上不怨恨天命，下不责怪别人。所以，君子居心平易来等待天命，小人进行冒险来妄求幸运。孔子说：“射箭很有些类似君子端正自己的功夫，射不中靶子，要回过头来寻求自身技艺上的失误。”（《礼记译解》，王文锦译解，中华书局2001年版，780页）

56．人一能之，己百之

博学之，审问之，慎思之，明辨之，笃行之。有弗学，学之弗能弗措也；有弗问，问之弗知弗措也；有弗思，思之弗得弗措也；有弗辨，辨之弗明弗措也；有弗行，行之弗笃弗措也。人一能之，己百之；人十能之，己千之。

——《礼记·中庸》

译文：

广博的学习，详细的探究，谨慎的思考，明晰的分辨，笃实的履行。有的知识不学则已，学了，学不成就不放下；有的问题不问则已，问了，不理解就不放下；有的事情不思索则已，思索了，没有所得就不放下；有的疑点不分辨则已，分辨了，不明白就不放下；有的工作不做则已，做了，不切实就不放下。别人一次能做到的，我要做它一百次；别人十次能做到的，我要做它一千次。（《礼记译解》，王文锦译解，中华书局2001年版，789页）

57．君子慎以辟祸

子曰：“君子慎以辟（避）祸，笃以不揜（yǎn），恭以远耻。”

——《礼记·表记》

译文：

孔子说：“君子用谨慎来避免祸患，用笃厚来不遭困迫，用恭敬来远离

耻辱。”（《礼记译解》，王文锦译解，中华书局2001年版，802页）

58. 言有物而行有格

子曰：“言有物而行有格也，是以生则不可夺志，死则不可夺名。故君子多闻，质而守之；多志，质而亲之；精知，略而行之。”

——《礼记·缁衣》

译文：

孔子说：“说话是要有事验的，而行为是要有规格的，因此，活着时不可被剥夺志向，死后不可被剥夺名声。所以，君子要多闻往事，选择主要的而牢守不失；要多多结识人才，选择主要的而加以亲近；知识要博大精深，择取要略而付诸行动。”（《礼记译解》，王文锦译解，中华书局2001年版，834页）

59. 修身、齐家、治国、平天下

古之欲明明德于天下者先治其国，欲治其国者先齐其家，欲齐其家者先修其身，欲修其身者先正其心，欲正其心者先诚其意，欲诚其意者先致其知，致知在格物。物格而后知至，知至而后意诚，意诚而后心正，心正而后身修，身修而后家齐，家齐而后国治，国治而后天下平。

——《礼记·大学》

译文：

古代有想要彰明光明德性于天下的人，先要治理好自己的国家；想要治理好自己的国家，先要整顿好自己的家庭；想要整顿好自己的家庭，先要修养自身；想要修养自身，先要端正自心；想要端正自心，先要诚实自己的意念；想要诚实自己的意念，先要获得知识；获得知识就在于推究事物的原理。推究了事物的原理才能得到真知，得到真知然后才能意念诚实，意念诚实然后才能心正，心正然后才能提高自身修养，提高了自身修养然后才能整顿好家庭，家庭整顿好了然后才能治理好国家，国家治理好了然后才能使天下太平。（《礼记译解》，王文锦译解，中华书局2001年版，896页）

60．君子必慎其独

小人闲居为不善，无所不至，见君子而后厌（yǎn）然揜其不善而著其善，人之视己如见其肺肝然，则何益矣。此谓诚于中，形于外，故君子必慎其独也。

——《礼记·大学》

译文：

小人平日闲居时为非作歹，没有哪样坏事做不出来的，及至见到君子，然后遮遮盖盖地掩藏他那不光彩的行径，而故意显露他的“善良”，却不知别人看自己，就如同看见了自己的肺肝一样，那装模作样又有什么益处呢！这就是说，充满于心中的东西，总要表现在外面的，所以君子必须戒慎自己一人独处的时候。（《礼记译解》，王文锦译解，中华书局2001年版，897页）

61．君子远庖厨

君子之于禽兽也，见其生，不忍见其死；闻其声，不忍食其肉。是以君子远庖厨也。

——《孟子·梁惠王上》

译文：

君子对于飞禽走兽，看见它们活着，便不忍心再看到它们死去；听到它们悲鸣哀号，便不忍心再吃它们的肉。君子把厨房摆在远离自己的场所，就是这个道理。（《孟子译注》，杨伯峻译注，中华书局2010年版，18页）

62. 君子莫大乎与人为善

孟子曰："子路，人告之以有过，则喜。禹闻善言，则拜。大舜有（又）大焉，善与人同，舍己从人，乐取于人以为善。自耕稼、陶、渔以至为帝，无非取于人者。取诸人以为善，是与人为善者也。故君子莫大乎与人为善。"

——《孟子·公孙丑上》

译文：

孟子说："子路，别人把他的错误指点给他，他便高兴。禹听到了善言，他就给人敬礼。伟大的舜更是了不起，他对于行善，没有别人和自己的区分，抛弃自己的不是，接受人家的是，非常快乐地吸取别人的优点来自己行善。从他种庄稼、做瓦器、做渔夫一直到做天子，没有一处优点不是从别人那里吸取来的。吸取别人的优点来自己行善，这就是偕同别人一道行善。所以君子最高的德行就是偕同别人一道行善。"（《孟子译注》，杨伯峻译注，中华书局2010年版，75页）

63. 君子之德

君子之德，风也；小人之德，草也。草尚之风，必偃。

——《孟子·滕文公上》

译文：

君子的德好像风，小人的德好像草，风向哪边吹，草就向哪边倒。（《孟子译注》，杨伯峻译注，中华书局2010年版，105页）

64. 人之有道

人之有道也，饱食、煖（暖）衣、逸居而无教，则近于禽兽。圣人有忧之，使契为司徒，教以人伦——父子有亲，君臣有义，夫妇有别，长幼有叙，朋友有信。

——《孟子·滕文公上》

译文：

人之所以为人，吃饱了，穿暖了，住得安逸了，如果没有教育，也和禽兽差不多。圣人又为此忧虑，便使契做司徒的官，主管教育。用关于人与人的关系的大道理以及行为准则来教养人民——父子之间有骨肉之亲，君臣之间有礼义之道，夫妻之间挚爱而有内外之别，老少之间有尊卑之序，朋友之间有诚信之德。(《孟子译注》，杨伯峻译注，中华书局2010年版，117页)

65. 恭者不侮人，俭者不夺人

孟子曰："恭者不侮人，俭者不夺人。侮夺人之君，惟恐不顺焉，恶得为恭俭？恭俭岂可以声音笑貌为哉？"

——《孟子·离娄上》

译文：

孟子说："恭敬别人的人不会侮辱别人，自己节俭的人不会掠夺别人。有些诸侯，一味侮辱别人，掠夺别人，只怕别人不顺从自己，那如何能做到恭敬和节俭？恭敬和节俭这两种品德难道是可以光凭好听的声音和笑脸做得出来的吗？"(《孟子译注》，杨伯峻译注，中华书局2010年版，162页)

66. 赤子之心

孟子曰："大人者，不失其赤子之心者也。"

——《孟子·离娄下》

译文：

孟子说："所谓君子，是那些保持着纯洁善良的心地的人。"（刘冰雪校译）

67. 以善养人服天下

孟子曰："以善服人者，未有能服人者也；以善养人，然后能服天下。天下不心服而王者，未之有也。"

——《孟子·离娄下》

译文：

孟子说："拿善来使人服输，没有能够使人服输的；拿善来熏陶教养人，这才能使天下的人都归服。天下的人不心服却能统一天下的，是从来没有过的事。"（《孟子译注》，杨伯峻译注，中华书局2010年版，175页）

68. 以仁存心，以礼存心

君子所以异于人者，以其存心也。君子以仁存心，以礼存心。仁者爱人，有礼者敬人。爱人者，人恒爱之；敬人者，人恒敬之。

——《孟子·离娄下》

译文：

君子同一般人不同的地方，就在于居心不同。君子居心于仁，居心于礼。仁人爱别人，有礼的人恭敬别人。爱别人的人，别人经常爱他；恭敬别人的人，别人经常恭敬他。（《孟子译注》，杨伯峻译注，中华书局2010年版，182页）

69. 不可以有挟

万章问曰："敢问友。"

孟子曰："不挟长，不挟贵，不挟兄弟而友。友也者，友其德也，不可以有挟也。"

——《孟子·万章下》

译文：

万章问道："请问交朋友的原则。"

孟子答道："不倚仗自己年纪大，不倚仗自己地位高，不倚仗自己兄弟的富贵。交朋友，因为朋友的品德而去交他，因此心目中不能存在任何有所倚仗的观念。"（《孟子译注》，杨伯峻译注，中华书局2010年版，219页）

70. 贵贵尊贤

用下敬上，谓之贵贵；用上敬下，谓之尊贤。贵贵尊贤，其义一也。

——《孟子·万章下》

译文：

以职位卑下的人尊敬高贵的人，叫做尊重贵人；以高贵的人尊敬职位卑下的人，叫做尊敬贤者。尊重贵人和尊敬贤者，道理是相同的。（《孟子译注》，杨伯峻译注，中华书局2010年版，220页）

71. 仁义礼智，非由外铄

恻隐之心，人皆有之；羞恶之心，人皆有之；恭敬之心，人皆有之；是非之心，人皆有之。恻隐之心，仁也；羞恶之心，义也；恭敬之心，礼也；是非之心，智也。仁义礼智，非由外铄我也，我固有之也，弗思耳矣。

——《孟子·告子上》

译文：

同情心，每个人都有；羞耻心，每个人都有；恭敬心，每个人都有；是非心，每个人都有。同情心属于仁，羞耻心属于义，恭敬心属于礼，是非心属于智。这仁义礼智，不是由外人给与我的，是我本来就具有的，不过不曾探索它罢了。（《孟子译注》，杨伯峻译注，中华书局2010年版，240页）

72. 穷则独善其身

尊德乐义，则可以嚣嚣矣。故士穷不失义，达不离道。穷不失义，故士得己焉；达不离道，故民不失望焉。古之人，得志，泽加于民；不得志，修身见于世。穷则独善其身，达则兼善天下。

——《孟子·尽心上》

译文：

崇尚德，喜爱义，就可以自得其乐了。所以，士人穷困时，不失掉义；得意时，不离开道。穷困时不失掉义，所以自得其乐；得意时不离开道，所以百姓不致失望。古代的人，得意，惠泽普施于百姓；不得意，修养个人品德，以此表现于世人。穷困便独善其身，得意便兼善天下。（《孟子译注》，杨伯峻译注，中华书局2010年版，281页）

73. 亲亲敬长

孟子曰："人之所不学而能者，其良能也；所不虑而知者，其良知也。孩提之童无不知爱其亲者，及其长也，无不知敬其兄也。亲亲，仁也；敬长，义也；无他，达之天下也。"

——《孟子·尽心上》

译文：

孟子说："人不待学习便能做到的，这是良能；不待思考便会知道的，这是良知。两三岁的小孩儿没有不爱他父母的，等到他长大，没有不知道尊敬兄长的。亲爱父母是仁，尊敬兄长是义，这没有其他原因，因为这两种品德可以通行于天下。"（《孟子译注》，杨伯峻译注，中华书局 2010 年版，284 页）

74. 亲亲而仁民

孟子曰："君子之于物也，爱之而弗仁；于民也，仁之而弗亲。亲亲而仁民，仁民而爱物。"

——《孟子·尽心上》

译文：

孟子说："君子对于万物，爱惜它，却不用仁德对待它；对于百姓，用仁德对待他，却不亲爱他。君子亲爱亲人，因而仁爱百姓；仁爱百姓，因而爱惜万物。"（《孟子译注》，杨伯峻译注，中华书局 2010 年版，298 页）

75. 养心莫善于寡欲

孟子曰："养心莫善于寡欲。其为人也寡欲，虽有不存焉者，寡矣；其为人也多欲，虽有存焉者，寡矣。"

——《孟子·尽心下》

译文：

孟子说："修养心性的方法最好是减少物资欲望。他的为人，欲望不多，那善性纵使有所丧失，也不会多；他的为人，欲望很多，那善性纵使有所保存，也是极少的了。"（《孟子译注》，杨伯峻译注，中华书局 2010 年版，315 页）

76. 世俗之人皆喜人之同乎己

世俗之人，皆喜人之同乎己而恶人之异于己也。同于己而欲之，异于己而不欲者，以出乎众为心也。夫以出乎众为心者，曷常（尝）出乎众哉！因众以宁所闻，不如众技众矣。

——《庄子·在宥》

译文：

世俗上的人，都喜欢别人和自己相同而厌恶别人和自己不同。希望别人和自己相同，不愿别人和自己不同，这是存着出人头地的心理。要是存着出人头地的心理，何尝就超出大众呢！只因大众的认同而得心安。其实不如众人的才智太多了。（《庄子今注今译》，陈鼓应注译，中华书局2009年版，315—316页）

77. 道流而不明居，德行而不名处

直木先伐，甘井先竭。子其意者饰知以惊愚，修身以明污，昭昭乎如揭日月而行，故不免也。昔吾闻之大成之人曰："自伐者无功，功成者堕，名成者亏。"孰能去功与名而还与众人！道流而不明居，德行而不名处；纯纯常常，乃比于狂；削迹捐势，不为功名。是故无责于人，人亦无责焉。

——《庄子·山木》

译文：

直树先被砍伐，甘井先被涸竭。你有心在文饰才智来惊骇愚俗，修饬品

行来显露别人的污浊，光芒耀射好像举着太阳月亮而行走，所以你不免要招来祸患了。我曾经听过集道之大成的人说："自己夸耀的反而没有功绩，功成不退的就要堕败，名声彰显的就要受到损伤。"谁能够抛弃功名而把它还给众人！大道流行而不显耀自居；德行广被而不自求声名；纯朴平常，同于愚狂；削除形位捐弃权势，不求功名。所以无求于人，人也无求于我。（《庄子今注今译》，陈鼓应注译，中华书局2009年版，548页）

78. 君子之交淡若水

夫以利合者，迫穷祸患害相弃也；以天属者，迫穷祸患害相收也。夫相收之与相弃亦远矣。且君子之交淡若水，小人之交甘若醴；君子淡以亲，小人甘以绝。彼无故以合者，则无故以离。

——《庄子·山木》

译文：

以利而结合的，受到窘迫祸患的时候，就互相遗弃了；以天性相关的，遇着窘迫祸患的时候，就互相收留了。互相收留的和互相遗弃的，相差得太远了。再说，君子的交情淡薄得像水一样，小人的交情甘美得像甜酒一样；君子淡薄却亲切，小人甜蜜却易断绝。所以凡是没有缘故结合的，也就没有缘故而离散了。（《庄子今注今译》，陈鼓应注译，中华书局2009年版，552页）

79. 博学而日参省乎己

故木受绳则直，金就砺则利，君子博学而日参省乎己，则知（智）明而行无过矣。

——《荀子·劝学》

译文：

所以木料受到墨线的弹划校正才能取直，金属制成的刀剑在磨刀石上磨过才能锋利，君子广泛地学习而又能每天检查省察自己，那就会见识高明而行为没有过错了。(《荀子译注》，张觉撰，上海古籍出版社 1995 年版，2 页)

80. 君子生非异也，善假于物也

吾尝终日而思矣，不如须臾之所学也；吾尝跂（qí）而望矣，不如登高之博见也。登高而招，臂非加长也，而见者远；顺风而呼，声非加疾也，而闻者彰。假舆马者，非利足也，而致千里；假舟楫者，非能水也，而绝江河。君子生非异也，善假于物也。

——《荀子·劝学》

译文：

我曾经整天思索，却不如片刻学习得到的知识多；我曾经踮起脚远望，却不如登到高处看得广阔。登到高处招手，手臂并没有加长，远处的人却看得到；顺着风呼叫，声音并没有加大，闻者却听得很清楚。借助车马的人，并不是脚走得快，却可以到达千里之外；借助舟船的人，并不是水性特别好，却可以横渡江河。君子的天性跟一般人没什么不同，只是善于借助外物罢了。(《荀子》，安小兰译注，中华书局 2007 年版，4 页)

81. 天下之士无所取

所贵于天下之士者，为人排患、释难、解纷乱而无所取也。即有所取者，是商贾（gǔ）之人也。

——《战国策·赵策三》

译文：

天下之士所以可贵，在于能为人排忧解难、化解纷乱而无索取。如果有

索取，那就是锱铢必较的商人了。(刘冰雪校译)

82. 有德于我不可忘

人之憎我也，不可不知也；吾憎人也，不可得而知也。人之有德于我也，不可忘也；吾有德于人也，不可不忘也。

——《战国策·魏策四》

译文：

他人憎恶我，不能不知道；我憎恶他人，却不必显露出来让人得知。他人有恩于我，不能忘记；我有恩于人，却不必记在心上。(刘冰雪校译)

83. 君子羞言利名

凡人之性，莫不欲善其德，然而不能为善德者，利败之也，故君子羞言利名。言利名尚羞之，况居而求利者也？

——（西汉）刘向《说苑·贵德》

译文：

人的本性，没有不想完善品德的，不能使品德完善的人，大多是因贪求私利而败坏了它，所以君子羞于言利。提到利字尚且觉得羞耻，更何况身居其位而贪求私利呢？(刘冰雪校译)

84. 廉士重名

君子虽穷，不处亡国之势；虽贫，不受乱君之禄。尊乎乱世，同乎暴君，君子之耻也。众人以毁形为耻，君子以毁义为辱；众人重利，廉士重名。

——（西汉）刘向《说苑·谈丛》

译文：

君子纵然潦倒，却不愿接受将要灭亡的国家的权势；纵然贫穷，却不接受昏君的俸禄。在乱世处高位，与暴君同利益，君子以此为耻。世人都以毁损形体为耻辱，君子则以毁弃道义为耻辱；世人都贪重利欲，廉者则看重名誉。（刘冰雪校译）

85. 君子之学，君子之治

君子之学也，入于耳，藏于心，行之以身。君子之治也，始于不足见，终于不可及也。君子虑福弗及，虑祸百之；君子择人而取，不择人而与。君子实如虚，有如无。

——（西汉）刘向《说苑·谈丛》

译文：

君子学习，听在耳里，记在心中，并能身体力行。君子治事，从细微处入手，最终使人无法企及。君子对福禄考虑得少，对灾祸考虑得多。君子获取时要选择对象，给予时却不选择对象。君子虽充实却如空虚，虽有却如无。（刘冰雪校译）

86. 未有不自爱敬而人爱敬之者

人必其自爱也，然后人爱诸；人必其自敬也，然后人敬诸。自爱，仁之至也；自敬，礼之至也。未有不自爱敬而人爱敬之者也。

——（西汉）扬雄《法言·君子》

译文：

人必须先自爱，而后人们才爱他；人必须先自敬，而后人们才敬重他。

自爱，是仁的极致；自敬，是礼的极致。没有不自爱、不自敬，而别人却爱他、敬他的人。（吴春丽校译）

87. 闻人过失，如闻父母之名

援兄子严、敦并喜讥议，通轻侠，援前在交趾，还书诫之曰："吾欲汝曹闻人过失，如闻父母之名，耳可得闻，口不可得言也。好论议人长短，妄是非政法，此吾所大恶也；宁死，不愿闻子孙有此行也。龙伯高敦厚周慎，口无择言，谦约节俭，廉公有威，吾爱之重之，愿汝曹效之。"

——（北宋）司马光《资治通鉴·汉纪三十六》[①]

注释：

①《资治通鉴》：北宋司马光撰。二百九十四卷，又《考异》、《目录》各三十卷。编年体通史。全书上起周威烈王二十三年（前403），下讫后周世宗显德六年（959）。内容以政治、军事为主，略于经济、文化。

译文：

马援的侄子马严、马敦都爱发议论，结交游侠。马援先前在交趾时，曾写信回家告诫他们："我希望你们在听到他人过失的时候，就像听到自己父母的名字一样，耳可以听，而口却不能讲。好议论他人是非，随意褒贬时政和法令，这是我最厌恶的事情。我宁可死，也不愿听到子孙有此类行径。龙伯高为人宽厚谨慎，言谈合乎礼法，谦恭而俭朴，廉正而威严，我对他既敬爱，又尊重，希望你们效法他。"（文白对照《资治通鉴》，［北宋］司马光编撰，沈志华、张宏儒主编，中华书局2009年版，1707页）

88. 人不可以不就师

天地之所贵者人也，圣人之所尚者义也，德义之所成者智也，明智之所求者学问也。虽有至圣，不生而知；虽有至材，不生而能。故志曰：黄帝师风后，颛顼师老彭，帝喾（kù）师祝融，尧师务成，舜师纪后，禹师墨如，汤师伊尹，文、武师姜尚，周公师庶秀，孔子师老聃。若此言之而信，则人不可以不就师矣。夫此十一君者，皆上圣也，犹待学问，其智乃博，其德乃硕，而况于凡人乎？

——（东汉）王符《潜夫论·赞学》

译文：

天地之间尊贵的是人，圣人所崇尚的是德义，德义的培养须依赖智慧，智慧的开启须追求学问。纵有至圣之人，也不能生而知之，纵有至才之人，也不能生而有之。所以古代志书上记载：黄帝以风后为师，颛顼以老彭为师，帝喾以祝融为师，唐尧以务成子为师，虞舜以纪后为师，夏禹以墨如为师，成汤以伊尹为师，文王、武王以姜尚为师，周公以庶秀为师，孔子以老聃为师。若此言可信，那么人不可以不求师。志书记载的这十一位，皆是圣贤之人，尚需要孜孜学习和不断求教，只有这样才能知识渊博，道德完备，何况凡人呢？（刘冰雪校译）

89. 多见者博

山陵不让椒桂，以成其崇；君子不辞负薪之言，以广其名。故多见者博，多闻者知（智），距（拒）谏者塞，专己者孤。故谋及下者无失策，举及众者无顿功。

——（西汉）桓宽《盐铁论·刺议》

译文：

山陵不排斥椒木桂树这些杂树，才能成就其茂盛高崇；君子不拒绝普通人的建言，才能闻名于世。所以见闻广的人博学，而拒绝规劝的人愚昧，独断专行的人孤独。遇事多谋于下，则少有失策；做事能发动众人，则少有失败。（刘冰雪校译）

90. 澹泊明志，宁静致远

夫君子之行，静以修身，俭以养德，非澹泊无以明志，非宁静无以致远。夫学须静也，才须学也，非学无以广才，非志无以成学。淫慢则不能励精，险躁则不能治性。年与时驰，意与日去，遂成枯落，多不接世，悲守穷庐，将复何及！

——（三国蜀汉）诸葛亮《诫子书》[1]

注释：

①《诫子书》：三国著名政治家诸葛亮写给儿子诸葛瞻的一封家书，成为后世历代学子修身立志的名篇。

译文：

君子的为人处世，用宁静修养身心，用简朴培养道德。做不到淡泊名利，就不能明确志向；做不到甘于宁静，就不能实现抱负。而学习需要静心专一，蓄才需要勤学苦读，所以不学习就无法增长才识，不立志就无法学有所成。心猿意马、骄傲自满则不能自励精进，急于求成、轻浮气躁则不能陶冶性情。光阴逐渐逝去，意志日益消磨，最后像秋叶那样枯落，终不能继承先贤济世扶危的事业，只能衰老家中，到那时后悔都来不及！（刘冰雪校译）

91. 近墨者黑

夫金水无常，方圆应形；亦有隐括，习已性成，故近墨者黑。声和则响清，形正则影直。正人在侧，德义盈堂；鲍肆先入，兰蕙不芳。

——（西晋）傅玄《太子少傅箴》[1]

注释：

①《太子少傅箴》：西晋傅玄所作的规诫文。规劝世人谨慎交友，揭示了“近朱者赤，近墨者黑”的道理。

译文：

熔化的金水无固定的形状，随着容器随意方圆；人的曲直，随其习惯而形成，所以靠近墨就会变黑。纯正的声音相和才响得清澈，挺拔的身体必然有直立的影子。同理，与品格端方之人相交，德义便能完备；与邪佞之人相交，则会有损品性，这正如进入鲍鱼之肆，即便是兰蕙也会失掉芬芳。（刘冰雪校译）

92. 操千曲而后晓声

凡操千曲而后晓声，观千剑而后识器；故圆照之象，务先博观。

——（南朝梁）刘勰《文心雕龙·知音》①

注释：

①《文心雕龙》：中国古代文学理论批评名著。南朝梁刘勰撰。全书十卷，共五十篇，分上下编，是中国文学批评史上杰出的著作。刘勰（约465—约532）：南朝梁文学理论家。字彦和，原籍东莞莒县（今属山东）。晚年出家为僧，改名慧地。

译文：

演奏过千首乐曲才能通晓音律，欣赏过千把宝剑才能识别利器。所以要圆满透彻地观察事物形象，必须先旁通博览。（刘冰雪校译）

93. 学犹种树

古之学者为己，以补不足也；今之学者为人，但能说（悦）之也。古之学者为人，行道以利世也；今之学者为己，修身以求进也。夫学者犹种树也，春玩其华，秋登其实；讲论文章，春华也，修身利行，秋实也。

——（北齐）颜之推《颜氏家训·勉学》[①]

注释：

①《颜氏家训》：共两卷二十篇，北齐颜之推著。该书以《论语》《孝经》等儒家经典为据，强调父慈子孝、兄友弟恭、夫义妇顺等伦理道德规范，重视家庭的经济职能。为研究魏晋南北朝时期社会思潮的重要著作之一。颜之推（531—约590以后）：北齐文学家。字介，琅邪临沂（今山东费县东）人。以儒家传统思想为立身治家之道，有《颜氏家训》传世。

译文：

古人求学是为己，用以弥补自身不足；今人求学是为人，但求以此取悦别人。古人求学是为人，要行天道利益众生；今人求学是为己，但求修身以图仕进。所以学习犹如种树，春天赏玩其茂盛花叶，秋天摘取其丰硕果实。而讲授学问、勤做文章，正如春花；修养身心、提升品行，才是秋果。（刘冰雪校译）

94. 德艺周厚名必善

名之与实，犹形之与影也。德艺周厚，则名必善焉；容色姝丽，则影必美焉。今不修身而求令名于世者，犹貌甚恶而责妍影于镜也。上士忘名，中士立名，下士窃名。忘名者，体道合德，享鬼神之福祐，非所以求名也；立名者，修身慎行，惧荣观之不显，非所以让名也；窃名者，厚貌深奸，干浮华之虚称，非所以得名也。

——（北齐）颜之推《颜氏家训·名实》

译文：

名声之于实际，犹如形貌之于影像。才高德厚的人，其名声必然敦善；姿容姝丽的人，其影像必然美丽。如今不修身养性而追求闻名于世的人，犹如样貌丑陋还要从镜子中追求美丽影像。所以贤明之人彻底淡忘名声，中等之人靠立身行事建功求名，下等之人则只能通过投机取巧窃取名声。淡忘名声的人，立身行事符合道义，受到上天的佑护，他并不求名；建功求名的人，修身养性谨慎言行，担心荣耀不够显达，他不会推让名声；窃取名声的人，貌似忠厚心怀奸诈，专做沽名钓誉之事，他并不能真正获得名声。（刘冰雪校译）

95. 君子安贫，达人知命

君子安贫，达人知命。老当益壮，宁知白首之心；穷且益坚，不坠青云之志。酌贪泉而觉爽，处涸辙以犹欢。北海虽赊，扶摇可接；东隅已逝，桑榆非晚。

——（唐）王勃《滕王阁序》①

注释：

①《滕王阁序》：全称《秋日登洪府滕王阁饯别序》，唐代王勃所作骈文。对仗工稳，语言流丽。王勃（649 或 650—676）：唐代文学家，初唐“四杰”之一。字子安，绛州龙门（今山西河津）人。有《王子安集》。

译文：

君子安于清贫，达人懂得天命。人老心不老，谁理解毕生的苦心；人穷志更坚，决不改凌云的壮志。喝了贪泉更头脑清醒，处于困境还心情愉快。北海虽远，可以乘风而到；朝阳已过，还有晚景可追。（《名家精译古文观止》，中华书局编辑部编，中华书局 2007 年版，289 页）

96. 有若无，实若虚

贞观三年，太宗问给事中孔颖达，曰：“《论语》云：‘以能问于不能，以多问于寡，有若无，实若虚。’何谓也？”颖达对曰：“圣人设教，欲人谦光，己虽有能，不自矜大，仍就不能之人，求访能事。己之才艺虽多，犹病以为少，仍就寡少之人更求所益。己之虽有，其状若无，己之虽实，其容若虚。非惟匹庶，帝王之德，亦当如此。夫帝王内蕴神明，外须玄默，使深不可知。故《易》称‘以《蒙》养正，以《明夷》莅众’，若其位居尊极，炫耀聪明，以才陵（凌）人，饰非拒谏，则上下情隔，君臣道乖，自古灭亡，莫不由此也。”太宗曰：“《易》云：‘劳谦，君子有终，吉。’诚如卿言。”诏赐物二百段。

——（唐）吴兢《贞观政要·谦让》

译文：

贞观三年（629），唐太宗问给事中孔颖达说：“《论语》说：‘以能问于不能，以多问于寡，有若无，实若虚。’这是什么意思呢？”孔颖达对答说：“圣人实行教化，是要使有德的尊者能够因为谦虚而更见光明，自己虽然有才能，也不骄傲自大，仍然去找无才能的人，求访他的能事。自己的才艺虽然很多，还怕懂得太少，还是去向才艺少的人讨教以求得更多的才艺。自己虽然很有知识，外表好像没有知识，自己虽然很充实，面容上好像很空虚。不只庶民百姓应当如此，帝王的德行，也应当如此。帝王内心蕴藏神明大智，外表仍须保持沉默，使人感到高深莫测。所以《易经》上讲：要表现得蒙昧无知自养正道，要像明夷卦中的明臣那样不以明智的样子来盛气凌人。如果身居于最高的尊位，炫耀自己的聪明，用才能盛气凌人，掩饰过错，拒绝谏诤，那么上下的感情就会阻隔，君臣之道就会背离，自古以来王朝灭亡，没有不是从此产生的。”唐太宗说：“所以《易经》上讲：‘勤劳谦虚，君子保持始终，吉利。’确如你刚才所说的那样。”下诏赏赐孔颖达帛二百段。（《贞观政要译注》，裴汝诚等译注，上海古籍出版社2007年版，184页）

97. 博爱之谓仁

博爱之谓仁，行而宜之之谓义，由是而之焉之谓道，足乎己无待于外之谓德。仁与义为定名，道与德为虚位。故道有君子小人，而德有凶有吉。

——（唐）韩愈《原道》[①]

注释：

①《原道》：唐文学家韩愈所作，为古代散文名篇。韩愈（768—824）：唐文学家、哲学家。字退之，河南河阳（今河南孟州南）人。自谓郡望昌黎，世称韩昌黎。

译文：

博爱叫做仁，行动合宜叫做义，循此而往叫做道，自我具足、无须凭借外物叫做德。仁与义是有确定内容的概念，道与德是内容不具体、不确实的名称。因此道有君子之道、小人之道，而德有恶德有美德。（《名家精译古文观止》，中华书局编辑部编，中华书局2007年版，307页）

98. 道之所存，师之所存

生乎吾前，其闻道也，固先乎吾，吾从而师之；生乎吾后，其闻道也，亦先乎吾，吾从而师之。吾师道也，夫庸知其年之先后生于吾乎？是故无贵无贱，无长无少，道之所存，师之所存也。

——（唐）韩愈《师说》[①]

注释：

①《师说》：唐文学家韩愈所作，为古代散文名篇。此篇为赠青年学子李蟠所作，论述了师道所存之理。

译文：

比我年纪大的人，他懂得真理必然比我早，我可以跟他学；比我年纪轻的人，如果他懂得真理也比我早，我也要跟他学。我所要学习的只是真理，哪里用得着管他的年纪比我大还是小呢。所以说，不论贵贱，不分老少，只要谁掌握有真理，谁就有资格做老师。（《名家精译古文观止》，中华书局编辑部

编，中华书局2007年版，318页）

99. 业精于勤，荒于嬉

业精于勤，荒于嬉；行成于思，毁于随。

——（唐）韩愈《进学解》[1]

注释：

①《进学解》：唐元和年间韩愈任国子博士时所作，假托向学生训话，勉励他们在学业、德行方面取得进步。学生提出质问，他再进行解释，故名“进学解”。

译文：

学业靠勤奋才能精湛，如果贪玩就会荒废；德行靠思考才能形成。如果随大流就会毁掉。（《名家精译古文观止》，中华书局编辑部编，中华书局2007年版，321页）

100. 敬一人千万人悦

夫向之所敬者，岂徒敬人而已哉，盖以自敬也；向之所慢者，岂徒慢人而已哉，盖以自慢也。故敬一人则千万人悦，慢一人则千万人怨。皆欲知好人之敬，而不知行其所以敬；皆欲知恶人之慢，而不知去其所以慢。此犹南望以求燕，北行以适越，诚有不可得也。

——（唐）罗隐《两同书·敬慢》[1]

注释：

①《两同书》：十篇，晚唐思想家罗隐所撰系列论文集，以老子修身之说为内，孔子治世之道为外，会其旨而同其玄。因此命名为《两同书》，取“两者同出而异名”之意。罗隐（833—910）：晚唐思想家。字昭谏，新城

（今浙江富阳）人。著有《谗书》、《两同书》等。

译文：

一向懂得尊敬的人，哪里仅是尊敬别人呢？也是在尊敬自己；一向行为轻慢的人，哪里仅是轻慢别人呢？也是在轻慢自己。礼敬一人会使许多人喜悦；轻慢一人会使许多人怨愤。世人都喜欢为人所敬，却不知如何做能为人所敬；世人都厌恶为人所轻慢，却不知如何做能不使人轻慢。这如同南望而想看到燕国，北行而想抵达越国，实在是不可能的事。（刘冰雪校译）

101. 心清志确

闻善言则拜，告有过则喜，有圣贤之气象。坐密室如通衢，驭寸心如六马，可以免过。心不清则无以见道，志不确则无以立功。

——（北宋）林逋《省心录》[①]

注释：

①《省心录》：一卷，北宋林逋撰，此书是作者隐居后之笔记，多记述前人嘉言善行，读之可以省心。林逋（967—1028）：北宋初年著名隐逸诗人。字君复，钱塘（今浙江杭州）人，卒谥和靖先生。

译文：

听到良言则拜谢，听到批评则大喜，这是圣贤之人的气度和行为。独处幽室就像置身大街那样谨言慎行，修养心性就如驾驭六马那样全神贯注，这样才可以不犯过错。心境不清净，就无法理解真理事义；志向不明确，就无法建功立业。（刘冰雪校译）

102. 尽己之当为，乃君子立身之道

所谓良知者，其可忘乎？父慈子孝，兄友弟恭，相须之理也。然子不可待父慈而后孝，弟不可待兄友而后恭。譬犹

责人以信，然后报之以诚。夫尽己之当为，乃君子所以立身之道，非求备于人也。

——（北宋）林逋《省心录》

译文：

所谓“良知”，岂可忘记？父慈子孝，兄友弟恭，是相须相成的道理。但是为人子者，不可待父亲先慈祥而后孝顺；为人弟者，不可待兄长先友善而后恭敬。否则，就如同先要求别人守信，而后再报之以诚实。所以，尽到自己应当所为之事，而不是对别人求全责备，才是君子立身的根本。（刘冰雪校译）

103. 圣人以名为戒

人之有过失，犹身之有疾病。攻之以药石，诲之以廉耻，虽过失不害为贤者，虽疾病不失为全人。好名而立异，立异则身危，故圣人以名为戒。

——（北宋）林逋《省心录》

译文：

人有过失，如同身体有疾病。用药物来治疗，用廉耻来教诲，即使有过失也不妨碍成为贤良之人，即使有疾病也不失为健全之人。虚荣好名则容易标新立异，标新立异则容易身处灾厄，所以圣人以虚荣好名为戒。（刘冰雪校译）

104. 君子以同道为朋

大凡君子与君子，以同道为朋；小人与小人，以同利为朋。此自然之理也。

——（北宋）欧阳修《朋党论》

译文：

大体说来，君子与君子，是以理想目标相同结成朋党；小人与小人，以暂时利益一致结成朋党。这是很自然的道理啊。(《名家精译古文观止》，中华书局编辑部编，中华书局2007年版，418页)

105. 贵以道义久可要

人生交分耻苟合，贵以道义久可要，
薄俗盈虚逐势利，清风绵邈日已凋。
长吟宇宙独引领，浩浩万古与我遥，
安得此身有两翅，飒然远举随风飙。

——（北宋）苏舜钦《奉酬公素学士见招之作》①

注释：

①《奉酬公素学士见招之作》：北宋诗人苏舜钦诗，为庆历五年（1045）和友人李绚赠诗之作。时苏舜钦被放苏州，值李绚被贬。诗写二人友谊及共鸣，赏赞了李绚的人品。本书摘录其诗前四句。苏舜钦（1008—1048）：北宋诗人。字子美，梓州铜山（今四川中江）人。是北宋诗文革新运动中的重要作家，与欧阳修、梅尧臣友善并齐名，时称“欧苏”或“苏梅”。诗文集有《苏舜钦集》十六卷。

106. 出淤泥而不染

予独爱莲之出淤泥而不染，濯清涟而不妖，中通外直，不蔓不枝，香远益清，亭亭净植，可远观而不可亵玩焉。

——（北宋）周敦颐《爱莲说》①

注释：

①《爱莲说》：古代散文名篇。北宋周敦颐作于嘉祐八年（1063），其好友沈希颜建濂溪阁，请周敦颐题词，因作《爱莲说》相赠。周敦颐（1017—1073）：宋代哲学家，理学的奠基者。字茂叔，道州营道（今湖南道县）人。著有《太极图说》、《通书》等。

译文：

我独爱莲生于淤泥而不染其污浊，洗濯于清水而不妖冶。它茎干挺立、无有杂蔓，它香气袭人、亭亭玉立，这样的风姿只能远观叹赏，而不可亵玩于股掌之中。（刘冰雪校译）

107. 侈则多欲

夫俭则寡欲，君子寡欲，则不役于物，可以直道而行；小人寡欲，则能谨身节用，远罪丰家，故曰“俭，德之共也”。侈则多欲，君子多欲，则贪慕富贵，枉道速祸；小人多欲，则多求妄用，败家丧身，是以居官必贿，居乡必盗，故曰“侈，恶之大也”。

——（北宋）司马光《训俭示康》①

注释：

①《训俭示康》：是司马光写给儿子司马康的一篇家训。司马光在本文中，紧紧围绕着“成由俭，败由奢”这个古训，结合自己的生活经历和切身体验，旁征博引许多典型事例，对儿子进行了耐心细致、深入浅出的教诲。

译文：

节俭的人少有贪欲，君子贪欲少，不被物事所役使，就能坚持原则公正行事；小人贪欲少，就能克己节约，避免犯罪，丰裕家室，所以说“节俭是基本的德行”。奢侈的人贪欲就多，君子贪欲多就容易恋慕富贵，不行正道，招来祸患；小人贪欲多则索求过度、浪费奢靡，终至身败家散，身居官位必受贿，久居乡里必偷盗，所以说“奢侈是最大的恶行”。（刘冰雪校译）

108. 学者大不宜志小气轻

学者大不宜志小气轻。志小则易足，易足则无由进；气轻则虚而为盈，约而为泰，亡而为有，以未知为已知，未学为已学。

——（北宋）张载《经学理窟·学大原下》[①]

注释：

①《经学理窟》：五卷二十篇，北宋张载的哲学著作，由门人纂辑而成。张载（1020—1077）：北宋哲学家，理学创始人之一。字子厚，凤翔郿县（今陕西眉县）横渠镇人，世称横渠先生。其思想对宋明理学影响很大，著有《易说》、《经学理窟》等，编入《张子全书》中。

译文：

求学者最不应该志趣不远、心浮气躁。志趣不远就容易满足，容易满足则无从进步。心浮气躁就会把空虚当做充足，把贫乏当做丰富，把无当做有，把未知当做已知、未学当做已学。（刘冰雪校译）

109. 问切思深

其问之不切，则其听之不专；其思之不深，则其取之不固。

——（北宋）王安石《书洪范传后》[①]

注释：

①《书洪范传后》：北宋名臣王安石所作。王安石于元丰年间作《洪范传》，呈献给神宗，并作此文说明，以发圣人之道。

译文：

如果发问不迫切，则听起来就不专心；如果思考不深入，则学到的知识

就不巩固。（刘冰雪校译）

110. 学而不知道，与不学同

生而不知学，与不生同；学而不知道，与不学同；知而不能行，与不知同。

——（北宋）黄晞《聱隅子·生学篇》①

注释：

①《聱隅子》：二卷，为《聱隅子歔欷琐微论》十篇之简称，其意旨在“表于三王”。黄晞（？—1057）：北宋学者。字景微，自号聱隅子，建安（今福建建瓯）人。

译文：

生而为人却不知学习，那就枉来世间一遭；学习知识却不能明白道理，那就如同没有学习；明白了道理却不能遵循道理行事，那跟不明白道理一样。（刘冰雪校译）

111. 卒然临之而不惊，无故加之而不怒

古之所谓豪杰之士，必有过人之节，人情有所不能忍者。匹夫见辱，拔剑而起，挺身而斗，此不足为勇也。天下有大勇者，卒然临之而不惊，无故加之而不怒，此其所挟持者甚大，而其志甚远也。

——（北宋）苏轼《留侯论》①

注释：

①《留侯论》：北宋文学家苏轼所作，是作者早年参加制科考试所上的一篇史论，就张良为圯上老人拾履而得奇书、成就大业之事，展开评论。

译文：

古代所说的豪杰之士，必定有超过一般人的节操，以及一般人在感情上不能忍受的气度。普通人一旦受侮辱，就会拔出宝剑站起来，挺身去跟对方拼。但这算不上是勇敢。世上堪称大勇的人，突然面临意外而不惊慌，无故受到侮辱而不愤怒，这是因为他的抱负很大，而他的志向又很远。（《名家精译古文观止》，中华书局编辑部编，中华书局 2007 年版，471 页）

112. 立大事者必有坚忍不拔之志

古之立大事者，不惟有超世之才，亦必有坚忍不拔之志。昔禹之治水，凿龙门，决大河，而放之海。方其功之未成也，盖亦有溃冒冲突可畏之患。惟能前知其当然，事至不惧而徐为之图，是以得至于成功。

——（北宋）苏轼《晁错论》

译文：

古代建立大功业的人，不仅有超越当世的杰出才能，而且一定要有坚忍不拔的意志。从前大禹治水，凿开龙门，疏通黄河，放河水入海。当他尚未成功的时候，当然也会有洪水溃决漫溢、横冲直撞的可怕忧患。正因为事先能预料到它必然会有这种情况，事到临头就不会畏惧，而能从容地想法对付，因此得以大功告成。（《名家精译古文观止》，中华书局编辑部编，中华书局 2007 年版，478 页）

113. 厚积薄发

博观而约取，厚积而薄发。

——（北宋）苏轼《稼说》[①]

注释：

①《稼说》：北宋苏轼撰。见《东坡七集·前集》卷二十三。原题下注

有“送张琥”，张琥，字邃明，宋仁宗嘉祐二年（1057）与作者同登进士第。本文是一篇杂说体赠序，当作于宋神宗熙宁九年（1076）末或十年初。以种庄稼设喻，阐说治学修业之道。

译文：

博览群书但要择精华摄取，多积累知识但要谨慎发挥。（刘冰雪校译）

114. 绝知此事要躬行

古人学问无遗力，
少壮功夫老始成。
纸上得来终觉浅，
绝知此事要躬行。

——（南宋）陆游《冬夜读书示子聿》①

注释：

①《冬夜读书示子聿》：南宋著名爱国诗人陆游所作的七言绝句，旨在劝子勤勉、重视实践。此诗作于庆元五年（1199），此处所录为八首之一。子聿是陆游的小儿子。

115. 见人之过，得己之过

己有过焉，何必人告也？见人之过，得己之过；闻人之过，得己之过。何必今人也？见古人之过，得己之过；闻古人之过，得己之过。何必古人也？见日月之过，得己之过；见寒暑之过，得己之过。

——（南宋）杨万里《诚斋集·庸言七》①

注释：

①《诚斋集》：一百三十三卷，为南宋诗人杨万里的诗文集，包括《江

湖集》、《荆溪集》等十种诗集及其他各体文章。杨万里（1127—1206）：南宋诗人。字廷秀，吉州吉水（今属江西）人。自名书室为诚斋，世称诚斋先生。

译文：

自身有错，何必定要他人告知呢？见闻到别人的过错，便能反省自己的过错。何必定要今人告知呢？见闻到古人的过错，便能反省自己的过错。何必定要古人告知呢？见到日月寒暑、天地万物的过错，便能反省自己的过错。（刘冰雪校译）

116. 立志欲坚不欲锐

立志欲坚不欲锐，成功在久不在速。

——（南宋）张孝祥《论治体札子（甲申二月九日）》①

注释：

①《论治体札子》：南宋张孝祥谏孝宗皇帝的一篇奏疏，作于隆兴二年（1164）。劝诫皇帝不应急功近利，应潜心图强，坚持始终。张孝祥（1132—1169）：南宋词人。字安国，号于湖居士，历阳乌江（今安徽和县）人。

译文：

立志应该坚定，不应该锋芒毕露；成功在于能持久，不在于一蹴而就。（刘冰雪校译）

117. 君子义以为质

君子义以为质。得义则重，失义则轻；由义为荣，背义为辱。轻重荣辱，惟义与否。

——（南宋）陆九渊《与郭邦逸书》①

注释：

①《与郭邦逸书》：陆九渊写给学生郭邦逸之书信。本篇作于南宋绍熙元年（1190），从孟子性善说发端，来论证“心即理”学说，强调心学有普遍的基础。陆九渊（1139—1193）：南宋哲学家、教育家。字子静，自号存斋，抚州金溪（今属江西）人。曾结茅讲学于象山，学者称象山先生。

译文：

君子以道义为本。有道义则为人所重，失道义则为人所轻；所以以遵循道义为荣耀，以背弃道义为耻辱。轻重荣辱，唯由道义决定。（刘冰雪校译）

118. 君子言忧不言乐

君子言忧不言乐，然而乐在其中也；小人知乐不知忧，故忧常及之。若夫《蟋蟀》之诗，知忧而不知乐，则其患亦大矣，故戒之曰“好乐无荒”，犹古人之意也。

——（南宋）叶適《习学记言序目·毛诗》①

注释：

①《习学记言序目》：南宋思想家叶適的学术著作。是对经史子书评论和研究心得的记述。共五十卷。为叶被夺官免职、返回原籍永嘉城外水心村后的晚年之作。

译文：

君子谈论如何忧深思远而不谈论如何眼前逸乐，然而其间却有说不尽的乐趣；小人只知眼前逸乐却不知忧深思远，所以可忧虑之事常常降临。正如《诗经·蟋蟀》一诗所言，知忧而不知乐，则有大祸患。所以此诗旨在劝诫世人逸乐不要过度，这正是古人的深意所在。（刘冰雪校译）

119. 与端方人处

与邪佞人交，如雪入墨池，虽融为水，其色愈污；与端方人处，如炭入薰炉，虽化为灰，其香不灭。

——（南宋）许棐《樵谈》[1]

注释：

①《樵谈》：一卷，宋代许棐所撰文集。皆劝诫之言。许棐：生卒年不详。字忱夫，海盐（今属浙江）人。著《梅屋集》、《梅屋诗稿》、《融春小缀》等。

译文：

与品性奸邪之辈交往，犹如把白雪投入墨池，虽融化为水，颜色却更加污黑；和品格端方之人交往，犹如把木炭放进薰炉，虽焚化为灰，香气却不曾消失。（刘冰雪校译）

120. 善誉人者，人誉之

善誉人者，人誉之；善毁人者，人毁之。

——（元）邓牧《伯牙琴·名说》[1]

注释：

①《伯牙琴》：元代邓牧所编诗文集。原有诗文六十余篇，因散佚，现存文三十一篇，诗十三首。著者生活于宋元之际，对元朝采取消极的不合作态度，遁迹深山道观，作诗文以抒发自己的亡国忧思和对理想社会的向往。自知世上知音难遇，所以托“伯牙鼓琴”的故事以为书名。邓牧（1246—1306）：元代思想家。字牧心，晚年别号九锁山人，钱塘（今浙江杭州）人。

译文：

善于赞誉别人的人，也会被人赞誉；善于诋毁别人的人，也会被人诋毁。（刘冰雪校译）

121. 德不广不能使人来

德不广不能使人来，量不宏不能使人安。故量小而思纳大者，祸也。汋（zhuó）谷之鲾（yìng），不可以陵洪涛；蒿樊之鴽（rú），不可以御飘风。大不如海，而欲以纳江河，难哉！

——（明）刘基《郁离子·德量》[①]

注释：

①《郁离子》：明刘基撰。共二卷，十八篇，内容大多为针砭时政的寓言或杂文。刘基（1311—1375），元末明初杰出的思想家、军事家和文学家。字伯温，青田（今浙江文成）人。

译文：

道德品性不崇高就不能使人归附，气度胸怀不恢弘就不能使人安定，所以气量小却要勉强容纳大事就是灾祸了。正如山涧中的小鱼不可以驾驭洪涛骇浪，灌木丛中的小鸟不可以驾驭暴风狂潮。没有大海的容量，却要广纳百川，难啊！（刘冰雪校译）

122. 大贤贵于能改过

夫过者，自大贤所不免，然不害其卒为大贤者，为其能改也。故不贵于无过，而贵于能改过。

——（明）王守仁《王文成公全书·改过》

译文：

即使身为圣贤也不免有错，但这并不妨碍他最终成为圣贤，其原因在于能知过而改。所以为人处世，不以无过错为贵，应以能改过为贵。（刘冰雪校译）

123. 不轻誉人，不轻毁人

不轻誉人者，善誉人者也；不轻毁人者，善毁人者也。

——（明）庄元臣《叔苴子·内篇》

译文：

不轻易称赞别人的人，是善于称赞人的人；不轻易批评别人的人，是善于批评人的人。（刘冰雪校译）

124. 善处身者

善处身者，必善处世；不善处世，贼身者也。善处世者，必严修身；不严修身，媚世者也。

——（明）邹元标《南皋邹先生会语合编》①

注释：

①《南皋邹先生会语合编》：两卷，为明代学者邹元标会语合集。邹元标（1551—1624）：明代哲学家。字尔瞻，号南皋，吉水（今属江西）人。万历进士。东林党首领之一，与赵南星、顾宪成号为“三君”。

译文：

善于修养身心的人，必须善于待人处世；如果不善于待人处世，无异于损害自身。善于待人处世的人，必须严于修养身心；如果不能严于修身，则会迎合世俗、随波逐流。（刘冰雪校译）

125. 学问之道

学问之道，以各人自用得著者为真。凡倚门傍户，依样葫芦者，非流俗之士，则经生之业也。

——（明末清初）黄宗羲《明儒学案·发凡》①

注释：

①《明儒学案》：明末清初黄宗羲著。系统记载、总结明代学术思想的发展演变和流派，是明代思想史、哲学史、学术史专著。

译文：

做学问，以个人自己用得着的内容为真。凡是依葫芦画瓢、机械模仿别人的，不是世俗平庸之人，就是死守章句的经学之士。（刘冰雪校译）

126. 改身之过

学者须振萎惰、破因循，每日有过可改，有善可迁，即成汤日新之学也。迁心之善，改心之过，谓之正心；改身之过，迁身之善，谓之修身；改家之过，迁家之善，谓之齐家；改国与天下之过，迁国与天下之善，谓之治平。学者但不见今日有过可改，有善可迁，便是昏惰了一日；人君但不见天下今日有过可改，有善可迁，便是苟且了一日。

——（清）钟錂《颜习斋先生言行录·学须》①

注释：

①《颜习斋先生言行录》：颜习斋弟子所辑言行集录。钟錂：字文若，清河北博野人。颜元门人，私谥孝端先生，著有《哀感录》、《农书一隅》。颜习斋：即颜元（1635—1704），清初哲学家，颜李学派创始人。原字易直，后改浑然，号习斋，博野（今属河北）人。著有《四存编》、《习斋记余》等。

译文：

求学者必须避免萎靡懒惰、破除因循守旧，每日有错可更改，有善可效仿，便是成汤的"日新"之学。改正心念之错，使心念向善，称之为"正心"；改正自身之错，使自身向善，称之为"修身"；改正一家之错，使一家向善，称之为"齐家"；改正国与天下之错，使国与天下向善，称之为"治平"。求学者如果不见今日有错可更改，有善可效仿，便是浑噩懒惰了一日；为人君者如果不见天下今日有错可更改，有善可效仿，便是懈怠苟且了一日。（刘冰雪校译）

127. 人必有不安于近小之心

人必有不安于近小之心，而后可期以远大；人必有不安于凡庸之心，而后可相期以圣贤。不期于远大，不期为圣贤，皆是志不立。

——（清）张伯行《困学录集粹》[1]

注释：

①《困学录集粹》：八卷，为清人张伯行所作文集。张伯行（1651—1725）：字孝先，晚号敬庵，仪封（今河南兰考）人。学宗程、朱，及门受学者数千人。谥清恪。康熙称他为“天下清官第一”。

译文：

人要有不满足于做琐事的想法，才能期望他做大事；人要有不满足于平庸的想法，才能期望他成为圣贤。若一个人不希望做大事、不希望成为圣贤，都是不立志的表现。（刘冰雪校译）

128. 天下事有难易乎

天下事有难易乎？为之，则难者亦易矣；不为，则易者亦难矣。人之为学有难易乎？学之，则难者亦易矣；不学，则易者亦难矣。

——（清）彭端淑《为学》[1]

注释：

①《为学》，又名《为学一首示子侄》，是清人彭端淑为子侄所作的劝学之文，为清代散文名篇。彭端淑（1697—1777）：清代文学家。字仪一，又字乐斋，丹棱（今四川洪雅）人。著有《白鹤堂诗文集》。

译文：

天下事有难和易的区别吗？尽力去做的话，难事也变容易了；不做的话，易事也变难了。学习有难和易的区别吗？努力学的话，难学也变容易了；不学的话，容易的也变难了。（刘冰雪校译）

129. 学如弓弩，才如箭镞

学如弓弩，才如箭镞。识以领之，方能中鹄。

——（清）袁牧《续诗品·尚识》①

注释：

①《续诗品》：清代文学家袁枚所作的诗论著作，共一卷。袁牧（1716—1798）：清朝诗人。字子才，号存斋，又号简斋，世称随园先生，钱塘（今浙江杭州）人。

译文：

学习如弓弩，才华如箭头。以超群的见识作为引导，终能有所成就。（刘冰雪校译）

130. 顾名而不计利

信而后谏，惟友亦然。欲主人之必用吾言，必先使主人之不疑吾行。为主人忠谋，大要顾名，而不计利。凡与主人相依，及效用于主人者，率惟利是视，不得遂其所欲，往往易为媒孽。其势既孤，其间易生，稍不自检，毁谤从之。故欲行吾志者，不可不立品。

——（清）汪辉祖《佐治药言·立品》

译文：

劝谏要建立在信任的基础上，交友亦如此。欲使幕主采用自己的建议，必须使幕主信任自己的品性。幕僚为幕主谋划，最要紧是顾全名节，而不计较个人得失。大凡那些与幕主相随相依，并为之效力者，多是唯利是图之人，若不能满足其欲望，往往易生祸患。品格端方之人，常常比较孤立，也容易与他人产生隔阂，若自身稍不检点，污蔑诽谤就会接踵而来。因此要想实现自己的抱负，不可不端正品行。（刘冰雪校译）

131. 身之不俭，不能范家

身之不俭，断不能范家；家之不俭，必至于累身。

——（清）汪辉祖《佐治药言·范家》

译文：

自己不俭朴，就不能约束家人；家人不俭朴，必定会累及自身。（刘冰雪校译）

132. 日月既往，不可复追

天可补，海可填，南山可移；日月既往，不可复追。

——（清）曾国藩《朱玉声先生七十三寿序》①

注释：

①《朱玉声先生七十三寿序》：道光二十一年（1841）七月曾国藩应好友朱尧阶之邀，为其父亲而作。

译文：

苍天可以修补，沧海可以填平，南山可以移动，唯独时光逝去，再也不可追回。（刘冰雪校译）

133. 荷道以躬

煌煌先哲，彼不犹人。藐焉小子，亦父母之身。聪明福禄，予我者厚哉！弃天而佚，是及凶灾。积悔累千，其终也已。往者不可追，请从今始。荷道以躬，舆之以言。一息尚存，永矢无谖（xuān）！

——（清）曾国藩《五箴》[①]

注释：

①《五箴》：曾国藩为自振修身所作的励志箴，作于道光二十四年（1844），共五则，有立志箴、居敬箴、主静箴、谨言箴、有恒箴。

译文：

古之伟大先哲，不也拥有和世人一样的身躯吗？就算像我这样的凡人，也是父精母血所生。我所拥有的聪明福禄，上天已经给予太多了！如果再违背天理去享受安逸，祸患就不远了。现在后悔犯的过错太多，不过都已经完结。已经逝去的事情不可挽回，那么就从今日开始：用身体任大道，用言辞载大道；只要一息尚存，便立誓永不忘记！（刘冰雪校译）

134. 慎者，有所畏惮

古人曰钦、曰敬、曰谦、曰谨、曰虔恭、曰祗惧，皆慎字之义也。慎者，有所畏惮之谓也。居心不循天理，则畏天怒；作事不顺人情，则畏人言。少贱则畏父师、畏官长；老年则畏后生之窃议；高位则畏僚属之指摘。凡人方寸有所畏惮，则过必不大，鬼神必从而原之。

——（清）曾国藩《书赠弟六则·慎》[①]

注释：

①《书赠弟六则》：曾国藩赠诫谕兄弟之文，有清、俭、明、慎、恕、敬六则。

译文：

古人说钦慕、恭敬、谦虚、谨慎、虔诚恭顺、尊重敬畏，都是“慎”

字的含义。“慎”是指有所敬畏惧怕。居心不遵循天理，就畏惧天怒；做事不顺应人情，就畏惧人言。年少微贱时畏惧父辈师长、畏惧主司官长；年老之时则畏惧后辈初学的议论；身居高位则畏惧下属同僚的指摘。若人存心行事有所畏惧，则不会犯大错，鬼神也必然会谅解包容他。（刘冰雪校译）

135. 海纳百川

海纳百川，有容乃大；壁立千仞，无欲则刚。

——（清）林则徐自题联[①]

注释：

①此联为林则徐所作，自题于厅堂。

哲理规律

1. 终则有始，天行也

《彖》曰：《蛊》，刚上而柔下，巽而止，《蛊》。《蛊》“元亨”，而天下治也。“利涉大川”，往有事也。“先甲三日，后甲三日”，终则有始，天行也。

——《周易·蛊卦》

译文：

《彖传》说：《蛊》卦，（巽下艮上，阴卦下阳卦上），阳刚在上而阴柔在下，（巽谦艮止），止于谦逊，是《蛊》卦。《蛊》卦“元亨”，天下治平。“利涉大川”，是有事出去。“先甲三日”为辛日，“后甲三日”为丁日，（从辛日到丁日循环往复），终了就又开始，这是天道的运行。（《周易译注》，周振甫译注，中华书局1991年版，70页）

2. 损益盈虚，与时偕行

损刚益柔有时，损益盈虚，与时偕行。

——《周易·损卦》

译文：

损减刚强补益柔弱有一定时机，损盈益虚，跟着时机一起进行。（《周易译注》，周振甫译注，中华书局1991年版，143页）

3. 日进无疆

《益》动而巽，日进无疆。天施地生，其益无方。凡益之道，与时偕行。

——《周易·益卦》

译文：

《益》卦（震下巽上，动下逊上），动而谦逊，日有进益而无限量。天地生育万物，它所增益的没有限量。所有增益的道理，跟着时令一起进行。（《周易译注》，周振甫译注，中华书局 1991 年版，146 页）

4. 日中则昃，月盈则食

日中则昃（zè），月盈则食，天地盈虚，与时消息，而况于人乎，况于鬼神乎？

——《周易·丰卦》

译文：

太阳正中就要偏斜，月亮圆满就要亏缺，天地间的日月还有这样的满和缺，跟着时间消长，何况人事呢，何况鬼神的受祭祀呢？（《周易译注》，周振甫译注，中华书局 1991 年版，197 页）

5. 仁者见仁，智者见智

一阴一阳之谓道，继之者善也，成之者性也。仁者见之谓之仁，知者见之谓之知，百姓日用而不知，故君子之道鲜矣。显诸仁，藏诸用，鼓万物而不与圣人同忧，盛德大业至矣哉！

——《周易·系辞上》

译文：

一阴一阳的对立转化称做道，继承它的是善，成就它的是本性。仁人看见它叫做仁，智者看见它叫做智，百姓每天在用它而不认识，所以认识君子之道的少了。阴阳之道显现在它的生育万物的仁，隐藏在它的生育万物的作用。它转动万物却不和圣人共同忧虑。它的盛德大业到了极点啊！（《周易译注》，周振甫译注，中华书局 1991 年版，235 页）

6. 皇天无亲，惟德是辅；民心无常，惟惠之怀

皇天无亲，惟德是辅；民心无常，惟惠之怀。为善不同，同归于治；为恶不同，同归于乱。

——《尚书·蔡仲之命》

译文：

伟大的上帝没有特别的亲疏之见，只是辅佑有德的人。民众的忠心也不是固定不变的，只是怀念爱抚他们的君王。行善的方式各不相同，但都能够达到安定治理；作恶的方式各不相同，但都能够造成动乱。（《尚书译注》，李民、王健撰，上海古籍出版社 2004 年版，335 页）

7. 天之所助，虽小必大

万物之于人也，无私近也，无私远也。巧者有余，而拙者不足。其功顺天者天助之，其功逆天者天围（违）之。天之所助，虽小必大；天之所围，虽成必败。

——《管子·形势》

译文：

万物之于人，是没有远近亲疏之分的。高明的人用起来就有余，愚笨的人用起来就不足。顺乎天道去做，天就帮助他；反乎天道去做，天就违背他。天之所助，弱小可以变得强大；天之所弃，成功可以变为失败。（《白话管子》，赵守正译注，岳麓书社 1993 年版，7 页）

8. 物虽甚多，皆有均焉

根天地之气，寒暑之和，水土之性，人民鸟兽草木之

生，物虽甚多，皆有均焉，而未尝变也，谓之“则”。

——《管子·七法》

译文：

探索天地的元气，寒暑的配合，水土的性质以及人类、鸟兽、草木的生长，事物虽然很多，都有一个共同性，而且是不变的，叫作“则”（法则）。（《白话管子》，赵守正译注，岳麓书社1993年版，26页）

9. 天有常象，地有常形，人有常礼

天有常象，地有常刑（形），人有常礼，一设而不更，此谓三常。

——《管子·君臣上》

译文：

天有经常的气象，地有经常的形体，人有经常的礼制，一经设立就不更改，这叫做三常。（《白话管子》，赵守正译注，岳麓书社1993年版，136页）

10. 事末作而民兴之，是以下名而上实也

问曰：“古之时与今之时同乎？”曰：“同。”“其人同乎不同乎？”曰：“不同。可与政诛。嚳（kù）、尧之时，混吾之美在下。其道非独出人也，山不童而用掞（赡），泽不弊而养足，耕以自养，以其余应养天子，故平。牛马之牧不相及，人民之俗不相知，不出百里而求足，故卿而不理，静也。其狱一踦腓（féi）一踦屦（jù）而当死。今周公断指满稽，断首满稽，断足满稽，而死民不服，非人性也，敝也。地重人载（戴），毁敝而养不足，事末作而民兴之，是

以下名而上实也。圣人者，省诸本而游诸乐，大昏也，博夜也。”

——《管子·侈靡》

译文：

桓公问道：“古代与现代的天时相同么？”管仲回答说：“同。”“那么，人间世道是否相同呢？”回答说：“不同。这可以在政事与刑罚两方面看得出来。早在帝喾、帝尧时代，昆吾山的美金埋藏在地下都无人开采。他们并非用了什么超过一般人的政策。那时山上的林木不用采伐光，人们就够用；河中的水产还未打捞完，人们就够吃。人们耕种用以自养，用所余供养天子，所以天下太平。人们放牧牛马都互不相遇，习俗也互不相知，不出百里就可以满足各项需要，所以有公卿官吏而无需办事，政事是平静的。那时的刑罚，使罪人一脚穿草鞋一脚穿常履就可以代替死刑。然而现今的周公时代，断指、断足和断头积满台阶，被处死的人们还是不服从，这并不是人本性不怕死，而是极度贫困的缘故。土地贵重，人口增多，生活破败贫困而且供养不足，发展了奢侈性的工商末业，人民生活才振兴起来，这是不重虚名而注重实际的措施。圣明的君主，观察研究农业生产的情况而发展游乐事业，甚至整日整夜地进行游乐。”（《白话管子》，赵守正译注，岳麓书社 1993 年版，156—157 页）

11. 毋先物动，以观其则

毋（wú）代马走，使尽其力；毋代鸟飞，使弊其羽翼；毋先物动，以观其则。动则失位，静乃自得。

——《管子·心术上》

译文：

不要代替马去跑，让它自己用尽其体力；不要代替鸟去飞，让它充分使用其羽翼。不要先物而动，以观察它的规律。动，则失掉为君的地位；静，就可以自然地掌握事物运动的规律了。（《白话管子》，赵守正译注，岳麓书社

1993 年版，174 页）

12．大道可安而不可说

大道可安而不可说。真人之言，不义（俄）不颇，不出于口，不见于色。四海之人，又孰知其则？

——《管子·心术上》

译文：

大道，可以顺应它但不能说得明白。真人的理论，不偏不颇，不从口里说出，也不在表情上流露。四海的人，又有谁能知道它的规律呢？（《白话管子》，赵守正译注，岳麓书社 1993 年版，174 页）

13．法者不可不恒也

法者不可不恒也，存亡治乱之所以出，圣君所以为天下大仪也。

——《管子·任法》

译文：

法是不可不永远坚持的，它是存亡治乱的根源，是圣明君主用来作为天下最高标准的。（《白话管子》，赵守正译注，岳麓书社 1993 年版，206 页）

14．海不辞水，故能成其大

海不辞水，故能成其大；山不辞土石，故能成其高；明主不厌人，故能成其众；士不厌学，故能成其圣。

——《管子·形势解》

译文：

海不排斥水，所以能成其大；山不排斥土石，所以能成其高；明君不厌恶人民，所以能实现其人口众多；士不厌学，所以能形成他的圣智。（《白话管子》，赵守正译注，岳麓书社 1993 年版，274—275 页）

15. 为者常成，行者常至

晏子曰："婴闻之，为者常成，行者常至。婴非有异于人也，常为而不置，常行而不休者，故（胡）难及也。"

——《晏子春秋·内篇·杂下》

译文：

晏子说："我听说，只要努力去做就常常能获得成功，只要坚持前行就常常能到达目的地。我并没有异人之处，只是不断去做不放弃，不断前行不停止，怎么会难以赶上呢？"（《晏子春秋译注》，卢守助撰，上海古籍出版社 2006 年版，227 页）

16. 十世可知

子张问："十世可知也？"子曰："殷因于夏礼，所损益，可知也；周因于殷礼，所损益，可知也。其或继周者，虽百世，可知也。"

——《论语·为政》

译文：

子张问："今后十代的礼仪制度可以预先知道吗？"孔子说："殷朝沿袭夏朝的礼仪制度，所废除的，所增加的，是可以知道的；周朝沿袭殷朝的礼仪制度，所废除的，所增加的，也是可以知道的。那么，假定有继承周朝而当政的人，就是以后一百代，也是可以预先知道的。"（《论语译注》，杨伯峻译注，中华书局 2009 年版，21 页）

17. 欲速则不达

子夏为莒（jǔ）父宰，问政。子曰："无欲速，无见小利。欲速，则不达；见小利，则大事不成。"

——《论语·子路》

译文：

子夏做了莒父的县长，问政治。孔子道："不要图快，不要顾小利。图快，反而不能达到目的；顾小利，就办不成大事。"（《论语译注》，杨伯峻译注，中华书局2009年版，137页）

18. 盈而不溢，盛而不骄，劳而不矜其功

天道盈而不溢，盛而不骄，劳而不矜其功。夫圣人随时以行，是谓守时。天时不作，弗为人客；人事不起，弗为之始。今君王未盈而溢，未胜而骄，不劳而矜其功，天时不作而先为人客，人事不起而创为之始，此逆于天而不和于人。王若行之，将妨于国家，靡王躬身。

——《国语·越语下》

译文：

天道充盈却不过分，气盛却不骄傲，辛劳却不自夸其功。圣人顺应天时行事，这叫守时。敌国没有天灾的时候，不要轻举妄动；敌国没有人祸的时候，不要挑起事端。现在君王在国力没有达到殷实富强就产生野心；国势没有强盛就骄傲自满；没有付出辛劳就想夸耀自己的功劳；敌国没有发生天灾就想主动进攻；敌国没有人祸，就要挑起事端。这是违背天时、失去人和的做法。君王如果这样做，必将危害国家，祸及自身。（李凡校译）

19. 故经之以五事，校之以计，而索其情

故经之以五事，校之以计，而索其情。一曰道，二曰天，三曰地，四曰将，五曰法。

——《孙子兵法·计篇》[①]

注释：

①《孙子兵法》：亦称《孙子》、《孙武兵法》。中国古代最著名的兵书，也是世界现存最古老的军事理论著作。春秋末孙武作，今本十三篇。孙武：春秋末兵家。字长卿，齐国人。曾以《兵法》十三篇见吴王阖闾，被任为将，率吴军攻破楚国。

译文：

所以，要通过以下五个方面来研究，比较分析双方的各种条件，考察双方的实际情况，来预测战争胜负的可能性。一是道义，二是天时，三是地理，四是将帅，五是法规。（《孙子兵法·孙膑兵法》，骈宇骞等译注，中华书局2006年版，4页）

20. 知彼知己者，百战不殆

知彼知己者，百战不殆；不知彼而知己，一胜一负；不知彼不知己，每战必殆。

——《孙子兵法·谋攻篇》

译文：

了解对方也了解自己，每次战斗都不会失败；不了解对方只了解自己，就可能胜负各占一半；既不了解对方又不了解自己，那就会每战必败。（《孙子兵法·孙膑兵法》，骈宇骞等译注，中华书局2006年版，22页）

21．见胜不过众人之所知，非善之善者也

见胜不过众人之所知，非善之善者也；战胜而天下曰善，非善之善者也。故举秋毫不为多力，见日月不为明目，闻雷霆不为聪耳。

——《孙子兵法·形篇》

译文：

能预见胜利但没有超过大家的见识，就不能算是好中最好的；打了胜仗而天下人都称赞，也不能算是高明中最高明的。正如举得起秋毫之重的东西称不上是力大，能看见日月算不上是眼明，听见雷鸣算不上是耳聪。（《孙子兵法·孙膑兵法》，骈宇骞等译注，中华书局2006年版，26页）

22．善战者，其势险，其节短

激水之疾，至于漂石者，势也；鸷鸟之疾，至于毁折者，节也。是故善战者，其势险，其节短。势如彍（guō）弩，节如发机。

——《孙子兵法·势篇》

译文：

湍急的流水飞快地奔泻，以至于能漂动大石，这是借助了强大的水势；鸷鸟飞速凶猛，以致能迅速捕杀鸟兽，是因为它掌握了急促的节奏。所以善于作战的指挥者，他所造成的态势是险峻的，进攻的节奏是短促的。所造成的“势险”就如同拉满弓弩一样险峻，进攻的“节奏”就如同搏动弩机那样突然。（《孙子兵法·孙膑兵法》，骈宇骞等译注，中华书局2006年版，33页）

23. 任势者，其战人也如转木石

任势者，其战人也如转木石。木石之性，安则静，危则动，方则止，圆则行。故善战人之势，如转圆石于千仞之山者，势也。

——《孙子兵法·势篇》

译文：

善于利用“势”的将领，其指挥部队作战就像转动木头和石头。木头石头的特性是处于平坦地势上就静止不动，处于地势倾斜的地方就滚动，方形的就容易静止，圆形的就容易滚动。所以，善于指挥作战的人所造就的“势”，就像从很高的山上把圆石滚下来一样，来势凶猛，不可阻挡。这就是军事上所谓的“势”。（《孙子兵法·孙膑兵法》，骈宇骞等译注，中华书局2006年版，34—35页）

24. 道可道，非常道

道，可道，非常道；名，可名，非常名。

——《老子·第一章》

译文：

“道”，说得出的，它就不是永恒的“道”。名，叫得出的，它就不是永恒的名。（《老子绎读》，任继愈著，北京图书馆出版社2006年版，1—2页）

25. 有无相生，难易相成

天下皆知美之为美，斯恶矣；皆知善之为善，斯不善矣。故有无相生，难易相成，长短相形，高下相倾，音声相和，前后相随。

——《老子·第二章》

译文：

天下的人都知道怎样才算美，这就有了丑了；都知道怎样才算善，这就有了恶了。所以有无互相对立而生，难易互相对立而成，长短互相对立而体现，高下互相对立而存在，声音互相对立而谐和，前后互相对立而出现。（《老子绎读》，任继愈著，北京图书馆出版社 2006 年版，4—5 页）

26. 善结，无绳约而不可解

善行，无辙迹；善言，无瑕谪；善数，不用筹策；善闭，无关楗而不可开；善结，无绳约而不可解。是以圣人常善救人，故无弃人；常善救物，故无弃物。是谓袭明。故善人者不善人之师，不善人者善人之资。不贵其师，不爱其资，虽智大迷，是谓要妙。

——《老子·第二十七章》

译文：

善行路者，不留辙迹；善言谈者，无瑕可谪；善计算者，不用筹策；善关闭者，不用锁钥，却使人不能开；善捆缚者，不用绳索，却使人不能解。因此“圣人”总是善于挽救人，所以没有无用的人；善于利用物，故无废弃物。这叫做隐蔽着的聪明。所以善人是不善人的老师，不善人也可作善人的借鉴。不尊重他的老师，不珍惜他的借鉴，自以为聪明，实为糊涂，这就叫做对人处世的“诀窍”。（《老子绎读》，任继愈著，北京图书馆出版社 2006 年版，59—61 页）

27. 知人者智，自知者明

知人者智，自知者明。胜人者有力，自胜者强。知足者富，强行者有志，不失其所者久，死而不亡者寿。

——《老子·第三十三章》

译文：

了解别人的人叫做智，了解自己的人才是明。战胜别人的人叫做有力，克服自己的弱点的人才是刚强。知足的人就富足，坚持力行的人有志气，不失立场的人经得起考验，死后而不消失的人才是长寿。（《老子绎读》，任继愈著，北京图书馆出版社 2006 年版，74—75 页）

28. 将欲歙之，必固张之

将欲歙（xī）之，必固张之；将欲弱之，必固强之；将欲废之，必固兴之；将欲取之，必固与之。是谓微明。

——《老子·第三十六章》

译文：

将要收敛它，暂且扩张它；将要削弱它，暂且增强它；将要废弃它，暂且兴起它；将要夺取它，暂且送给它。这就叫做深沉的预见。（《老子绎读》，任继愈著，北京图书馆出版社 2006 年版，80—81 页）

29. 反者道之动，弱者道之用

反者道之动，弱者道之用。天下万物生于有，有生于无。

——《老子·第四十章》

译文：

走向反面，是“道”的运动，柔弱谦下是“道”的功用。天下万物生于“有”（看得见的），而“有”由“无”（看不见的）产生。（《老子绎读》，任继愈著，北京图书馆出版社 2006 年版，90 页）

30. 大成若缺，其用不弊

大成若缺，其用不弊。大盈若冲，其用不穷。大直若屈，大巧若拙，大辩若讷。

——《老子·第四十五章》

译文：

最圆满好似欠缺，其作用不会败坏。最充实好似空虚，其功能永不穷竭。最正直好似枉屈，最灵巧好似笨拙，好辩才好似木讷。（《老子绎读》，任继愈著，北京图书馆出版社 2006 年版，99—100 页）

31. 祸兮福所倚，福兮祸所伏

祸兮，福之所倚，福兮，祸之所伏。孰知其极？其无正。正复为奇，善复为妖，人之迷，其日固久。

——《老子·第五十八章》

译文：

灾祸啊，幸福靠在它旁边，幸福啊，灾祸藏在它里面。谁知道它最后的结局？根本没有主宰者。正常随时可变为反常，善良随时可变为妖孽，人们的迷惑，由来已久了！（《老子绎读》，任继愈著，北京图书馆出版社 2006 年版，127 页）

32. 难事必作于易，大事必作于细

为无为，事无事，味无味。大小多少，报怨以德。图难于其易；为大于其细。天下难事，必作于易；天下大事，必作于细。是以圣人终不为大，故能成其大。夫轻诺必寡信，

多易必多难。是以圣人犹难之，故终无难矣。

——《老子·第六十三章》

译文：

把无为当作为，把无事当作事，把无味当作味。不计较人家对我恩怨多少，我总是以“德”相报。克服困难，要从容易时着手；干大事业，要从细微处开始。天下的难事，一定开始于容易；天下的大事，一定开始于微细。因此“圣人”做事总是不从大处入手，所以能办成大事。允诺得太随便，势必信用破产，把事情看得太容易，必遇到更大困难。因此，连“圣人”还不敢轻视困难，所以他不会有困难。（《老子绎读》，任继愈著，北京图书馆出版社2006年版，139—140页）

33. 千里之行，始于足下

合抱之木，生于毫末；九层之台，起于累土；千里之行，始于足下。

——《老子·第六十四章》

译文：

合抱的大树，产生于细小的萌芽；九层的高台，从一堆泥土筑起；千里的远行，在脚下第一步开始。（《老子绎读》，任继愈著，北京图书馆出版社2006年版，142页）

34. 兵强则灭，木强则折

人之生也柔弱，其死也坚强。万物草木之生也柔脆，其死也枯槁。故坚强者死之徒，柔弱者生之徒。是以兵强则灭，木强则折。坚强处下，柔弱处上。

——《老子·第七十六章》

译文：

人活着时身体是柔软的，他死后身体变得僵硬。万物草木活着时枝干柔软，它死后枝干变得枯槁。所以坚强的东西归于死亡一类，柔弱的东西归于生存一类。因此军队强大了必将失败，树木强大了必将摧折。坚强占劣势，柔弱占优势。（《老子绎读》，任继愈著，北京图书馆出版社 2006 年版，167—168 页）

35. 天之道，损有余而补不足

天之道，其犹张弓欤？高者抑之，下者举之，有余者损之，不足者补之。天之道，损有余而补不足。人之道则不然，损不足以奉有余。孰能有余以奉天下？唯有道者。是以圣人为而不恃，功成而不处，其不欲见贤。

——《老子·第七十七章》

译文：

天的“道”，不很像射箭瞄准拉开的弓吗？高了就把它压低，低了就把它上举，过满了就减些力，不满时就加些力。天的“道”，减少有余的一方，用来补给不足的一方，人的“道”却不是这样的，偏要减少不足的一方，用来供给有余的一方。谁能把有余来供养全国？只有有“道”的人。因此，“圣人”推动了万物而不自以为尽了力，功成而不自己居功，不愿表现自己的贤能。（《老子绎读》，任继愈著，北京图书馆出版社 2006 年版，169—170 页）

36. 利而不害，为而不争

信言不美，美言不信。善者不辩，辩者不善。知者不博，博者不知。圣人不积，既以为人己愈有，既以与人己愈多。天之道，利而不害。圣人之道，为而不争。

——《老子·第八十一章》

译文：

真话不漂亮，漂亮的不是真话。善人不巧说，巧说的不是善人。真懂的不卖弄，卖弄的不真懂。“圣人”不保留，尽量助人，他自己反更充足，一切给了人，他自己反更丰足。天的“道”，利物而不害物。“圣人”的“道”，做了而不争功。（《老子绎读》，任继愈著，北京图书馆出版社2006年版，178—179页）

37. 水无源无归

以盆为沼，以石为岛，鱼环游之，不知其几千万里而不穷也。夫何故？水无源无归。

——《关尹子·一宇》①

注释：

①《关尹子》：一卷九篇，道家著作，相传春秋末关尹著。道教奉为经典，称《文始真经》。关尹：一说姓尹名喜。相传曾为函谷关尹，随老子出关西去。

译文：

把水盆当作池沼，把石头当作岛屿，小鱼环绕岛屿而游，真不知道究竟有几千万里而不可穷尽啊。什么缘故？这是因为其水既没有源头也没有归宿。（吴春丽校译）

38. 勿以拙陋曰道之质，当乐敏捷

勿以拙陋曰道之质，当乐敏捷；勿以愚暗曰道之晦，当乐轻明；勿以傲易曰道之高，当乐和同；勿以汗漫曰道之广，当乐要急；勿以幽忧曰道之寂，当乐悦豫。

——《关尹子·九药》

译文：

不要把那拙陋说成是道的本质，应当喜好其敏捷；不要把愚钝不明事理说成是道的隐晦，应当喜好其轻灵明快；不要把高傲而轻视他人说成是道的高深，而应当喜好其和睦同心；不要把漫无边际说成是道的广大，而应当喜好其能处理好眼前事务；不要把忧伤说成是道的岑寂，而应当喜好其愉悦一面。（吴春丽校译）

39. 圣人不违时

天不能冬莲春菊，是以圣人不违时；地不能洛橘汶貉，是以圣人不违俗；圣人不能使手步足握，是以圣人不违我所长；圣人不能使鱼飞鸟驰，是以圣人不违人所长。

——《关尹子·九药》

译文：

苍天也不能够使冬天生莲花春天生菊，因此圣人是不会违背天时的；大地也不能够使河洛生橘，汶水出貉，因此圣人是不会违背土俗的；圣人也不能够使手掌走路，脚掌握物，因此圣人不会违背自我的长处；圣人也不能够使鱼儿飞翔鸟儿奔驰，因此圣人不会违背他人的长处。（吴春丽校译）

40. 人不明于急务，穷困灾厄及之

人不明于急务，而从事于多务、他务、奇务者，穷困灾厄及之。

——《关尹子·九药》

译文：

对于当务之急不明了，而去做那些繁杂事务、无关紧要的事务、新奇的事务，这样的人，会遇上穷困和灾难。（吴春丽校译）

41. 利之中取大，非不得已也

利之中取大，非不得已也；害之中取小，不得已也。于所未有而取焉，是利之中取大也；于所既有而弃焉，是害之中取小也。

——《墨子·大取》

译文：

在利中选取大的，不是不得已；在害中选取小的，是不得已。在所未有的事中选取，这是利中选取大的；在已有的东西中舍弃，这是在害中选取小的。（吴春丽校译）

42. 工不兼事，士不兼官

古者，工不兼事，士不兼官。工不兼事则事省，事省则易胜；士不兼官则职寡，职寡则易守。故士位可世，工事可常。

——《慎子·威德》①

注释：

①《慎子》：战国时慎到著。《汉书·艺文志》著录四十二篇，《崇文总目》作三十七篇，已失传，现仅存辑录七篇。内容从“贵势”和“齐万物”思想出发，提出作者的法治主张。慎到（前390—前315）：战国时法家，赵国人。曾在齐国的稷下讲学，主张法治，负有盛名。

译文：

古时候，工匠不兼做其他业务，士人不兼任其他官职。工匠不兼做其他业务，事情就不多；事情不多就容易做好。士人不兼任其他官职，职责就少；职责少就容易胜任。所以士人的职位可以世代相传，工匠的职业可以长期不变。（吴春丽校译）

43. 圣人知必然之理，必为之时势

圣人知必然之理，必为之时势。故为必治之政，战必勇之民，行必听之令。是以兵出而无敌，令行而天下服从。

——《商君书·画策》

译文：

圣明的人懂得社会发展的道理，一定要顺应时代发展的形势。因此制定一定能把国家治理好的政策，打仗用必定勇敢的民众，下达民众一定能听从的命令。所以军队出发打仗便会无敌于天下，君主的命令下达天下便会服从。（《商君书》，石磊译注，中华书局2009年版，158页）

44. 故托其势者，虽远必至

今夫飞蓬遇飘风而行千里，乘风之势也；探渊者知千仞之深，县（悬）绳之数也。故托其势者，虽远必至；守其数者，虽深必得。

——《商君书·禁使》

译文：

就像飞蓬遭遇旋风而飘越千里，是因为凭借风势啊；测量深潭的人能够知道八千尺的深度，是因为运用了悬绳测量的方法。所以，依凭客观形势的，即使道路遥远也一定能到达；掌握了方法，即使非常深也一定能测出来。（《商君书》，石磊译注，中华书局2009年版，191页）

45. 水清无鱼，人察无徒

水至清则无鱼，人至察则无徒。

——《大戴礼记·子张问入官》

译文：

水太清澈了，鱼就不能生存；对别人要求太严了，自己就会没有伙伴。（吴春丽校译）

46. 行远必自迩，登高必自卑

君子之道，辟如行远必自迩，辟如登高必自卑。

——《礼记·中庸》

译文：

实习君子之道，譬如远行，一定要从近处起步；譬如登高，一定要从低处开始。（《礼记译解》，王文锦译解，中华书局 2001 年版，780 页）

47. 天之生物，必因其材而笃焉

故天之生物，必因其材而笃焉，故栽者培之，倾者覆之。

——《礼记·中庸》

译文：

所以天生万物，必定依照各自材质而笃实对待，因而，来栽种的就帮他培养，要倾倒的就让他覆灭。（《礼记译解》，王文锦译解，中华书局 2001 年版，781—782 页）

48. 得道者多助，失道者寡助

孟子曰：“天时不如地利，地利不如人和。三里之城，七里之郭，环而攻之而不胜。夫环而攻之，必有得天时者矣；然而不胜者，是天时不如地利也。城非不高也，池非不深也，兵革非不坚利也，米粟非不多也；委而去之，是地利不如人和也。故曰：域民不以封疆之界，固国不以山谿（溪）之险，威天下不以兵革之利。得道者多助，失道者寡助。寡助之至，亲戚畔（叛）之；多助之至，天下顺之。以天下之所顺，攻亲戚之所畔，故君子有不战，战必胜矣。”

——《孟子·公孙丑下》

译文：

孟子说：“天时不及地利，地利不及人和。譬如有一座小城，每边长仅三里，它的外郭也仅七里。敌人围攻它，而不能取胜。在长期围攻中，一定有合乎天时的战机，却不能取胜，这就是说得天时的不及占地利的。又譬如，另一守城者，城墙不是不高，护城河不是不深，兵器和甲胄不是不锐利和坚固，粮食不是不多；然而敌人一来，便弃城逃走，这就是说占地利的不及得人和的。所以我说，限制人民不必用国家的疆界，保护国家不必靠山川的险阻，威行天下不必凭兵器的锐利。行仁政的帮助他的人就多，不行仁政的帮助他的人就少。帮助的人少到极点时，连亲戚都反对他；帮助他的人多到极点时，全天下都顺从他。拿全天下顺从的力量来攻打亲戚都反对的人，那么，仁君圣主或者不用战争，若用战争，是必然胜利的了。”（《孟子译注》，杨伯峻译注，中华书局2010年版，78—79页）

49. 不以规矩，不能成方圆

孟子曰：“离娄之明、公输子之巧，不以规矩，不能成方圆；师旷之聪，不以六律，不能正五音；尧舜之道，不以仁政，不能平治天下。”

——《孟子·离娄上》

译文：

孟子说：“就是有离娄的目力、公输般的技巧，如果不用圆规和曲尺，也不能正确地画出方形和圆形；就是有师旷审音的耳力，如果不用六律，便不能校正五音；就是有尧舜之道，如果不行仁政，也不能管理好天下。”（《孟子译注》，杨伯峻译注，中华书局2010年版，149页）

50. 先立乎其大者，则其小者不能夺

耳目之官不思，而蔽于物。物交物，则引之而已矣。心之官则思，思则得之，不思则不得也。此天之所与我者。先立乎其大者，则其小者不能夺也。此为大人而已矣。

——《孟子·告子上》

译文：

耳朵眼睛这类的器官不会思考，故为外物所蒙蔽。因此，耳目不过是一物罢了。一与外物相接触，便被引向迷途了。心这个器官职在思考，人的善性，一思考便得着，不思考便得不着。这个器官是天特意给我们人类的。因此，这是重要器官，要先把它树立起来，那么，次要的器官便不能把这善性夺去了。这样便成了君子了。（《孟子译注》，杨伯峻译注，中华书局2010年版，250页）

51. 天地无全功，圣人无全能，万物无全用

子列子曰：“天地无全功，圣人无全能，万物无全用。故天职生覆，地职形载，圣职教化，物职所宜。然则天有所

短，地有所长，圣有所否，物有所通。何则？生覆者不能形载，形载者不能教化，教化者不能违所宜，宜定者不出所位。故天地之道，非阴则阳；圣人之教，非仁则义；万物之宜，非柔则刚：此皆随所宜而不能出所位者也。”

——《列子·天瑞》[1]

注释：

①《列子》：相传战国列御寇撰。《汉书·艺文志》著录《列子》八篇，早佚。今本《列子》八篇，从思想内容和语言使用上来看，可能是晋人作品。内容多为民间故事、语言和神话传说。列御寇：亦称“圄寇”、“围寇”，即列子，相传战国时郑人。

译文：

列子说：“天地没有万能的功效，圣人没有万能的本领，事物没有万能的用处。所以天的职能是覆育众生，地的职能是承载万物，圣人的职责是掌管政教风化，事物被各自的性质所制约。这样，天就有所短，地就有所长，圣人就有闭塞之时，事物就有顺通之处。为什么呢？因为天覆育众生但不能承载万物，地承载万物但不能施行教化，圣人施行教化但不能违背事物的本性，事物的本性被规定后就不能超越各自的名位。所以天地自然的规律，不是阴气就是阳气；圣人的教化，不是仁爱就是正义；事物的性质，不是柔弱就是刚强：这都是依据各自固有的性质而不超越各自的限界啊。”（《列子译注》，严北溟、严捷撰，上海古籍出版社 2006 年版，19 页）

52. 生者，理之必终者

生者，理之必终者也。终者不得不终，亦如生者之不得不生。而欲恒其生，画其终，惑于数也。

——《列子·天瑞》

译文：

存在的，按道理必定要终结。终结的不得不终结，正如存在的不得不存在一样。如果想让存在永恒，终结停止，这是不懂得自然之理呀！（《列子译注》，严北溟、严捷撰，上海古籍出版社 2006 年版，21 页）

53. 物损于彼者盈于此，成于此者亏于彼

运转亡已，天地密移，畴觉之哉？故物损于彼者盈于此，成于此者亏于彼。损盈成亏，随世随死。往来相接，间不可省，畴觉之哉？

——《列子·天瑞》

译文：

万物不停运转，天地暗中迁移，谁能感觉到呢？所以事物在那边亏损在这里增盈，在这里成功在那边毁坏。损盈成亏，随生随死。往来变化，紧密相接，让人看不出丝毫间隙，谁能感觉到呢？（《列子译注》，严北溟、严捷撰，上海古籍出版社 2006 年版，24 页）

54. 水积不厚，负舟无力

且夫水之积也不厚，则其负大舟也无力。覆杯水于坳（ào）堂之上，则芥为之舟；置杯焉则胶，水浅而舟大也。

——《庄子·逍遥游》

译文：

水的聚积不深厚，那么就没有足够的力量负载大船。倒一杯水在堂前洼地，那么放一根小草可当作船；放上一个杯子就胶着住了，这是水浅而船大的缘故。（《庄子今注今译》，陈鼓应注译，中华书局 2009 年版，10 页）

55. 彼出于是，是亦因彼

故曰彼出于是，是亦因彼。彼是方生之说也，虽然，方

生方死，方死方生；方可方不可，方不可方可。因是因非，因非因是。是以圣人不由，而照之于天，亦因是也。

——《庄子·齐物论》

译文：

所以说彼方是出于此方对待而来的，此方也因着彼方对待而成的。彼和此是相对而生的，虽然这样，但是任何事物随起就随灭，随灭就随起，刚说可就转向不可，刚说不可就转向可了。有因而认为是的就有因而认为非的，有因而认为非的就有因而认为是的。所以圣人不走这条路子，而观照于事物的本然，这也是因任自然的道理。（《庄子今注今译》，陈鼓应注译，中华书局2009年版，65—66页）

56. 天地一指，万物一马

以指喻指之非指，不若以非指喻指之非指也；以马喻马之非马，不若以非马喻马之非马也。

天地一指也，万物一马也。

——《庄子·齐物论》

译文：

以大拇指来说明大拇指不是手指，不如以非大拇指来说明大拇指不是手指；以白马来说明白马不是马，不如以非白马来说明白马不是马。

其实从事理相同的观点来看，天地就是“一指”，万物就是“一马”。（《庄子今注今译》，陈鼓应注译，中华书局2009年版，69页）

57. 消息盈虚，终则有始

年不可举，时不可止；消息盈虚，终则有始。是所以语大义之方，论万物之理也。

——《庄子·秋水》

译文：

年岁不能存留，时光不能挽住；消灭、生长、充实、空虚，终结了再开始。这就是讲大道的方向，谈万物的道理。（《庄子今注今译》，陈鼓应注译，中华书局 2009 年版，458 页）

58. 安危相易，祸福相生

安危相易，祸福相生，缓急相摩，聚散以成。

——《庄子·则阳》

译文：

安危互相更易，祸福互相产生，缓急互相交替，聚散因以形成。（《庄子今注今译》，陈鼓应注译，中华书局 2009 年版，745 页）

59. 一尺之捶，日取其半，万世不竭

一尺之捶，日取其半，万世不竭。

——《庄子·天下》

译文：

一尺长的杖，每天取去它的一半，万世都取不尽。（《庄子今注今译》，陈鼓应注译，中华书局 2009 年版，962 页）

60. 是虽常是，有时而不用；非虽常非，有时而必行

凡天下万里（理），皆有是非，吾所不敢诬；是者常

是，非者常非，亦吾所信。然是虽常是，有时而不用；非虽常非，有时而必行。故用是而失有矣，行非而得有矣。是非之理不同，而更兴废，翻为我用，则是非焉在哉？

——《尹文子·大道上》[①]

注释：

①《尹文子》：一卷，分上、下两篇。相传战国时尹文著。今本为后人伪托，大抵为魏晋人袭录、增删尹文残文而又经后人整理撰写而成。其说与黄老刑名之学相近。

译文：

普天之下的道理，总有对与错，并非我所能虚构或隐瞒。对的就是对的，错的就是错的，这些也为我所坚信。然而，对的虽然对，有时却寸步难行；错的虽然错，有时却畅通无阻。所以，按照对的道理去做，有时却不免差错；按照错的道理去做，往往却时有所得。是非的道理虽然不同，但将世道兴衰更替之理，翻来覆去由我任意解释，那么是非又何在呢？（赵前、刘鹏校译）

61. 气故相利相害也，类故相成相败也

气，故相利相害也；类，故相成相败也。

——《鹖冠子·环流》[①]

注释：

①《鹖冠子》：相传为战国时楚人隐士鹖冠子所作。《汉书·艺文志》著录《鹖冠子》一篇，今存三卷十九篇，或疑系后人依托。鹖冠子：姓名不详，隐居深山，用鹖羽为冠，因以为号。

译文：

天地之气是互相有利又互相伤害的，同类之物是互相促成又互相阻碍的。（赵前、刘鹏校译）

62. 贵贱无常，时使物然

不提生于弗器，贱生于无所用。中河失船，一壶千金。贵贱无常，时使物然。

——《鹖冠子·学问》

译文：

物品不堪使用是因为不成形状，价格低廉是因为没有用处。然而在河中沉船之时，一个可供人漂浮救生的葫芦也价值千金。贵与贱并非一成不变，而是受到机运的左右。（赵前、刘鹏校译）

63. 虚无者道之舍也，平易者道之素也

虚无者，道之舍也；平易者，道之素也；清静者，道之鉴也；柔弱者，道之用也。反者，道之常也；柔者，道之刚也；弱者，道之强也；纯粹朴素者，道之干也。

——《文子·道原》①

注释：

①《文子》：战国时文子撰。《汉书·艺文志》著录《文子》九篇，今本十二卷。以老子“道”的思想为宗，杂糅名、法、儒、墨各家。文子：名字及籍贯已不可确考，为老子弟子之一。

译文：

虚无是道的归宿，平易是道的本质，清静是道的外表，柔弱是道的应用。与世俗相反是道的一贯表现，柔是道的刚，弱是道的强，纯粹朴素是道的主体。（赵前、刘鹏校译）

64. 不登高山，不知天之高

故不登高山，不知天之高也；不临深谿，不知地之厚

也；不闻先王之遗言，不知学问之大也。

——《荀子·劝学》

译文：

所以，不登上高山，就不知道天有多高；不亲临深涧，就不知道地有多厚；不懂得先代帝王的遗教，就不知道学问有多么博大。（《荀子》，安小兰译注，中华书局2007年版，3页）

65．物类之起，必有所始

物类之起，必有所始。荣辱之来，必象其德。肉腐出虫，鱼枯生蠹。怠慢忘身，祸灾乃作。强自取柱，柔自取束。邪秽在身，怨之所构。

——《荀子·劝学》

译文：

凡一种事物的兴起，一定有它的根源。荣耀和屈辱的到来，一定同一个人的思想品德有对应的关系。肉腐烂后就会生蛆，鱼枯死后就会生蛀。懈怠散漫，忘乎所以，灾祸就要发生了。刚强自取摧折，柔弱自取束缚。自己身上有邪恶污秽的东西．必然会招致怨恨。（《荀子》，安小兰译注，中华书局2007年版，7页）

66．不积跬步，无以致千里

积土成山，风雨兴焉；积水成渊，蛟龙生焉；积善成德，而神明自得，圣心备焉。故不积跬步，无以致千里；不积小流，无以成江海。骐骥一跃，不能十步；驽马十驾，功在不舍。

——《荀子·劝学》

译文：

土堆积起来成了高山，风雨就从这里兴起；水流汇积成为深渊，蛟龙就从这儿诞生；积累善行养成高尚的品德，自然就会达到最高的智慧，具备圣人的精神境界。所以不积累一步半步的行程，就没有办法到达千里之远；不积累细小的流水，就没有办法汇成江河大海。千里马再快，一跃也不超过十步；劣马十天却能走得很远，它的功效就在于不停地走。（《荀子》，安小兰译注，中华书局2007年版，9页）

67. 无冥冥之志者，无昭昭之明

是故无冥冥之志者，无昭昭之明；无惛惛之事者，无赫赫之功。行衢（qú）道者不至，事两君者不容。目不能两视而明，耳不能两听而聪。

——《荀子·劝学》

译文：

因此没有专一精诚的精神，就没有清明的智慧；没有坚定不移的行为，就不会有巨大的成就。彷徨于歧路的人到达不了目的地，同时事奉两个君主的人，会被两者不容。眼睛不能同时看清楚两样东西，耳朵不能同时听清楚两种声音。（《荀子》，安小兰译注，中华书局2007年版，9页）

68. 治气养心之术

治气养心之术：血气刚强，则柔之以调和；知虑渐深，则一之以易良；勇胆猛戾，则辅之以道顺；齐给便利，则节之以动止；狭隘褊小，则廓之以广大；卑湿、重迟、贪利，则抗之以高志；庸众驽散，则劫之以师友；怠慢僄（piào）弃，则炤（昭）之以祸灾；愚款端悫（què），则合之以礼乐，通之以思索。

——《荀子·修身》

译文：

调理性情、修养身心的办法是：血气刚强的人，就用心平气和来调和他；思虑过于深沉复杂的人，就用平易温良来和谐他；性情勇猛暴躁的人，就开导他，使其驯顺；行动快捷急遽的人，就用恰当的举止节制他；气量狭隘的人，就用开阔的思想扩大他；志向卑下、思想迟钝、贪图小利的人，就用高远的志向提升他；低劣平庸不成材的人，就用良师益友帮助他；懒散轻浮、自暴自弃的人，就用祸福之事来告诫他；过分朴实单纯的人，就用礼乐来润色他。（《荀子》，安小兰译注，中华书局2007年版，23—24页）

69. 事虽小，不为不成

故跬步而不休，跛鳖千里；累土而不辍，丘山崇（终）成。厌其源，开其渎，江河可竭；一进一退，一左一右，六骥不致。彼人之才性之相县（悬）也，岂若跛鳖之与六骥足哉？然而跛鳖致之，六骥不致，是无它故焉，或为之，或不为之尔！道虽迩，不行不至；事虽小，不为不成。

——《荀子·修身》

译文：

所以一步一步不停地走，即使是跛足的鳖，也可以抵达千里；一层一层积累不停，平地最终也能变成山丘。堵塞住源头，开通沟渠，江河也会枯竭。一会儿前进，一会儿后退，一会儿左一会儿右，六骥也到达不了远处。人和人之间才性的差异，哪里会有跛鳖和六骥的差异那么大！然而跛鳖能够到达，六骥不能到达，这并没有其他的原因，只是因为有的做，有的不做啊！道路虽近，不走就不可能到达；事情虽小，不做就不会成功。（《荀子》，安小兰译注，中华书局2007年版，29页）

70. 以近知远，以一知万，以微知明

欲观千岁则数今日，欲知亿万则审一二，欲知上世则审周道，欲知周道则审其人所贵君子。故曰：以近知远，以一知万，以微知明，此之谓也。

——《荀子·非相》

译文：

想知道千年之远的事，就要看现在，想知道亿万，要先从一二数起，想知道上古的事，就要考察周代的治国制度，想知道周代的治国制度，就要考察它重视哪些君子。所以说：从近代的可以推知远古的，从一可以知道万，从细微之处可以知道事情的广大，说的就是这个意思。(《荀子》，安小兰译注，中华书局2007年版，44页)

71. 天行有常

天行有常，不为尧存，不为桀亡。应之以治则吉，应之以乱则凶。

——《荀子·天论》

译文：

自然界的运行有自己的规律，不会因为尧之仁而存在，也不会因为桀之暴而消亡。用合理的措施来承接它就吉利，用不合理的措施来承接它就不吉利。(《荀子》，安小兰译注，中华书局2007年版，110页)

72. 天有其时，地有其财

天有其时，地有其财，人有其治，夫是之谓能参。舍其

所以参，而愿其所参，则惑矣！

——《荀子·天论》

译文：

天有四季寒暑，地有自然资源，人有治理能力，这就叫与天地参与配合。放弃自己配合参与的能力，而羡慕天时地财的功能，这就是糊涂了。（《荀子》，安小兰译注，中华书局2007年版，110页）

73. 万物为道一偏

万物为道一偏，一物为万物一偏，愚者为一物一偏，而自以为知道，无知也。

——《荀子·天论》

译文：

世界上的各种事物都只是道的一部分，每一样事物也只是万物的一部分，愚昧的人只认识一种事物的一部分，就自以为认识了整个道，这实在是太无知了。（《荀子》，安小兰译注，中华书局2007年版，125页）

74. 善言古者必有节于今

故善言古者必有节于今，善言天者必有征于人。凡论者，贵其有辨合，有符验。

——《荀子·性恶》

译文：

善于谈论古代的人，一定能在当今得到验证，善于谈论天道的人，一定能在人间得到验证。大凡建言立说，重要的是要有证明、有根据。（《荀子》，安小兰译注，中华书局2007年版，276页）

75. 尺有所短，寸有所长

夫尺有所短，寸有所长，物有所不足，智有所不明，数有所不逮，神有所不通。

——《卜居》[①]

注释：

①《卜居》：《楚辞》篇名，战国屈原作。篇中写屈原被放逐，心烦意乱，不知所从，就前去见太卜郑詹尹，请他决疑。文章以问答形式，宣泄了作者愤世嫉俗的情绪。

译文：

一尺有时觉得太短，一寸有时觉得太长，万事万物都有不足，智者有不懂的事理，卦数有预测不了的事情，神灵也有法力所不能达到的地方。（郑晓雯校译）

76. 木之折也必通蠹，墙之坏也必通隙

夫两尧不能相王，两桀不能相亡；亡、王之机，必其治乱、其强弱相踦者也。木之折也必通蠹，墙之坏也必通隙。然木虽蠹，无疾风不折；墙虽隙，无大雨不坏。

——《韩非子·亡征》

译文：

两个尧不能相互统治对方，两个桀不能相互灭亡对方；灭亡或统治的关键，一定是出现了双方的国家治理得好或坏、两国的强和弱相差得很远的情况。树木折断一定是通过虫蛀，土墙倒塌一定由于有了裂缝。但是树木虽然生了蛀虫，没有大风是不会折断的；土墙虽然出现了裂缝，没有大雨是不会倒塌的。（《韩非子》，高华平等译注，中华书局2010年版，154页）

77. 万物必有盛衰，万事必有弛张

周公曰："冬日之闭冻也不固，则春夏之长草木也不茂。"天地不能常侈常费，而况于人乎？故万物必有盛衰，万事必有弛张，国家必有文武，官治必有赏罚。

——《韩非子·解老》

译文：

周公说："冬天里冰冻得如果不坚固，那么春夏时节草木的生长就不茂盛。"大自然不能总是浪费与消耗，更何况是人呢？所以万物一定有盛也有衰，万事一定有弛也有张，国家一定有文也有武，官府办事一定有赏也有罚。（《韩非子》，高华平等译注，中华书局2010年版，215—216页）

78. 镜无见疵之罪，道无明过之怨

古之人目短于自见，故以镜观面；智短于自知，故以道正己。故镜无见（现）疵之罪，道无明过之怨。目失镜，则无以正须眉；身失道，则无以知迷惑。

——《韩非子·观行》

译文：

古人的眼睛不能看见自己的面孔，所以要用镜子来照自己的面容；智力缺乏自知之明，所以要用道术来端正自己。因此镜子没有照出毛病的罪过，道不会因暴露过失而受到怨恨。眼睛如果失去了镜子，就无法来修整胡须和眉毛；人如果失去了道的指导，就无法分辨出是非。（《韩非子》，高华平等译注，中华书局2010年版，286页）

79. 势有不可得，事有不可成

故虽有尧之智而无众人之助，大功不立；有乌获之劲而不得人助，不能自举；有贲（bēn）、育之强而无法术，不得长胜。故势有不可得，事有不可成。故乌获轻千钧而重其身，非其身重于千钧也，势不便也。离朱易百步而难眉睫，非百步近而眉睫远也，道不可也。

——《韩非子·观行》

译文：

所以即使有尧那样的智慧而没有众人的帮助，也不能建立大功；即使有乌获那样的强大力量而没有别人的帮助，也不能把自己举起来；即使有孟贲、夏育那样的勇猛而没有法术的指导，也不能长久取胜。所以形势总有不能具备的，事情总有不能办到的。所以乌获把千钧看得很轻而以自己的重量为重，不是他的身体比千钧还重，而是客观条件不便于他举起自己。离朱易于看到百步之外的事物而难以看到自己的眉毛和睫毛，不是百步之外的距离近而眉毛和睫毛远，自然的法则不允许这样。（《韩非子》，高华平等译注，中华书局2010年版，287页）

80. 因可势，求易道

因可势，求易道，故用力寡而功名立。时有满虚，事有利害，物有生死，人主为三者发喜怒之色，则金石之士离心焉。

——《韩非子·观行》

译文：

根据可以成功的形势，找出容易成功的法则，所以用力少而功名可以建立。月亮有圆有缺，事情有利有害，事物有生有死，君主对这三种变化表现出喜怒感情，那么坚贞之士就会和他离心离德了。（《韩非子》，高华平等译注，中华书局2010年版，287页）

81. 听其言而求其当，任其身而责其功

人皆寐，则盲者不知；皆嘿（默），则喑者不知。觉而使之视，问而使之对，则喑盲者穷矣。不听其言也，则无术者不知；不任其身也，则不肖者不知。听其言而求其当，任其身而责其功，则无术不肖者穷矣。

——《韩非子·六反》

译文：

人都睡着了，就分不清谁是瞎子；人都不说话，就分不清谁是哑巴。睡醒了让他们看东西，提问题要他们回答，那么哑巴、瞎子就原形毕露了。不听他们讲话，就不知道谁是无术的人；不任用他们做事，就不知道谁是无才的人。听他们讲话而要求他们言行相符，任用他们做事而责求他们办事的功效，那么无术和无才的人也就原形毕露了。（《韩非子》，高华平等译注，中华书局2010年版，665—666页）

82. 人民众而货财寡，事力劳而供养薄

今人有五子不为多，子又有五子，大父未死而有二十五孙。是以人民众而货财寡，事力劳而供养薄，故民争，虽倍赏累罚而不免于乱。

——《韩非子·五蠹》

译文：

现在的人一个人有五个孩子不算多，每个孩子又分别有五个孩子，祖父

还没死就有二十五个孙子。因此，人民数量增多而财物缺少，费力劳动而供养微薄，所以人民互相争夺，即使加倍地奖赏和多次地惩罚，也难免祸乱。（《韩非子》，高华平等译注，中华书局2010年版，701页）

83. 无参验而必之者，愚也

无参验而必之者，愚也；弗能必而据之者，诬也。故明据先王，必定尧、舜者，非愚则诬也。愚诬之学，杂反之行，明主弗受也。

——《韩非子·显学》

译文：

不用事实加以检验就对事物做出绝对判断，那是愚蠢；不能判定正确与否就引为依据，那是欺骗。所以，那种公然宣称依据先王之道，绝对地肯定尧、舜的一切，不是愚蠢，就是欺骗。愚蠢骗人的学说、杂乱矛盾的行为，英明的君主是不接受的。（《韩非子》，高华平等译注，中华书局2010年版，727页）

84. 事之难易，不在小大，务在知时

事之难易，不在小大，务在知时。

——《吕氏春秋·首时》

译文：

事情的难易，不在于大小，关键在于掌握时机。（《吕氏春秋译注》，张双棣等注译，北京大学出版社2011年版，344页）

85. 世易时移，变法宜矣

世易时移，变法宜矣。譬之若良医，病万变，药亦万

变。病变而药不变，向之寿民，今为殇子矣。

——《吕氏春秋·察今》

译文：

社会变化了，时代发展了，变法是应该的了。这就像高明的医生一样，病万变，药也应该万变。病变了药却不变，原来可以长寿的人，如今就会成为短命的人了。(《吕氏春秋译注》，张双棣等注译，北京大学出版社2011年版，418页)

86. 全则必缺，极则必反，盈则必亏

冬与夏不能两刑（形），草与稼不能两成，新谷熟而陈谷亏，凡有角者无上齿，果实繁者木必庳（bēi），用智褊者无遂功，天之数也。故天子不处全，不处极，不处盈。全则必缺，极则必反，盈则必亏。先王知物之不可两大，故择务，当（dàng）而处之。

——《吕氏春秋·博志》

译文：

冬夏两季不能同时形成，野草与庄稼不能一起长大，新粮成熟陈粮就必已亏缺，凡是长角的动物就没有上齿，果实繁多的树木一定长得低矮，思想褊狭的人做事就不会成功，这些都是自然的定则。所以天子做事情，不做得很完美，不做得很极端，不做得很圆满。完美就会转向缺损，极端就会转向反面，满盈就会转向亏失。先王知道事物不能两方面同时发展壮大，所以对于事务要加以选择，适宜做的才做。(《吕氏春秋译注》，张双棣等注译，北京大学出版社2011年版，737页)

87. 事多似倒而顺，多似顺而倒

事多似倒而顺，多似顺而倒。有知顺之为倒、倒之为顺

者，则可与言化矣。至长反短，至短反长，天之道也。

——《吕氏春秋·似顺》

译文：

事情有很多似乎悖理其实是合理的，有很多似乎合理其实是悖理的。如果有人知道表面合理其实悖理、表面悖理其实合理的道理，就可以跟他谈论事物的发展变化了。白天到了最长的时候就要反过来变短，到了最短的时候就要反过来变长，这是自然的规律。（《吕氏春秋译注》，张双棣等注译，北京大学出版社2011年版，744页）

88. 行百里者半九十

诗云："行百里者半于九十。"此言末路之难。

——《战国策·秦策五》

译文：

诗中说："一百里路，走了九十里，只能算走了一半。"这是说最后一段路的艰难。（朱宇凡校译）

89. 前事不忘，后事之师

前事之不忘，后事之师。

——《战国策·赵策一》

译文：

记住过去的经验教训，可作以后行事的借鉴。（《战国策全译》，王守谦等译注，贵州人民出版社1992年版，490页）

90. 泰山不让土壤，故能成其大

臣闻地广者粟多，国大者人众，兵强则士勇。是以泰山不让土壤，故能成其大；河海不择细流，故能就其深；王者不却众庶，故能明其德。是以地无四方，民无异国，四时充美，鬼神降福，此五帝、三王之所以无敌也。

——（秦）李斯《谏逐客书》①

注释：

①《谏逐客书》：秦李斯作。秦王政十年（前237），秦王下令逐客。李斯是楚国人，当时为秦国客卿，于是上此书于秦王，列举外来人物对秦国的重大贡献，指出对“客”一概排斥将不利于秦。李斯（？—前208）：秦朝政治家。楚上蔡（今河南上蔡西南）人。

译文：

臣听说，土地广阔，粮食就充足，国家强大，人口就众多，武器精良，士兵就勇敢。因此，泰山不舍弃任何土壤，所以能那样高大；河海不排斥任何细流，所以能那样深广；帝王不拒绝任何臣民，所以能显示他们的恩德。因此，土地不论东西南北，民众不问哪个国家，四季都很美好，鬼神都来降福，这就是五帝三王之所以无敌于天下的原因。（《名家精译古文观止》，中华书局编辑部编，中华书局2007年版，148页）

91．制事者因其则，服药者因其良

故制事者因其则，服药者因其良。书不必起仲尼之门，药不必出扁鹊之方，合之者善，可以为法，因世而权行。

——（西汉）陆贾《新语·术事》①

注释：

①《新语》：西汉陆贾著。上、下两卷，共十二篇。为帮助汉高祖刘邦总结秦汉失得天下经验教训的奏章，认为朝代更替，“非天所为”，提出建国“必得之于民”，主张实行与民休息的“无为”政治。陆贾（约前240—前170）：汉初政论家、辞赋家。楚人。从汉高祖定天下，官至太中大夫。

译文：

所以制订事务的制度要根据规则，服药要依据药的好坏。书籍不一定出自孔子之门，药不一定出自扁鹊的药方，只要符合事理就好，可以定为法规，根据世事的实际而灵活实行。（吴春丽校译）

92. 能行之者未必能言，能言之者未必能行

语曰："能行之者未必能言，能言之者未必能行。"孙子筹策庞涓明矣，然不能蚤（早）救患于被刑。吴起说武侯以形势不如德，然行之于楚，以刻暴少恩亡其躯。悲夫！

——（西汉）司马迁《史记·孙子吴起列传》

译文：

谚语说："能实际做事的人未必能高谈阔论，能高谈阔论的人未必能实际做事。"孙膑料算庞涓是相当机智的，但却不能使自己免遭刑罚。吴起为魏武侯论说山川形势不如道德重要，但用之于楚，却因为刻薄残暴、缺乏仁爱而丧命。太可悲了！（《二十五史精选精译》，吴树平主编，中华书局 1995 年版，308 页）

93. 智者千虑，必有一失；愚者千虑，必有一得

广武君曰："臣闻智者千虑，必有一失；愚者千虑，必有一得。故曰'狂夫之言，圣人择焉'。顾恐臣计未必足用，愿效愚忠。"

——（西汉）司马迁《史记·淮阴侯列传》

译文：

广武君说："我听说智者千虑，必有一失；愚者千虑，必有一得。所以说'即使是狂人之言，圣人也可以选择采纳'。只恐怕我的计策未必能用，但我愿意奉献愚忠。"（《二十五史精选精译》，吴树平主编，中华书局 1995 年版，

480 页）

94. 人皆知取之为取也，不知与之为取之

人皆知取之为取也，不知与之为取之。

——（西汉）刘向《说苑·谈丛》

译文：

人们都知道拿到自己手上是取，不知道给予别人也是取的一种手段。（《白话说苑》，钱宗武译，岳麓书社 1994 年版，246 页）

95. 扬汤止沸，不如去薪

欲汤之冷，令一人炊之，百人扬之，无益也，不如绝薪止火而已。不绝之于彼，而救之于此，譬犹抱薪而救火也。

——（西汉）刘向《说苑·正谏》

译文：

想要热水冷却，叫一个人去烧火，一百人去扇冷它，不能解决问题，不如断绝柴草，停止烧火罢了。不把锅底下的柴火熄掉，却想在锅面上把热水扇冷，好像抱着柴草去救火一样。（《白话说苑》，钱宗武译，岳麓书社 1994 年版，135 页）

96. 天下之事不可为也，因其自然而推之

是故天下之事不可为也，因其自然而推之；万物之变不可究也，秉其要归之趣。夫镜、水之与形接也，不设智故，而方、圆、曲、直弗能逃也。是故响不肆应，而景（影）不一设，叫呼仿佛，黭（yàn）然自得。

——（西汉）刘安《淮南子·原道》

译文：

所以天下的事不能刻意去办，只能随顺事物的自然之性去推动；万物的变化不能凭人的智慧去探究，而只能按其发展趋势来把握。镜子和水能映照物形，没有任何巧妙的设置，却使方、圆、曲、直等形状如实反映。回音也不是声音特意要它回应，影子也不是物体有意安排，回声呼响、影子恍惚，都是自然而然出现的。（《淮南子》，顾迁译注，中华书局2009年版，8—9页）

97. 人生而静，天之性也；感而后动，性之容也

人生而静，天之性也；感而后动，性之容也；物至而神应，知之动也。知与物接，而好憎生焉。好憎成形，而知诱于外，不能反己，而天理灭矣。故达于道者，不以人易天。

——（西汉）刘安《淮南子·原道》

译文：

天生喜欢恬静，这是人的本性；人与外物相接身体有感而动，这只是本性的表象；如果精神与外物能感应一致，那就是智虑造成的，是内在的心动。智虑和外物接触后，好恶之情随之产生。而好恶之情一旦形成，表明智虑已经受到外物迷惑，不能返回本性，导致天理也泯灭了。所以，通达大道的人不因人欲而改变天性。（《淮南子》，顾迁译注，中华书局2009年版，9—10页）

98. 乞火不若取燧，寄汲不若凿井

譬若羿请不死之药于西王母，姮娥窃以奔月，怅然有丧，无以续之。何则？不知不死之药所由生也。是故乞火不若取燧，寄汲不若凿井。

——（西汉）刘安《淮南子·览冥》

译文：

就像后羿从西王母那里求来不死之药，嫦娥偷吃后奔上月亮，后羿怅然失落，却没有办法跟上去。为什么？因为他不知道不死之药如何制成。所以啊，与其借火，不如自己钻燧；与其在别人井里打水，不如自己挖一口井。（《淮南子》，陈静注释，中州古籍出版社2010年版，105页）

99. 圣人法天顺情

是故精神，天之有也；而骨骸者，地之有也。精神入其门，而骨骸反其根，我尚何存？是故圣人法天顺情，不拘于俗，不诱于人，以天为父，以地为母。阴阳为纲，四时为纪。天静以清，地定以宁，万物失之者死，法之者生。夫静漠者，神明之宅也；虚无者，道之所居也。是故或求之于外者，失之于内；有守之于内者，失之与外。譬犹本与末也，从本引之，千枝万叶莫不随也。

——（西汉）刘安《淮南子·精神》

译文：

因此，人的精神归上天，形骸属大地。人死以后，精神回归上天、形骸归属大地，人还有什么剩下的呢？所以圣人遵循天地的运行规律，不为世俗拘束、不被人欲诱惑，以天为父，以地为母，以阴阳、四时运行为准则。天清澈明静，地平静安宁，万物离开它就死亡，依附它就生存。静漠，是神明所居之处；虚无，是大道所居之处。因此，只追求外形的人，会丧失内在精神的修养；专注于内心修养的人，又会失去外形的健康。好比大树本根与末梢的关系，抓住树根来牵拉，千枝万叶都会随之而动的。（《淮南子》，顾迁译注，中华书局2009年版，110页）

100. 窥面于盘水则圆，于杯则椭

从城上视牛如羊，视羊如豕，所居高也。窥面于盘水则员（圆），于杯则隋（椭）。面形不变其故，有所员，有所隋者，所自窥之异也。

——（西汉）刘安《淮南子·齐俗》

译文：

从城墙上看地下的牛，就好像羊一样；看地下的羊，又好像小猪一样，这是所处的地方高的缘故。在水盆中看脸的形状是圆的，而在杯中看则是椭圆的。脸没有改变原来的样子，但有的圆，有的椭圆，这是自己观察的环境不同的缘故。（《淮南子校注译》，陈一平著，广东人民出版社 1994 年版，542 页）

101. 道犹金石，一调不更；事犹琴瑟，每弦改调

故圣人所由曰道，所为曰事。道犹金石，一调不更；事犹琴瑟，每弦改调。故法制礼义者，治人之具也，而非所以为治也。故仁以为经，义以为纪，此万世不更者也。若乃人考其才，而时省其用，虽日变可也，天下岂有常法哉！

——（西汉）刘安《淮南子·氾论》

译文：

所以，圣人所遵循的就叫道，所做的就叫事。道好像金石乐器一样，浇铸成型定下音调就不能改变，而事就像琴瑟那样，每根弦都可以改变、调整。所以，法度礼仪，是治理人民的方法，而不是制定这些方法所遵循的原则。所以，仁作为经常，义作为法度，这是万代都不会改变的。至于考察人的才能而加以使用，考察时势从而采取适宜措施，那就即使每天改变也是可以的，天下哪里有什么一成不变的法度呢！（《淮南子校注译》，陈一平著，广东

人民出版社 1994 年版，660 页）

102. 五指之更弹，不若卷手之一挃

夫五指之更弹，不若卷手之一挃（zhì）。万人之更进，不如百人之俱至也。

——（西汉）刘安《淮南子·兵略》

译文：

五个指头交替弹击，不如握紧拳头猛然一击。一万人轮番前进，不如一百人蜂拥而至。（《淮南子》，陈静注释，中州古籍出版社 2010 年版，248 页）

103. 夫道无成效于人，成效者须道而成

夫道无成效于人，成效者须道而成。然足蹈路而行，所蹈之路，须不蹈者；身须手足而动，待不动者。故事或无益而益者须之，无效而效者待之。

——（东汉）王充《论衡·非韩》

译文：

礼义对于人不产生直接的具体效果，但有具体效果的事情都要依靠礼义来完成。就像脚踩着路行走，踩着的路，要靠没有被脚踩的地方才能存在；人的身体要靠手脚才能行动，然而行动要靠不动的身躯才能活动。所以一件事或许看来没有好处而好事却要靠它，一件事或许看来没有直接效果而有直接具体效果的事却要依靠它。（《论衡全译》，袁华忠、方家常译注，贵州人民出版社 1993 年版，602—603 页）

104. 猎者获禽，观者乐猎

猎者获禽，观者乐猎，不见渔者，之心不顾也。

——（东汉）王充《论衡·宣汉》

译文：

打猎的人猎获了禽兽，旁观的人就对打猎感兴趣，由于没有观看到捕鱼的人，观者的心理就不会向往这方面的事情。（《论衡全译》，袁华忠、方家常译注，贵州人民出版社1993年版，1196页）

105. 木秀于林，风必摧之

譬如水也，通之斯为川焉，塞之斯为渊焉，升之于云则雨施，沈（沉）之于地则土润。体清以洗物，不乱于浊；受浊以济物，不伤于清。是以圣人处穷达如一也。

夫忠直之迕（wǔ）于主，独立之负于俗，理势然也。故木秀于林，风必摧之；堆出于岸，流必湍之；行高于人，众必非之。前鉴不远，覆车继轨，然而志士仁人，犹蹈之而弗悔，操之而弗失，何哉？将以遂志而成名也。

——（三国魏）李康《运命论》[1]

注释：

①《运命论》：三国魏李康撰。该文发挥了王充《论衡》中的偶然论思想，主张国家的兴衰治乱、个人的贫富贵贱均由机遇、时命所决定。李康（约196—约265）：三国魏文学家。字萧远，中山（今河北定州）人。

译文：

就像那水流，疏通它便成为江河，阻塞它便成为深渊，蒸腾入云则变为降雨，下沉入地则把土地滋润。清水可以洗涤万物，而不会被污浊所乱；虽然它本身被污浊，但洗净了他物，更无损于它的清白。这就是圣人无论穷困或显达，都始终如一的原因。

忠直的言行往往会触犯君王，高洁的品德往往与世俗相背，这是必然之理。所以，树木在林中一枝独秀，大风肯定会把它吹断；土堆在岸边突兀而起，急流肯定会将它冲走；人的德行卓尔不群，众人肯定会对他非议。虽然前人的教训记忆犹新，可是仁人志士们还是矢志不移地沿着这条大路一往直前，无怨无悔，这是为什么呢？是为了实现自己的理想而成就自己的声名。（赵前、刘鹏校译）

106. 智者藏其器以有待也，隐其身而有为

时之得也，则飘乎犹应龙之览景云；时之失也，则荡然若巨鱼之枯崇陆。是以智者藏其器以有待也，隐其身而有为也。

——（东晋）葛洪《抱朴子·外篇·良规》

译文：

时运亨通之时，就会青云直上，犹如应龙遍览天上祥云；时运不济之时，则空寂荡然，如同大鱼在陆地上枯槁。所以智慧之人隐藏锋芒以待时运到来，隐居其身以待有所作为。（刘冰雪校译）

107. 久忧为厚乐之本，暂劳为永逸之始

神农不九疾，则四经之道不垂；大禹不胼胝（pián zhī），则玄珪之庆不集。故久忧为厚乐之本，暂劳为永逸之始。

——（东晋）葛洪《抱朴子·外篇·广譬》

译文：

若没有神农亲尝百草、多次中毒，就没有《本草》四卷的代代流传；若没有大禹常年辛勤、手足起茧，就没有治理洪水的不朽伟业。所以长久忧劳是获得快乐的本源，暂时辛苦是享受安乐的开始。（刘冰雪校译）

108. 涓流虽寡，浸成江河

夫涓流虽寡，浸成江河；爝（jué）火虽微，卒能燎野。

——（南朝宋）范晔《后汉书·酷吏列传》

译文：

涓涓细流虽小，终能汇成江河；星星之火虽弱，终能燎遍原野。（刘冰雪校译）

109. 苟利于人，不必法古

苟利于人，不必法古；必害于事，不可循旧。

——（北齐）刘昼《刘子·法术》①

注释：

①《刘子》：又名《新论》、《刘子新论》。北齐刘昼著。十卷，也有不分卷或分二、三、四、五卷的。刘昼（514—565）：北齐文学家。字孔昭，渤海阜城（今河北阜城东）人。

译文：

若有利于世人，则不必非要遵循先例；若有损于事业，则一定不可因循守旧。（刘冰雪校译）

110. 以人为镜，可以明得失

夫以铜为镜，可以正衣冠；以古为镜，可以知兴替；以人为镜，可以明得失。

——（唐）吴兢《贞观政要·任贤》

译文：

用铜作镜子，可以端正衣冠；用古事作镜子，可以知道兴衰；用人作镜子，可以明白得失。（《贞观政要译注》，裴汝诚等译注，上海古籍出版社2007年版，26页）

111. 天道不言

天道不言，而品物亨、岁功成者，何谓也？四时之吏，五行之佐，宣其气矣。

——（北宋）王禹偁《待漏院记》①

注释：

①《待漏院记》：北宋王禹偁所作政论文。该文提出“一国之政，万人之命，悬于宰相”的论题，规劝执政者要勤政爱民，而不能“窃位而苟禄，备员而全身”，义正词严，笔触锋利。王禹偁（954—1001）：北宋文学家。字元之，济州巨野（今属山东）人。所作诗文多涉及当时之政治现实。

译文：

天道并不说话，而万物却能顺利成长，一年的庄稼能得到好收成，这是为什么呢？就是由于掌握四时和统辖五行的天官们，使四时风雨顺畅通达的结果。（《名家精译古文观止》，中华书局编辑部编，中华书局2008年版，398页）

112. 月晕而风，础润而雨

事有必至，理有固然。惟天下之静者，乃能见微而知著。月晕而风，础润而雨，人人知之。人事之推移，理势之相因，其疏阔而难知，变化而不可测者，孰与天地阴阳之事？而贤者有不知，其故何也？好恶乱其中，而利害夺其外也。

——（北宋）苏洵《辨奸论》①

注释：

①《辨奸论》：传为北宋苏洵作。文中以古之奸臣为例，不点名地影射、攻击王安石变法。但其立意谋篇，颇具匠心，故历来推为名作。

译文：

事情的发展有它必然如此的原因，情理有原本如此的根源。只有天下那些心里宁静的有识之士，才能看到细微的苗头就预见到将来的大趋势。月亮周围出现白色光带，预示着快要起风；房柱底下的石墩潮湿，预示快要下雨，这是平常人都知道的。至于世间人事变迁，情理形势的前后承续变化，其征兆踪迹抽象渺茫，难以预测的程度，又怎能和天地阴阳二气交互作用繁杂变化的奥秘相比呢？然而有些贤者有时反而看不到这些联系，这是为什么呢？这是因为他们情感上的好恶扰乱了正常思考，实际上的利害关系又牵制影响了他们的行动啊。（吴春丽校译）

113. 物极则反，数穷则变

夫物极则反，数穷则变，此理之常也。

——（北宋）欧阳修《本论下》①

注释：

①《本论下》：北宋欧阳修作于庆历二年（1042），以反对佛教、弘扬儒学为主旨。

译文：

事物发展到极点，就会走向反面；天道运行到极致，就要发生改变。这是不变的道理。（赵前、刘鹏校译）

114. 有因则成，无因则败

坚所幸张夫人谏曰："妾闻天地之生万物，圣王之治天下，皆因其自然而顺之，故功无不成。是以黄帝服牛乘马，因其性也；禹浚九川，障九泽，因其势也；后稷播殖百谷，因其时也；汤、武帅天下而攻桀、纣，因其心也。皆有因则成，无因则败。”

——（北宋）司马光《资治通鉴·晋纪二十六》

译文：

苻坚所宠爱的张夫人劝谏他说：“妾听说天地滋生万物，圣王统治天下，全都是顺其自然，所以功业无所不成。黄帝之所以能驯服牛马，是顺应了它们的禀性；大禹之所以能疏通九川，挡住九泽，是顺应了它们的地势；后稷之所以能播种繁殖百谷，是顺应了天时；商汤、周武王之所以能率领天下人攻下夏桀、商纣，是顺应了他们的心愿。全都是顺应则成功，不顺应则失败。”（文白对照《资治通鉴》，［北宋］司马光编撰，沈志华、张宏儒主编，中华书局2009年版，4221页）

115. 力弱者，勿任其厚负

力弱者，勿任其厚负；才卑者，勿尸其隆位。今虽稍安，其后也必悔。

——（北宋）黄晞《聱隅子·三王篇》

译文：

力气小的人，不要让他负荷很重的东西；才能低下的人，不要让他徒居高位。否则，即使现在稍微安定，将来必定懊悔。（吴春丽校译）

116. 不进则退

抑不知天下之势，不盛则衰。天下之治，不进则退。强而止于强者，必不能保其强也；伯（霸）而止于伯者，必不能保其伯也。驱骏马而驰峻坂，中间岂有驻足之地乎？

——（南宋）吕祖谦《东莱先生左氏博议·葵丘之会》[①]

注释：

①《东莱先生左氏博议》：又名《东莱博议》，南宋吕祖谦撰。是吕祖谦与从学者议论《左传》之语及课试的汇编。全书二十五卷，收录论议一百六十八篇。吕祖谦（1137—1181）：南宋哲学家、文学家。字伯恭，学者称东莱先生，婺州（今浙江金华）人。金华学派主要代表，和朱熹、张栻齐名，时称"东南三贤"。

译文：

殊不知天下发展的趋势，如不强盛就必然衰败；治理国家，不努力向上就必然衰退。强国如果只是满足于原来的水平，就注定不能继续保持其强盛；霸主倘若只想保住原有的地位而不思进取，则必然保不住已获取的霸主地位。这好比骑着马奔驰在险峻的山路上，中间哪有"驻足之地"呢？（吴春丽校译）

117. 知行常相须

知、行常相须，如目无足不行，足无目不见。论先后，知为先；论轻重，行为重。

——（南宋）朱熹《朱子语类·论知行》[①]

注释：

①《朱子语类》：南宋朱熹讲学语录。内容涉及自然科学、哲学、政治、史学等各方面。今本共一百四十卷，分"理气"、"鬼神"、"性理"、"学"等二十六门。

译文：

知与行相互联结、相互依赖，缺一不可。犹如人的双足与双眼的关系，有眼无足不能走路，有足无眼看不见路，二者互相依赖，不能废弃任何一方。在知和行之间，论先后的话，是知在先；要是论轻重的话，行更重要。（吴春丽校译）

118. 忽于微而至大

一指之寒弗燠（yù），则及于其手足；一手足之寒弗燠，则周于其四体。气脉之相贯也，忽于微而至大。

——（明）刘基《郁离子·乱几》

译文：

一个指头寒冷，若不暖热它，则会影响到手足；一手足寒冷，若不暖热它，则会遍及身体四肢。这是气脉相通的缘故，所以轻忽细节小事终会影响大业。（刘冰雪校译）

119. 久卧者思起

久卧者思起，久蛰者思启，久懑（mèn）者思嚏。吾闻之蓄极则泄，闷（bì）极则达，热极则风，壅极则通。一冬一春，靡屈不伸；一起一伏，无往不复。

——（明）刘基《司马季主论卜》[①]

注释：

①《司马季主论卜》：明刘基著。文章托辞秦东陵侯邵平失去爵位后去向楚人司马季主问卜，问答之间，阐发了世事变幻、穷通交替、盛衰转化的道理，警告世人不要醉心追求功名富贵。

译文：

一个人久卧在床，就想要起来，长久地与世隔绝，就想要与人交往，气闷在胸，时间长了就会打嚏喷。我还听人说："蓄积过分。就会发泄；昏闷过甚，就要通达。热极了，要刮风，壅塞到了极致，就会开通。一冬一春之间，不会总是屈而不伸；事物有起有伏，不会总是有去无还。"（《名家精译古文观止》，中华书局编辑部编，中华书局2007年版，539页）

120. 居敬而行简

居上贵宽，太宽则弛；临事贵简，太简则漏。故曰宽而栗，又曰居敬而行简。

——（明）李梦阳《空同子·治道篇》[①]

注释：

①《空同子》：明李梦阳撰。仿扬雄《法言》之体，对于义理的发明，多有可取之处。属杂家类。全书一卷，六目八篇。李梦阳（1473—1530）：明文学家。字天赐，又字献吉，号空同子，庆阳（今属甘肃）人。

译文：

身居上位，对下贵在宽容，但过于宽容又会松弛散漫；处理公事，作风贵在简要，但过于简要又会出现漏洞。所以对于为政者来说应该具备这样的美德：宽和而严厉，居心恭敬严肃而行事简要。（吴春丽校译）

121. 决其壅，疏其窒，而法行矣

车之不前也，马不力也，不策马而策车，何益？法之不行也，人不力也，不议人而议法，何益？下流壅则上溢，上源窒则下枯；决其壅，疏其窒，而法行矣。

——（明）张居正《张文忠公全集·辛未会试程策》

译文：

车子不向前走，是马不使劲，不去鞭打马而去鞭打车，有什么用处呢？法制不能推行，是人不努力，不去批评人而去批评法，有什么用处呢？这条法制之河若其下游被堵塞，则上游之水就会溢出，若其源头被堵塞，则下游无水。如果能把河道疏通了，那法制就会像河水一样畅通无阻。（吴春丽校译）

122. 大害必有小利为之媒，大利必有小害为之倪

大害必有小利为之媒，大利必有小害为之倪。小利能掩大害，故知避者寡；小害能隐大利，故知趋者希。

——（明）庄元臣《叔苴子·内篇》

译文：

大害往往是经不住小利诱惑所致，大利往往也有细小隐患做苗头。小利能掩盖大害，所以知道躲避它的人少；小害能隐蔽大利，所以懂得追求它的人少。（吴春丽校译）

123. 息风莫如止扇，去事必先绝意

虚室之中本无风也，扇动而风生；寂寞之宇本无事也，意动而事起。故息风莫如止扇，去事必先绝意。

——（明）庄元臣《叔苴子·内篇》

译文：

空屋子中本来没有风，扇子一动就会产生风；静寂无声的宇宙内本来无事，意念一动就会引起事端。所以止息风莫如停止扇风，除去事端必须先断绝意念。（吴春丽校译）

124. 天下事取其适当而已

人鉴于渴也，饮水而盈石焉，乃反困于饮矣；鉴于寒也，过裘而重袭焉，乃反汗于衣矣。天下事取其适当而已，有鉴而矫之太过，则一弊革而一弊复生，徒使后之人相鉴于无已也。

——（明）庄元臣《叔苴子·外篇》

译文：

人因口渴，便喝了一石水，反倒因饮水过多伤及五脏而不舒服了；由于寒冷，便穿很多的衣服，反倒被衣服捂得出汗了。天下的事情应当适可而止。因有所借鉴而做得太过，就会革除了一种弊端而又生出另一种弊端，徒然使后人不停地矫正前人之弊。（吴春丽校译）

125. 纡徐柔和者多长，迫切躁急者多短

天下之物，纡徐柔和者多长，迫切躁急者多短。故烈风骤雨，无崇朝之威；暴涨狂澜，无三日之势。催拍促调，非百板之声；疾策紧衔，非千里之辔。人生寿夭祸福，无一不然。

——（明）吕坤《呻吟语·应务》[①]

注释：

①《呻吟语》：明吕坤撰。共六卷，分内外两篇。其书旨在宣扬程朱理学，但在论述省心察物等修身之道的同时，认为气无终尽之时，形无不毁之理，肯定世界本体是物质的。吕坤（1536—1618）：明学者。字叔简，一字心吾或新吾，宁陵（今属河南）人。

译文：

天下之物，徐缓柔和者多长久，迫切躁急者多短促。所以暴风骤雨之威，不能逞于一天；狂潮骇浪之势，不能持续三日。短促的旋律，不是多种乐器合奏之调；急促的鞭打，不是驾驭千里马之道。人生的福寿祸殃，无不是如此。（刘冰雪校译）

126. 用者，有用之资；有用者，无用之施

剑长三尺，用在一丝之铦（xiān）刃。笔长三寸，用在

一端之锐毫，其余皆无用之羡物也。虽然，使剑与笔但有其铦者锐者焉，则其用不可施。则知无用者，有用之资；有用者，无用之施。

——（明）吕坤《呻吟语·广喻》

译文：

剑长三尺，能临阵制敌的不过是那一丝宽的利刃。笔长三寸，能作文写字的不过是那末端的毫尖，其余部分皆为无用多余之物。但是，假如剑与笔只有利刃和毫尖，那便无法使用。所以无用之物，是有用之物发挥作用的凭仗；有用之物，正是无用之物实现价值的所在。（刘冰雪校译）